Johann Sebastian Bachs Leben währte fünfundsechzig Jahre – aber das eigentliche Leben seiner Werke setzte erst ein Menschenalter nach seinem Tod ein. Die Zeit hat Bach und sein Werk nicht nivelliert, sondern zu einer nicht wegzudenkenden Grundlage unserer Kultur werden lassen. Charles Sanford Terry zeichnet in seiner Biographie Leben und Lebenswelt, das einzigartige Werk und Wirken des Komponisten nach. Charles Sanford Terry hat sich in seiner Darstellung darauf konzentriert, Bachs Persönlichkeit, die unter der pyramidalen Last seiner Werke schon damals verschüttet zu werden drohte, sichtbar zu machen und schärfer zu konturieren.
Terrys Bach-Biographie erschien erstmals 1929 und ist noch heute ein überaus lesbares Standardwerk.
Am 28. Juli 2000 jährt sich Bachs Todestag zum 250. Male.

insel taschenbuch 2588

Charles Sanford Terry

Johann Sebastian Bach

JOHANN SEBASTIAN BACH

Eine Biographie
von Charles Sanford Terry

Mit einem Nachwort
von Klaus Peter Richter

Insel Verlag

insel taschenbuch 2588
Erste Auflage 1999
Insel Verlag Frankfurt am Main und Leipzig

Hinweise zu dieser Ausgabe am Schluß des Bandes
Vertrieb durch den Suhrkamp Taschenbuch Verlag
Umschlag nach Entwürfen von Willy Fleckhaus
Druck: Nomos Verlagsgesellschaft, Baden-Baden
Printed in Germany

1 2 3 4 5 6 - 04 03 02 01 00 99

JOHANN SEBASTIAN BACH

ERSTES KAPITEL
DIE FAMILIE

Wenn man der Geschichte des Bachschen Geschlechtes nachgeht, so überzeugt man sich, daß in dieser Familie die Musik das Lebenselement gewesen ist, das sich Generationen hindurch in ungewöhnlicher Fruchtbarkeit erhalten und sogar gelegentlich die Wappenschilder der kleinen Fürstenhäuser des alten Kulturlandes Thüringen überglänzt hat. Luther, der demselben Boden entstammte, besuchte die älteste thüringische Universität, als der erste Bach in dieser Gegend auftaucht. Bismarck zählte dreißig Jahre, als der letzte männliche Nachkomme Sebastians sang- und klanglos zur ewigen Ruhe einging. Sieben Generationen trennen das erste und letzte Glied dieser langen Kette, und fast alle Bachs, deren Name und Stand uns in diesem großen Zeitraum überliefert sind, waren Kantoren, Organisten oder Stadtmusikanten, von denen einige zu hoher Bedeutung gelangten.

Der thüringischen Scholle entstammend, treten die Bachs zu Beginn des 16. Jahrhunderts in dem Gebiet um Arnstadt herum zum ersten Mal in unseren Gesichtskreis. Die Gegend bietet das Bild eines breiten, heckenlosen Ackerlandes, von dem sich hier und da gleich bunten Flecken die roten Dächer kleiner Ansiedlungen und die spitzen Türme weißgetünchter Kirchen abheben. Der Waldbestand der Landschaft ist nur an den Abhängen dicht, während die bebauten Flächen sich weithin ausdehnen. Geduldige Ochsen ziehen dort den Pflug; die Bauernfrauen bearbeiten den Boden mit Hacke und Schaufel und führen den Ertrag ihres Fleißes auf Handkarren zu Markte. Malerisch zwischen bewaldeten Höhen eingebettet liegt Gräfenroda. Hier tritt uns zum ersten Mal ein Glied des Bachschen Geschlechtes entgegen, ein Bauer, der den charakteristischen Namen Hans führt, ein Untertan des Grafen Günther von Schwarzburg-Arnstadt-Sondershausen, der ihm im Februar 1509 seine Fürsprache angedeihen ließ, als dieser Hans in einer Rechtssache vor das geistliche Gericht des Erzstiftes Mainz gefordert wurde. Seine Nachkommen lebten noch Generationen hindurch in Gräfenroda. Nördlich davon und beinahe halbwegs zwischen Gotha und Arnstadt, in Wechmar, läßt sich um dieselbe Zeit ein weiterer Zweig der Bachschen Familie nachweisen. Hier lebte in der Mitte des 16. Jahrhunderts ein anderer Hans, der in seiner Gemeinde hohes Ansehen genoß und den wir später als den Ur-Ur-Ur-Großvater Sebastians feststellen werden. Südwestlich von Wechmar liegt Ohrdruf, dessen Pfarr-Register unter dem 13. Februar 1564 die Eheschließung einer Margarete Bach ›von Wechmar‹ meldet. Sie ist die erste dieses Namens, der von da ab bis in die Mitte des 19. Jahrhunderts hinein in der Gemeinde fortwährend wiederkehrt. Vielleicht war sie die Tochter des Wechmarer Hans; wenn dem so ist, war sie eine entfernte Tante Sebastians, der mehr als hundert Jahre später in diesem Städtchen zur Schule ging. Der Wechmarer Linie war vermutlich auch Caspar Bach entsprossen, Stadtpfeifer in Gotha, bei dem Sebastians Urgroßvater Hans im Turm des alten Rathauses auf dem Hauptmarkt in die Lehre ging. Über Wechmar wanderte Caspar in späteren Jahren nach Arnstadt, wo er sich als erster seines Namens niederließ. Von 1620 bis 1640 stand er als ›Haußmann‹ in des Grafen Diensten; er hauste in dem noch jetzt vorhandenen Uhrturm von Schloß Neideck, rief die Stunden ab, blies Alarm, wenn

Feuer ausbrach, und hatte ein wachsames Auge auf alle Fremden, die sich der Stadt näherten. Er gedieh bei dieser bequemen Beschäftigung, heiratete seine Verwandte Catharine Bach, kaufte sich ein Haus in der Jakobsgasse, dessen schmaler Torweg sich hart an die alte Stadtmauer anschließt, und vererbte sein Amt auf seine Söhne. Unterdessen tauchen zwischen Arnstadt und Erfurt, etwa achtzehn Kilometer nordwärts, zwei weitere Familien Bach auf. In Rockhausen lebte in der zweiten Hälfte des 16. Jahrhunderts Wolf Bach, ein vermögender Mann, dessen Nachkommenschaft ihn nicht lange überlebte. In Molsdorf, westlich von Rockhausen, gibt das Kirchenbuch Kunde von der zweiten Bach-Linie, deren Ursprung mindestens bis ins 16. Jahrhundert zurückreicht; vermutlich gehörte Johann Bach, ›Musicant‹ des Generals Gustav von Wrangel († 1676), zu diesem Zweig der Familie. Ein anderer dieser Molsdorfer Linie ist Nikol Bach, der auch in schwedischen Diensten stand und 1646 in Arnstadt bei einem wüsten Gelage erstochen wurde. Ein dritter, Jakob Bach mit Namen, war der Stammvater eines Zweiges, der den Namen der Familie nach Bindersleben, in der Nähe von Erfurt, trug. Zu dieser Linie gehörte in späteren Jahren Johann Christoph Bach (1782–1846), ein Organist und Komponist, der in Thüringen wohlangesehen war.

Aber alle diese Bächlein versickerten bis auf eins bald wieder im Sande der Vergessenheit. Nur von Wechmar aus zieht ein sich stetig verbreiternder und mehr und mehr zur Geltung kommender Strom zu Sebastian und über ihn hinaus. Hier offenbart sich so recht die diesem Geschlechte eigene ›Stetigkeit‹ – ein konservatives Festhalten am alten Heimatboden, die Wiederkehr von immer den gleichen vertrauten Vornamen, der vom Vater zum Sohn sich forterbende Beruf –, das alles verbunden mit einem tief ausgeprägten Familiensinn, der darin gipfelte, daß Familienstammbäume und Genealogieen angelegt wurden, um die Fortdauer des Geschlechtes und seine Leistungen zu bezeugen. Die maßgebendste unter den Genealogieen, die von Sebastian selbst zusammengestellt wurde und bis auf den heutigen Tag erhalten ist, wurde von Carl Philipp Emanuel mit Anmerkungen versehen und um 1775 an Forkel geschickt. Der schmale Quartband umfaßt achtzehn Seiten; er führt den Titel ›Ursprung der musicalisch-Bachischen Familie‹ und enthält kurze Notizen über dreiundfünfzig Träger des Namens. Zwei Abschriften davon sind erhalten; die erste, die etwa zwischen 1739 und 1743 angefertigt wurde, ist vermutlich von Johann Elias Bach während seines Aufenthaltes in Sebastians Hause angelegt worden. Die zweite, die anscheinend nach der eben erwähnten ersten Abschrift und nicht nach dem Leipziger Original vorgenommen wurde, gehörte Johann Elias' älterem Bruder Johann Lorenz Bach († 1773) und wurde 1843 veröffentlicht.

Vitus Bach, ›ein Weißbäcker in Ungarn‹, wird von Sebastian selbst als Ahnherr des Geschlechtes bezeichnet. Er ist der Begründer einer weitverzweigten und berühmten Familie und trägt gleichzeitig die Schuld, daß die Sage einer ungarischen Abstammung entstehen konnte. Korabinsky ließ sich durch den Umstand irreführen, daß zu seiner Zeit in Preßburg ein Johann Bach existierte, und schloß unbedachter Weise daraus, Veit habe seine Gewerbe auch in jener Stadt betrieben. Andere Autoren sind ihm in diesem Irrtum gefolgt. Die Genealogie setzt sich mit der Frage der Ketzerei nicht weiter auseinander. Sie stellt nur fest, daß Veit ›der lutherischen Religion halber‹ Ungarn verließ, sein Geschäft verkaufte, sich in Wechmar in Thüringen niederließ und dort seine Beschäftigung als Müller wieder aufnahm. Wann er aus Ungarn wegzog, ist nicht genau erwiesen; zweifellos geschah es aber während der Regierung des halb wahnsinnigen Rudolf des Zweiten (1576–1612), der in Ungarn eine grausame Gegenreformation durchführte. Es ist gewiß kein Zufall, daß Veit Wechmar zu seinem deutschen Wohnsitz wählte. Schon andere seines Namens lebten dort. Hans Bach war fünfzehn Jahre vor Rudolfs Regierungsantritt ein führendes Mitglied der Gemeinde; Margarete Bach aus Wechmar verheiratete sich im selben Jahrzehnt nach Ohrdruf. Beide können mit gutem Recht als Veits Verwandte angesehen werden; Hans war vermutlich sein Vater. Auch sein Name ist bezeichnend. Seit man die irdischen Überreste des heiligen Vitus in der Abtei zu Corvey begraben hatte (836), wurde der Heilige als Schutzpatron der Provinz verehrt. Die Kirche in Wechmar ist ihm geweiht, und diesem Umstande verdankt Veit offenbar seinen Namen. Wir können daher annehmen, daß er in Wechmar geboren war. Was mag ihn veranlaßt haben, nach Ungarn auszuwandern? Die Anhänglichkeit an das lutherische Dogma erklärt zwar seine Rückkehr, nicht aber seinen Aufenthalt in der Fremde. Ebensowenig brauchte ein Müller so weit in die Ferne zu ziehen, um sein Auskommen zu finden. »Er hat sein meistes Vergnügen«, so erzählt sein Ur-Ur-Enkel, »an einem Cythringen gehabt, welches er auch mit in die Mühle genommen, und unter währendem Mahlen darauf gespielet. Es muß doch hübsch zusammen geklungen haben! Wiewol er doch dabey den Tact sich hat inprimiren lernen: Und dieses ist gleichsam der Anfang zur Musik bey seinen Nachkommen gewesen.« So mag man denn mit Recht annehmen, daß jugendliche Wanderlust ihn in die Ferne trieb und seine Cithara ihn auf dieser Fahrt treulich begleitete.

Mit besonderer Ehrfurcht nähert sich der Wanderer der eigentlichen Wiege des Bachschen Geschlechtes. Das heutige Wechmar ist ein langgestrecktes Dorf von eintausenddreihundertfünfzig Einwohnern und zieht sich etwa viereinhalb Kilometer an der staubigen Landstraße hin, die von Gotha nach Arnstadt führt. Enge winklige Straßen laufen zwischen giebelgekrönten Häusern auf den Rundbau der Kirche zu, deren Schutzpatron Veit seinen Namen verdankt. Weiße Wände tragen eine sternengeschmückte Decke; über dem schlichten Altar erhebt sich die mit einem Vorhang verhüllte Kanzel. Das nach Osten gehende Fenster bringt einige Farbe in diese weißgetünchte Einförmigkeit. Es zeigt Luther, wie er sich herausfordernd gegen Wittenberg wendet, und darüber wacht Sankt Vitus im Kreise seiner Anhänger über seine Gründung. Zu beiden Seiten des Altars geben die Wappenzeichen der Familie von Gleichen und Hohenlohe Kunde von jüngeren weltlichen Beziehungen zu dieser Kirche. Vom Kirchturm aus bietet sich eine weite Rundsicht. Im Nordwesten ragen die Turmspitzen des Schlosses Friedenstein über Gotha empor. In südöstlicher Richtung weisen die Drei Gleichen den Weg nach Arnstadt. Das klare und rasche Flüßchen Apfelstädt, welches das Dorf im Norden umfaßt, kommt aus dem Thüringer Walde herunter. Sein Wasser treibt die drei Mühlen, die, gerade wie zu Veits Lebzeiten, das Korn der angrenzenden Felder mahlen. Die am weitesten östlich gelegene, die ›Nieder-Mühle‹ oder ›Unterste-Mühle‹, sah einst Veit als ihren Besitzer. Immer noch dreht der Mühlgraben das große Rad in dem alten Gemäuer; auf dem Boden liegen die dicken Mehlsäcke aufgestapelt, und inmitten des Getriebes sieht man einen kräftigen Müller munter hantieren. Hier blickte Veit seinerzeit auf einen malerischen, von alten Scheunen umgebenen Hof. In der wenige Schritte davon entfernten Bachstraße wohnte Veit und später Veits Sohn, Hans der Spielmann, in einem stattlichen einstöckigen Hause, dessen weiter Torweg zu einem inneren Hofe führte. Aus dem Dorfgasthaus holte Hans sich Anna Schmied zur Frau, und hier wurden ihm seine drei Söhne Johannes, Christoph und Heinrich geboren, die Stammväter der drei sich mächtig ausbreitenden Zweige des Bachschen Geschlechtes.

Auf diesem friedlichen Fleckchen Erde starb Veit Bach am 8. März 1619 und wurde noch am selben Tage begraben. Beim Durchsuchen der Wechmarer Pfarr-Register stoßen wir noch auf andere Bachs, deren Vater Veit gewesen sein kann. Die Genealogie schreibt ihm allerdings nur zwei Söhne zu. Der eine war ein Teppichwirker, dessen Vorname nicht genannt wird; er ist von Bedeutung als Stammvater eines Zweiges, der in männlicher Folge bis zum heutigen Tage fortlebt und zu Sebastians Lebzeiten mit dem Hofe von Sachsen-Meiningen eine Verbindung anknüpfte, die hundert Jahre lang bestand. Veits anderer und vielleicht älterer Sohn Hans hat Anspruch auf unser besonderes Interesse: er war Sebastians Urgroßvater und der erste seiner direkten Vorfahren, der sich durch Musik seinen Lebensunterhalt verdiente. ›Er hat anfänglich die Becker-Profession ergriffen‹, berichtet die Genealogie von ihm. Aber er zeigte ein so starkes musikalisches Talent, daß ihn der Vater zu Caspar Bach, dem Stadtpfeifer von Gotha, der vielleicht sein Onkel war, in die Lehre gab. Meister und Schüler wohnten zusammen im Rathaus auf dem Hauptmarkt und erfüllten die Pflichten, die Caspar nachher in Arnstadt ausübte, bis Hans, der inzwischen ein Meister seines Faches geworden war, bei seines Vaters Tode nach Wechmar zurückkehrte, sich mit der Gastwirtstochter Anna Schmied verheiratete und oft als Spielmann nach Gotha, Arnstadt, Eisenach und Erfurt, ja sogar nach dem weiter entfernten Suhl und Schmalkalden geholt wurde. Er starb am 26. Dezember

1626 an der Pest. 1635 wurde auch seine Witwe von der schrecklichen Seuche dahingerafft, die in diesem Jahr stärker als je wiederkehrte und fünfhundertunddrei Bewohner von Wechmar ins Grab riß; ihre Namen füllen im Kirchenbuch zehn engbeschriebene schwarze Seiten.

Hans der Spielmann, diese besonders volkstümliche und charakteristische Erscheinung unter Sebastians Vorfahren, dankt sein Ansehen einem Irrtum, dessen kürzlich erfolgte Berichtigung ihn um seinen Bart und seinen berühmten Namen gebracht hat. Carl Philipp Emanuel erbte, vermutlich von seinem Vater, zwei Bilder, von denen Spitta und Bitter annehmen, daß sie Sebastians Urgroßvater darstellen. Das eine davon, ein großer Kupferstich, der sich jetzt in der Preußischen Staatsbibliothek befindet, zeigt einen Mann in mittleren Jahren, mit Bart und Halskrause, der sein Haar bis auf eine liebevoll in die Stirn geklebte Locke kurz geschnitten trägt und dessen Äußeres nicht gerade einnehmend ist. Er hält eine Geige in der linken und einen Bogen in der rechten Hand, und eine Schelle an seiner rechten Schulter macht ihn als Hofnarren kenntlich. In der linken Ecke ist eine Narrenkappe abgebildet, und darüber stehen die folgenden Knittelverse:

Hie siehst du geigen Hannsen Bachen,
Wenn du es hörst, so mustu lachen.
Er geigt gleichwol nach seiner Art,
Unnd tregt ein hipschen Hanns Bachen Bart.

Hans mit dem Bart muß eine bekannte Persönlichkeit gewesen sein; denn das andere Bild aus Carl Philipp Emanuels Besitz, ein Holzschnitt, zeigt denselben Mann in höherem Alter; Haar- und Barttracht und auch die sonstige Aufmachung sind unverkennbar dieselben. Das Bild trägt die Inschrift:

Morio celebris et facetus: fidicen ridiculus:
homo laboriosus simplex et pius.

Rechts von dem Kopf steht die Bemerkung: obijt Sexagenarius penult. Nov. 1615 und unten M. W. S. fecit Nirtingae anno 1617. Rings um das Bild sind achtzehn Zimmermannsgeräte skizziert. Wie aus der Inschrift hervorgeht, starb das Original der zwei Porträts 1615, elf Jahre vor Sebastians Urgroßvater; das Kirchenbuch von Nürtingen meldet sein Begräbnis unter dem 3. Dezember 1615 und gibt zugleich an, daß er in Diensten der verwitweten Herzogin von Württemberg stand, die damals in dem dortigen Schloß residierte. Es lebten also um dieselbe Zeit zwei Hans Bache, der eine in Wechmar in Thüringen und der andere in Nürtingen am Neckar. Die Möglichkeit, ja Wahrscheinlichkeit ihrer Verwandtschaft ist nicht von der Hand zu weisen, aber Hans mit dem Bart und der Schelle darf nicht länger seinen Platz in der Reihe von Sebastians unmittelbaren Vorfahren behalten.

Bereits in der dritten Generation vor Sebastian wird der Trieb zur Musik unwiderstehlich. Drei Söhne überlebten den Wechmarer Hans. Der älteste, Johannes, wurde am 26. November 1604 zu Wechmar geboren; er ist der erste unter Sebastians Vorfahren, dessen Geburtsdatum die Genealogie verzeichnet. So früh zeigte sich bei ihm die Liebe zur Musik, daß der Vater ihn auf seinen Berufsfahrten mitzunehmen pflegte. Als sie auf einer dieser Fahrten nach Suhl kamen, war der dortige Stadtpfeifer Christoph Hoffmann von der Frühreife des Jungen so überrascht, daß er den Vater überredete, den Sohn zu ihm in die Lehre zu geben. Sieben Jahre lang blieb Johannes, erst als Lehrling, dann als Geselle bei Hoffmann in Suhl; dann war er kurze Zeit Organist in Schweinfurt, wo wir ein Menschenalter später seinen Neffen Georg Christian,

Sebastians Onkel, wiederfinden, der dort die fränkische Linie der Familie begründete. Der Tod des alten Hans rief seinen Sohn nach Wechmar zurück, das er später wieder verließ, um die Leitung der Erfurter Stadtmusikanten zu übernehmen und in der Predigerkirche den Posten eines Organisten zu bekleiden. Er war der erste seines Geschlechtes in einer Stadt, für die in der kommenden Zeit der Name Bach und der Beruf eines Musikers identisch wurden. Im Juni 1636 vermählte er sich als Musicus designatus mit Barbara Hoffmann, der Tochter ›seines lieben Lehrherrn‹, und nach ihrem Tode führte er in zweiter Ehe Hedwig Lämmerhirt heim, aus deren Familie dreißig Jahre später Sebastians Mutter entsproß. Beinahe vierzig Jahre, voller Unruhen und Wirren, übte Johannes in Erfurt seine Tätigkeit aus. Er war den weltlichen und geistlichen Aufgaben seiner Kunst in gleicher Weise gewachsen und starb im Jahre 1673. Sein ältester Sohn, Johann Christian (1640–82), der erste Musiker Bach in Eisenach, wurde später der Nachfolger seines Vaters in Erfurt, wo seine Brüder ähnliche Stellungen bekleideten.

Heinrich Bach, der dritte und jüngste von Hans' Söhnen, war annähernd zehn Jahre jünger als sein ältester Bruder Johannes und verdankte ihm dieselbe musikalische Erziehung, die Johannes seinerzeit in Suhl bei Hoffmann genossen hatte. Er war als erster Bach Organist in Arnstadt, wo er in der wundervollen Liebfrauen- und der jüngeren Oberkirche von 1641 bis 1692 seines Amtes waltete und gewissermaßen die örtliche Bach-Tradition, die von dem alten Caspar begründet war, mit Sebastian und der jüngeren Generation verband. Er überlebte seinen Bruder Christoph, der auch in Arnstadt ansässig war, um ein beträchtliches und starb, als Sebastian sieben Jahre zählte. Dem Ansehen entsprechend, das er in seiner Gemeinde genoß, wurden seine Charakterstärke und Frömmigkeit in seiner Grabrede gepriesen, und Carl Philipp Emanuel stellte ihm in der Genealogie das Zeugnis aus, daß er ›ein guter Componist‹ gewesen sei. Sein ältester Sohn, Johann Christoph (1642–1703), wurde in Arnstadt erzogen, heiratete die Tochter des dortigen Stadtschreibers und erhielt 1665 den Posten des Organisten an der St. Georgenkirche in Eisenach, zwanzig Jahre vor Sebastians Geburt in derselben Stadt. Er wohnte nahe den herzoglichen Gebäuden, die sich an das südliche Schiff der großen Kirche anlehnen, und schuf dort seine Kompositionen, die ihm in der Genealogie das Lob eines ›großen und ausdrückenden Componisten‹ eintrugen. Forkel berichtet, daß Carl Philipp Emanuel sich nicht genug wundern konnte, wie kühn Johann Christoph in der Verwendung der übermäßigen Sexte vorging. Seine wichtigsten Werke sind Vokalkompositionen; einige von seinen Motetten sind veröffentlicht worden, und man kennt auch Proben seiner Orgelmusik.

Johann Michael, Heinrichs zweiter Sohn (1648–94), war Organist und Gemeindeschreiber in Gehren, etwa dreiundzwanzig Kilometer südlich von Arnstadt; er erwies sich als geschickter Instrumentenbauer und fruchtbarer Komponist, reichte aber nicht an die Fähigkeiten seines Bruders heran. Er war der Vater von Maria Barbara, Sebastians erster Frau, der ›frembden Jungfer‹, deren frische Stimme vom Orgelchor ihres Liebhabers in der Bonifaziuskirche zu Arnstadt herabtönte und das ehrwürdige Konsistorium in Aufregung versetzte. Wie man sieht, steuerte sie von ihrem Zweig der Familie ein gut Teil zu der musikalischen Begabung bei, die Sebastians älteste Söhne auszeichnet.

Wir haben nun Johannes und Heinrich, den ältesten und den jüngsten von den Söhnen des Spielmanns, kennengelernt. Ihr Bruder Christoph verlangt eine eingehendere Würdigung: er war Sebastians Großvater, wird aber von der imposanten Erscheinung seines Vaters, der den Beifall Thüringens und die unverdienten Lorbeeren Nürtingens auf seinem Haupte vereinigt, einigermaßen in den Schatten gestellt. Christoph wurde am 19. April 1613 in Wechmar in dem behaglichen Heim des Spielmanns geboren. Der alte Veit lebte noch dicht dabei in seiner Mühle; Johannes, der ältere Bruder, zeichnete sich schon in jungen Jahren durch seine musikalische Begabung aus, und die Geige des Spielmanns war weit und breit wohlbekannt, von Gotha und Erfurt im Norden bis nach Suhl und Schmalkalden im Süden. Er war Christophs Lehrer in der musica instrumentalis; einen anderen nennt die Genealogie nicht. Die frühe Verbindung des Spielmanns mit Gotha verschaffte seinem Sohn eine erste Anstellung in Weimar, da Herzog Wilhelm von Weimar († 1662) der leibliche Bruder Herzog Ernsts des Frommen von Gotha († 1679) war. Christoph zählte vermutlich noch nicht zwanzig Jahre, als er bereits in herzogliche Dienste trat; allerdings war das Schloß, das malerisch am westlichen Ufer der Ilm lag, nicht lange vorher (1618) durch eine Feuersbrunst zerstört worden, die nur die Bastille und den luftigen Turm verschonte. Beide waren hundert Jahre darauf auch Sebastian wohlbekannt und stehen noch heute. Christoph wird als ›fürstlicher Bedienter‹ bezeichnet; er bekleidete also das untergeordnete Amt eines Lakaien oder Läufers; als solcher gehörte er, wie damals üblich, zugleich der herzoglichen Kapelle an.

Nur eine undeutliche Erinnerung an Christophs Laufbahn lebte in seinem Enkel Sebastian fort, der seine Heirat mit Maria Magdalena Grabler (oder Krabler) aus Prettin im nordöstlichen Winkel Sachsens vermerkt. Da das erste Kind im September 1642 geboren wurde, muß die Eheschließung gegen Ende 1641 stattgefunden haben. Aber die Vermutung, daß Christoph am Geburtsort seiner Frau eine Beschäftigung gefunden habe, dürfte irrig sein: Prettin unterhielt damals keinen Stadtmusikus, und unter seinen Spielleuten befand sich keiner mit dem Namen Bach. Nachdem Christoph seine Tätigkeit in Weimar beendigt hatte, trat er bei den Erfurter Stadtmusikanten ein. Wie in Weimar hatte die bekannte Persönlichkeit des Spielmanns auch hier seinem Sohn den Weg geebnet. In Erfurt wurden ihm drei Söhne geboren, unter ihnen Sebastians Vater. Später verlegte er seinen Haushalt nach Arnstadt und schloß sich dem dortigen Verwandtenkreis an. Der alte Caspar, der Lehrmeister seines Vaters, verbrachte dort seine letzten Lebensjahre. Sein Bruder Heinrich hauste nicht weit von ihm auf dem Kohlenmarkt oder in der Kirchgasse nahe der Oberkirche, wo er, ebenso wie in der Liebfrauenkirche, über fünfzig Jahre lang (1641–92) als Organist waltete. Als er im Alter von fast achtzig Jahren die Augen schloß, hatte er die stattliche Zahl von achtundzwanzig Enkelkindern um sich und stand bei seiner Gemeinde in hohen Ehren. Er überlebte Christoph um ein Menschenalter und starb nur wenige Jahre, bevor sein Großneffe Sebastian nach Arnstadt kam, das fast hundert Jahre lang seine Musikanten aus der Bachschen Familie bezogen hatte.

Christoph starb am 12. September 1661 in Arnstadt. Seine Witwe folgte ihm bereits nach vierundzwanzig Tagen, am 6. Oktober, ins Grab nach. Georg Christoph, der älteste Sohn (* 6. September 1642), war damals schon Schuldiener in Heinrichs bei Suhl oder wurde es kurz darauf. Später wurde er Kantor zu Themar und dann zu Schweinfurt, wo er am 24. April 1697 als Stammvater der fränkischen Bachs starb. Die hohe Achtung, in der er und seine beiden Brüder standen, kam bei dem Begräbnis ihrer halbblöden Schwester Maria zum Ausdruck, die bei Sebastians Vater in Eisenach Aufnahme gefunden hatte, bis der Tod sie am 6. Februar 1679, sechs Jahre vor Sebastians Geburt, erlöste. »Unsere im Herrn verstorbene Mit-Schwester«, sagte der Geistliche in der Grabrede, »war ein einfältiges Geschöpf, die nicht wußte, was rechts oder links; sie war wie ein Kind. Sehen wir hingegen ihre Brüder an, so finden wir, daß sie eines guten Verstandes, mit Kunst und Geschicklichkeit begabt sind, die bei Kirchen, Schulen und gemeinem Stadtwesen sich wohl hören und sehen lassen, so gar, daß bei ihnen recht das Werk den Meister lobet.«

An dem Leichenbegängnis der Schwester in der großen Kirche zu Eisenach nahmen außer Georg Christoph auch die Zwillingsbrüder Johann Christoph und Johann Ambrosius teil. Sie waren vier Jahre jünger als er, hatten am 22. Februar 1645 das Licht der Welt erblickt und sahen sich außerordentlich ähnlich, »ein Wunder für große Herren und jedermann«, wie Sebastians Sohn zu dem Eintrag seines Vaters in der Genealogie hinzufügte. In ihrer Erscheinung, ihren Lebensgewohnheiten, ihrer Redeweise und ihrem musikalischen Geschmack stimmten sie so auffallend überein, daß selbst ihre eigenen Frauen Mühe hatten, sie zu unterscheiden. Sie bekleideten beide ähnliche Stellungen in benachbarten thüringischen Städten, wurden sogar von körperlichen Leiden zu gleicher Zeit heimgesucht und starben beide im besten Mannesalter. Johann Christoph wurde am 17. Februar 1671 zum Hofmusikus in Arnstadt ernannt, wo er fast ein Vierteljahrhundert lang wirkte. Er wohnte behaglich in der Kohlgasse in einem Eckhause; nicht weit davon liegt die Bürgerschule. Die Art, wie er das Haus erwarb, und eine vorausgegangene Liebesaffäre lassen ihn als eine anziehende Persönlichkeit erscheinen. Sophie Elisabeth Kannewürs, die Witwe eines wohlhabenden Bäckers, überwies ihm das Haus in der Kohlgasse, ihren Garten in der Berggasse und die Hälfte ihrer Felder außerhalb der Stadt, indem sie als Gegenleistung – vermutlich – freie Wohnung und – ausdrücklich – zwei Quart Bier und einen saftigen Braten täglich verlangte. Wie lange es ihr vergönnt war, diese üppige Kost zu genießen, darüber schweigt der Chronist. Jedenfalls führte Johann Christoph im Frühling 1679, als er die Dreißig bereits überschritten hatte, Martha Elisabeth Eisentraut aus Ohrdruf als seine Frau heim. Sie zählte damals vierundzwanzig oder fünfundzwanzig Jahre und war dazu bestimmt, Sebastian in ihrem auf so seltsame Weise erworbenen Hause zu beherbergen. Bis zu seinem Tode im Jahre 1693 wirkte Johann Christoph als Hofmusikus und Stadtpfeifer und erlebte es noch, daß Arnstadt sich zu einem blühenden Musikzentrum entwickelte. Zehn Jahre darauf, noch zu Lebzeiten des Grafen Anton Günther († 22. Dezember 1716), kam Sebastian nach Arnstadt.

Die Laufbahn von Johann Ambrosius, dem Vater Sebastians, ist nicht so reichlich mit Urkunden belegt wie die seines Zwillingsbruders. Er wurde am 22. Februar 1645 in Erfurt geboren, wo er den Grund zu seiner Fertigkeit im Geigen- und Bratschenspiel legte, die er später auf seinen Sohn vererbte. Er war noch nicht zehn Jahre alt, als die Familie ihren Wohnsitz von Erfurt nach Arnstadt verlegte (1654). Bereits sieben Jahre darauf starb der Vater (1661), und der Haushalt wurde aufgelöst. Nach einigen Jahren, in denen er vermutlich dem Nachfolger seines Vaters beim Dienst zur Hand ging, finden wir ihn 1667 als Mitglied der Erfurter Musikanten-Compagnie an Stelle seines Vetters Johann Christian wieder. In Jahresfrist nahm sich Ambrosius eine Frau aus der Familie Lämmerhirt, zu der seine Erfurter Verwandten bereits in Beziehungen standen.

Wie die Bachs, waren auch die Lämmerhirts von altem thüringischem Bauerngeschlecht. Da sie einer religiösen Überzeugung huldigten, die mit derjenigen der verfolgten Wiedertäufer übereinstimmte, wanderten sie im 16. Jahrhundert nach Schlesien aus, das sie bei Ausbruch des Dreißigjährigen Krieges wieder verließen, um sich etwa 1620 in Erfurt niederzulassen. Sie können demnach nicht zu den alteingesessenen Erfurter Patrizierfamilien gezählt werden, obgleich sie bereits ein Menschenalter nach ihrer Ankunft zu den wohlhabenden Kreisen der Stadt gehörten. Es ist daher unbegründet, Sebastians Genius auf ein vermeintliches Gemisch aus plebejischem und patrizischem Blut seiner unmittelbaren Vorfahren herleiten zu wollen. Von der Seite seiner Mutter wuchs ihm keine Verstärkung des väterlichen Musiktalentes zu, obschon die Tatsache, daß zwei Frauen desselben Hauses mit Musikern vermählt waren, darauf schließen läßt, daß in der Familie Neigung zu dieser Kunst bestand.

Sebastians Mutter, Elisabeth Lämmerhirt, die ihr Geschick mit dem ihres Gatten zu Beginn seiner Laufbahn verband, war fast ein Jahr älter als dieser. Sie war die Tochter eines Ratsherrn, des ›Ehrbaren Rathsverwandten Valentin Lämmerhirt‹, wie ihn die Genealogie bezeichnet. Sein Name findet sich in den Jahren 1648, 1658 und 1663 in der Erfurter Ratsliste (Transitus Senatorum). Er war Kürschner von Beruf und wohnte in den ›Drei Rosen‹ auf dem Junkersand, wo Elisabeth zur Welt kam. Valentin erlebte ihre Hochzeit nicht mehr; er wurde am 19. November 1665 begraben. Sein Sohn Tobias zog später in die Breitenstraße; er starb 1707 und hinterließ den Kindern seiner Schwester ein ansehnliches Legat. Elisabeth selbst scheint von ihrem Vater ein hübsches Stück Geld geerbt zu haben, das ihr gestattete, sich nach Neigung zu verheiraten. Vermutlich lernte sie ihren zukünftigen Gatten bei der Tante Hedwig kennen, von der bereits zwei Söhne Mitglieder der Musikanten-Compagnie waren; zu ihnen gesellte sich als letzter der Vetter Ambrosius. Am 8. April 1668 fand die Hochzeit statt, aber das junge Paar blieb nicht lange in Erfurt. 1669 oder 1670 wurde ihnen ein Sohn geboren, der kurz nach der Geburt starb, und am 16. Juni 1671 gab Elisabeth einem zweiten Sohn, Johann Christoph, das Leben, dem später der verwaiste Sebastian Obdach und Unterricht verdankte. Vier Monate darauf, im Oktober 1671, erhielt Ambrosius einen Ruf nach Eisenach, wo Heinrichs Sohn Johann Christoph, der berühmteste seines Zweiges, als Organist wirkte.

Eisenach war bis zum Jahre 1741 Hauptstadt eines besonderen Herzogtums. Der Herzog residierte im Schloß nahe dem Marktplatz mit dem malerischen Rathaus und hinter der großen St. Georgenkirche. Nach der Genealogie war Ambrosius, wie sein Zwillingsbruder in Arnstadt, Hofmusikus des Herzogs Johann Georg und gleichzeitig Stadtmusikus. Auf den ersten Posten hätte er gern verzichtet, wenn man nur seinem am 2. April 1684 an die Behörde eingereichten Gesuch, als Leiter der Musikanten-Compagnie nach Erfurt zurückkehren zu dürfen, stattgegeben hätte. Die Gründe, die ihn zu seiner Bitte veranlaßten, zählte er im umgekehrten Verhältnis zu ihrer Dringlichkeit auf: schon füllten sechs Kinder sein Haus – ein siebentes wurde erwartet –; außerdem unterhielt er drei Gesellen und Lehrknaben, ›welches ein Jahr lang viel kostet‹; die accidentia, die gelegentlichen Einnahmen, waren herzlich gering, denn die immer wiederkehrenden Zeiten öffentlicher Trauer hatten stille Hochzeiten zur Folge, bei denen seine Dienste nicht verlangt wurden, und sogar zu normalen Zeiten flossen diese Einnahmen nur spärlich. Überdies wurden seine Einkünfte durch den Wettbewerb der nichtprivilegierten ›Bierfiedler‹ beeinträchtigt. So bat er denn, dem Ruf nach Erfurt folgen zu dürfen, wo er billiger leben konnte, keine Gehilfen brauchte und den Heimsuchungen der Seuche weniger ausgesetzt war. Er wiederholte sein Gesuch (21. April 1684), jedoch vergebens. In höflichen Worten machte der Rat von Eisenach der Stadt Erfurt die Mitteilung (26. April 1684), der Herzog und die ganze Gemeinde seien mit den Leistungen ›unseres Statt-Haußmann und Stadt-Musicus Johann Ambrosius Bach‹ vollauf zufrieden und dächten gar nicht daran, ihn ziehen zu lassen. Ambrosius zeigte sich weniger hartnäckig als später sein Sohn und unterwarf sich dem Bescheid. So geschah es, daß Eisenach, die Stadt Luthers und der Minnesänger, durch weise Fügung des Schicksals zur Geburtsstadt Johann Sebastian Bachs werden sollte.

Wie man sieht, war Bach der Erbe einer Tradition, die sich an keinen bestimmten Ort band. Kaum sechzig Jahre waren verstrichen, seit Hans der Spielmann zu seinen Vätern eingegangen war. In diesem Zeitraum sah sich Deutschland in einen Strudel von Kämpfen hineingerissen; Städte wurden zerstört, Felder verwüstet, Menschen kamen im Kriege um oder wurden von der Seuche hinweggerafft. In der ganzen wildbewegten Zeit des Dreißigjährigen Krieges hatte diese eine Familie, die so recht das bodenständige Deutschtum verkörperte, nie aufgehört, Trost und Kraft zu spenden, sei es an den geheiligten Stätten der Kirche, sei es in den Wohnungen von Fürsten und Volk, indem sie den Geist der Nation, den die rauhen Waffen des Krieges zu zerschmettern drohten, wach erhielt. In wie vielen Kirchen saßen Kantoren und Organisten, die den wohlbekannten Namen Bach führten! Wenn Fürstendienst als eine Bevorzugung gelten kann, so wurde sie diesem Geschlecht zuteil, dessen einzelne Glieder in Gotha und Meiningen, in Arnstadt und Eisenach die nach Beendigung des Krieges wiedereinsetzende und musikalische Renaissance nach Kräften förderten und ihr Formen gaben, die zwar weniger glänzend, dafür aber auch weniger flach waren, als das zeitgenössische Italien sie liebte. Welch ein reicher Schatz ererbter Erfahrungen beflügelte die Finger des jungen Sebastian, wenn sie über die Tastatur einer Orgel oder eines Klaviers dahinglitten oder das Griffbrett einer Geige umklammert hielten! Wie nahe brachten sie ihn dem Erbe der Reformation an gewaltigen Hymnen! Gleichwohl war es der Bach der Klavier- und Instrumentalsuiten, der Köthener Bach, der zunächst in die Fußstapfen seiner unmittelbaren Vorfahren trat. Sein Vater, sein Großvater und sein Urgroßvater, sie alle bezeugten Veit Bachs Vorliebe für weltliche Musik; nicht einer unter ihnen weihte seine Kunst dem Altar. Andererseits hatte Sebastian in seiner Familie auch Vorgänger, die sein Hinneigen zur religiösen Musik verständlich machen; zählten doch der alte Heinrich, Johann Christoph, Johann Michael und die Meininger Bachs zu seinen Verwandten! So persönlich, so eigenartig, so gewaltig auch Bachs Genius war, so ist doch keiner unter den Meistern seiner Kunst, in dem die Vorfahren so zwingend fortgewirkt hätten, keiner, der ihrem Ruf mit einem solchen Gehorsam und zugleich einer solchen Überlegenheit Folge geleistet hätte, wie Johann Sebastian Bach es tat.

ZWEITES KAPITEL
SCHULZEIT

Johann Sebastian wurde in Eisenach am Sonnabend, dem 21. März 1685, als jüngstes Kind von Johann Ambrosius Bach und Elisabeth Lämmerhirt geboren und zwei Tage darauf in der St. Georgenkirche am Marktplatz getauft. Das Pfarr-Register nennt seine Taufpaten: Johann Georg Koch, einen herzoglichen Forstbeamten, und Sebastian Nagel. Dieser, dem die hohe Ehre zuteil ward, einem unsterblichen Genius seinen Namen zu geben, wird als ›Haußmann zu Gotha‹ bezeichnet; er versah also dasselbe Amt wie einst Caspar Bach. Daß Ambrosius ihn bat, bei seinem Sohn Pate zu stehen, läßt auf nähere, wohl in Erfurt angeknüpfte Beziehungen schließen; ein Bindeglied zwischen den Erfurter Bachs und den Gothaer Musikanten bildet der Organist Egidius Funck, ein Schüler von Johannes Bach (1604–73). Nagel lebte nicht lange genug, um die Laufbahn seines Paten bewundern zu können.

Als Geburtsort Sebastians hätte man kaum einen geeigneteren Platz ausfindig machen können als Eisenach. In reizvoller Umgebung liegt es im Herzen Deutschlands, von den begrünten Höhen des Thüringer Waldes beschirmt. Religion, Romantik und Musik geben ihm einen Hauch von Poesie. Im Süden ragt auf steilem Berge die Wartburg empor, die einst Luther Obdach gewährte. Oft mag Sebastian zu ihren Mauern hinaufgeklettert sein; oft mag er das Zimmer betreten haben, das die Geburtsstätte der deutschen Bibel war, und wo die kraftvollen Kirchenlieder Gestalt gewannen, welche die Reformation auf starken Schwingen in die Lande trugen. Hier verbrachte die heilige Elisabeth ihre Tage; hier fand der berühmte Sängerkrieg statt (1207); hier erlebte der deutsche Minnesang seine reichste Blüte. Unten in der Stadt fanden die Stimmen aus der Höhe einen lebhaften Widerhall. »Claruit semper urbs nostra musica, (berühmt war unsere Stadt immer durch ihre Musik)« schrieb ein Chronist dreizehn Jahre nach Sebastians Geburt und schmückte seinen Ausspruch mit Anagrammen: »Isenacum en musica (in Eisenach ist die Musik zu Haus)« und »en canimus (horch, wir singen)«. Wie Luther zweihundert Jahre vor ihm, so sang auch Sebastian in der Schulkurrende mit. Diese Sitte des Umsingens in den Straßen bestand in Eisenach seit dem 15. Jahrhundert und war in den letzten fünfzig Jahren vor Sebastians Geburt zu einer bedeutsamen Tradition geworden. Auch hatten schon hervorragende Musiker im Dienst der Stadt gestanden. Von 1665 bis zu seinem Tode im Jahre 1703 war Johann Christoph Bach Organist an der St. Georgenkirche. Sebastian, der diesen Verwandten noch viele Jahre darauf einen ›profonden Komponisten‹ nennt, wird oft auf dem Chor an der Westseite der Kirche neben ihm gesessen oder in der weiten Empore darunter seine Choräle mitgesungen haben. 1677 kam der berühmte Johann Pachelbel aus Wien und versah die Stelle des Hofmusikanten, bis er (1678) an die Predigerkirche nach Erfurt berufen wurde. Die kurze Anwesenheit dieses glänzenden Orgelspielers blieb nicht ohne Wirkung auf Sebastians Entwicklung: der ältere Bruder Johann Christoph wurde später in Erfurt sein Schüler; so kam es, daß der Bruder dem jungen Genius die Technik eines der berühmtesten Orgelspieler seiner Zeit vermitteln konnte und daß Pachelbels Werke auf die ersten kompositorischen Versuche Sebastians Einfluß gewannen.

Über Sebastians Kinderjahre in Eisenach liegen so gut wie keine Nachrichten vor. Wir können uns ausmalen, wie er voller Eifer bei seinem Vater Violine und Bratsche lernte, an den Proben teilnahm, neben Johann Christoph in der St. Georgenkirche saß, die schweren Register zog oder die abgegriffenen Blätter auf dem Orgelpult umwendete. Wir folgen ihm auf seinem Schulwege, aus seines Vaters Haus in der Lutherstraße, an dem giebelgekrönten Lutherhaus vorbei, wo Frau von Cotta den Reformator als Knaben aufnahm, die schattige Esplanade entlang, vorüber am alten Schloß und an der St. Georgenkirche, von der einzig der jetzige Turm ihm unbekannt war, bis hin zum Predigerplatz, der seinen Namen von einer Gründung der Dominikaner erhalten hat. Die Kirche bildete die Nordseite der Klostergebäude, die heute das Thüringer Museum beherbergen. Der westliche Flügel steht nicht mehr, aber der südliche und östliche erheben sich auf den alten Grundmauern, und die gewölbten Kreuzgänge mit den eingemeißelten Inschriften und Erinnerungszeichen tönen noch immer von jungen Stimmen wider, ganz wie zur Zeit, da Sebastian hier zur Schule ging.

Sebastian trat 1692 oder 1693 ins Gymnasium ein, kurz vor oder nach seinem achten Geburtstage. Er war 1693 der Siebenundvierzigste in der Quinta; sein um drei Jahre älterer Bruder Johann Jakob saß einen Platz unter ihm. Ostern 1694 war er in der Quinta zum Vierzehnten aufgerückt, hatte aber neunundfünfzig Schulstunden versäumt und wurde mit seinem Bruder nach Quarta versetzt. Ostern 1695 waren die beiden Dreiundzwanzigster beziehungsweise Fünfundzwanzigster in der neuen Klasse, obgleich Sebastians versäumte Stunden sich auf hundertunddrei beliefen. In Eisenach wurde der Grund zu der soliden Bildung gelegt, von der Sebastians spätere Briefe

Zeugnis geben. In der Quinta lernte er Katechismus, Psalmen, biblische Geschichte, Lesen und Schreiben und im besonderen die Evangelien und Episteln der Bibel auf deutsch und lateinisch. Die Elemente des Lateinischen wurden ihm nach dem neuen Lehrbuch Latinitatis vestibulum: sive primi ad Latinam linguam aditus von Johann Amos Komensky (Comenius, 1592–1671) beigebracht, das in parallelen Spalten praktische Belehrung im Deutschen und Lateinischen bot. Denn an Stelle der pedantischen Methoden, mit denen man ihn in seiner eigenen Jugend geplagt hatte, forderte Comenius, daß ein guter Leitfaden nützliche Tatsachen vermitteln müßte, und fügte dem Text Bilder bei, um das Gedächtnis anzuspornen und zu unterstützen. In der Quarta lernte Sebastian den deutschen Katechismus und Psalter, lateinische Deklination und Konjugation und Vokabeln. Die Schule begann im Sommer früh um sechs Uhr und vom Herbst bis Frühling um sieben und dauerte je nach der Jahreszeit bis neun oder zehn Uhr. Der Nachmittagsunterricht fand von eins bis drei statt; die Nachmittage des Mittwoch und Sonnabend waren schulfrei. Unter dem Kantor Andreas Christian Dedekind stellte die Schule der St. Georgenkirche den Chor und sang zu Hochzeiten und Begräbnissen. Die regelmäßigen Kurrenden wurden von den Bewohnern der Stadt gern gehört und bildeten eine Einnahmequelle für Lehrer und Schüler. Zu Neujahr wurde auch in den umliegenden Dörfern gesungen, und als eines schönen Tages ein Verbot gegen dieses Auswärtssingen erschien, richtete man an den Rektor eine Bittschrift, die auch Sebastian unterschrieben haben mag (18. Januar 1693).

Sebastians Schultage in Eisenach wurden durch traurige Familienereignisse verdunkelt, die vielleicht seinen unregelmäßigen Schulbesuch erklären. Am 3. Mai 1694 verlor er seine Mutter. Ihr frühzeitiger Tod riß eine schmerzliche Lücke, denn nun fehlte die ordnende Hand in dem verwaisten Haushalt des Ambrosius. Seit vier Jahren verdiente sich der älteste Sohn Johann Christoph in Ohrdruf sein bescheidenes Brot; wenige Monate nach dem Hinscheiden der Mutter führte er eine junge Frau heim. Außer den jüngeren Brüdern hatte er noch zwei Schwestern, von denen die ältere im Begriff war, das väterliche Haus zu verlassen, während die jüngere kaum vierzehn Jahre zählte. Wenige Wochen nach der Hochzeit seines Sohnes entschloß sich Ambrosius, sich wieder zu verheiraten, und zwar mit Barbara Margaretha Keul, einer wohlhabenden Witwe aus Arnstadt, deren Vater dort Bürgermeister war. Von einnehmendem Äußern und vermögend, war sie bereits zweimal vermählt gewesen, zuerst (28. November 1682) mit Johann Günther Bach, dem vierten Sohn und Gehilfen des alten Heinrich an der Oberkirche und Liebfrauenkirche. Diese Vereinigung war von kurzer Dauer: der junge Ehemann starb fünf Monate nach der Hochzeit (10. April 1683) ohne Leibeserben. Ein Jahr darauf (1. April 1684) heiratete die Witwe den Diakonus Jacobus Bartholomäi, einen Geistlichen aus Arnstadt, der vier Jahre später (16. Dezember 1688) ins Grab gelegt wurde. Ihr Töchterchen Christiana Maria (geboren am 28. September 1685) hatte kurz vor dem Tode des Vaters den dritten Geburtstag gefeiert. So brachte die Mutter eine Stieftochter mit in die Ehe, als sie Ambrosius am 27. November 1694 die Hand zum Bunde reichte. Aber wiederum war Frau Barbara Margaretha bald verwitwet: schon nach kaum dreimonatiger Ehe, am 24. Februar 1695, wurde Ambrosius zu Grabe getragen.

Sebastian muß seinem Vater sehr ähnlich gesehen haben, wie aus dem Porträt des Ambrosius hervorgeht, das in Carl Philipp Emanuels Besitz gelangte. Es zeigt einen Mann von etwa vierzig Jahren mit braunem Haar und Schnurrbart; sein Kleid oder Gewand trägt er lose über die Brust gezogen; darunter blickt das weiße Hemd hervor, das mit einem Band nachlässig um den Hals befestigt ist. Ambrosius steht an einem Fenster, durch das fern die Wartburg sichtbar ist. Er stützt sich mit dem linken, unter den Falten des Mantels verborgenen Arm auf einen Tisch; die rechte geöffnete Hand scheint mit ausgestrecktem Finger eine Geste anzudeuten, wie sie Kapellmeister beim Dirigieren zu machen pflegen. Der starke Hals, das massive Kinn, die kühne, etwas nach links gebogene Nase, dies alles sind Merkmale, die im Sohn so deutlich wiederkehren, daß wir wohl nicht fehlgehen, wenn wir uns den Sebastian von 1723 gleich dem Ambrosius von 1685 vorstellen. Auch den Charakter seines Vaters scheint Sebastian geerbt zu haben, falls Ambrosius und sein Zwillingsbruder sich wirklich in ihrem Wesen so ähnlich waren, wie man von ihnen erzählte. Die Hartnäckigkeit, mit der sich Johann Christoph nach mehr als zweijährigen gerichtlichen Kämpfen aus den Schlingen der Anna Kunigunde Wiener zu lösen wußte, bildet ein würdiges Gegenstück zu der herausfordernden Haltung, die sein Neffe seinem Weimarer Dienstherrn gegenüber einnahm, und zu den heftigen Auseinandersetzungen mit den Leipziger Behörden. In musikalischer Beziehung hatte Sebastian seinem Vater gewiß viel zu verdanken, wenn er auch den ersten regelmäßigen Klavierunterricht von seinem Bruder Johann Christoph in Ohrdruf erhielt. Aber sein bemerkenswertes Geschick als Geiger und Bratschenspieler, eine Fertigkeit, die ihm das erste berufsmäßige Einkommen verschaffte, ist auf seinen Vater zurückzuführen, der selbst der Erbe einer langen, hervorragenden Tradition war. Wahrscheinlich liegt hierin auch Sebastians Vorliebe für die Bratsche begründet. Forkels Bericht ist glaubwürdig belegt: »In musikalischen Gesellschaften, in welchen Quartette oder vollstimmigere Instrumentalstücke aufgeführt wurden und er sonst nicht dabey beschäftigt war, machte es ihm Vergnügen, die Bratsche mit zu spielen. Er befand sich mit diesem Instrument gleichsam in der Mitte der Harmonie, aus welcher er sie von beyden Seiten am besten hören und genießen könnte.« Das Schicksal wollte, daß Sebastian, ganz im Gegensatz zu Mozart, den Einfluß und die Aufsicht eines Vaters bald entbehren mußte; aber sein Weg lag so klar vor ihm, die innere Stimme war so mächtig, daß eine Führung hier unnötig war. Überdies trieb ihn sein frühes Verwaistsein auf einen Pfad, den er sonst vielleicht nicht betreten hätte, und gerade dieser Pfad wies ihn in eine Umgebung, die seinen Genius anfeuerte und bildete. Die Auflösung des väterlichen Haushaltes brachte ihm Erfahrungen, die ihn frühzeitig reifen ließen; bevor er zwanzig Jahre alt war, traten Lüneburg, Hamburg und Celle in seinen Gesichtskreis; vorerst aber führte ihn das Schicksal in die Obhut seines Bruders nach Ohrdruf.

Ohrdruf, ein ruhiges Städtchen, das heute siebentausend Seelen zählt, liegt fünfundvierzig Kilometer südöstlich von Eisenach, am Saume der thüringischen Ebene, wo der Brandkopf, der Steinkopf und andere mäßige Erhebungen des Thüringer Waldes einen natürlichen Schutzwall gegen Westen bilden, wo die Heide blüht und Kiefern, Buchen und Birken das Landschaftsbild beleben. Die kleine Ohra fließt träge durch das Städtchen, bis sie sich in der Nähe von Wechmar mit der Apfelstädt vereinigt. Im 8. Jahrhundert errichtete der heilige Bonifazius hier einen Altar neben der Quelle, die am Fuße der Michaeliskirche sprudelt und sich nicht weit davon munter in die Ohra ergießt. Bis zum Ausgang des Mittelalters war

Ohrdruf ein offenes Dorf ohne Mauern oder Umgrenzungen, dessen Häuser über die Felder verstreut waren. Aber gegen Ende des 15. Jahrhunderts forderten die Grafen von Gleichen, deren stolze Schlösser nordwestlich in der Richtung von Arnstadt sichtbar sind, Allodialbesitz von der Abtei zu Hersfeld, und nachdem ihnen dieser 1563 bestätigt worden war, bauten sie das Schloß Ehrenstein gegenüber der Michaeliskirche am anderen Ufer der Ohra. Das Schloß steht im ganzen noch heute, wie es Sebastian vom Michaelisplatz aus gesehen hat. Die seichte Ohra schützte es gegen etwaige Übergriffe der Stadt. Eine steinerne Brücke, die jetzt nicht mehr vorhanden ist, vermittelte den Zugang zu dem ansehnlichen Gebäude. An der Südostecke unterbricht der mächtige, aus dem 16. Jahrhundert stammende Uhrturm die Eintönigkeit der Fassade. Nachdem Ohrdruf zur Würde einer Residenz aufgestiegen war, umgab es sich mit schützenden Mauern und errichtete das imposante Renaissance-Rathaus, das als Wahrzeichen der Stadt auf dem Marktplatz stand, wo der heilige Michael, jetzt wie einst, seine Quelle bewacht. Östlich davon auf dem großen Michaelisplatz erhob sich die Michaeliskirche, in der so viele Generationen der Familie Bach ihren Dienst verrichteten, ein massives, viereckiges Gebäude, das gleichsam als Herz dieser stillen Gemeinde aus holprigen Straßen mit weinumsponnenen Giebelhäusern auf die Ohra herabblickt.

In diese halb ländliche Umgebung sahen sich Sebastian und sein älterer Bruder Johann Jakob nach dem Tode des Vaters, vermutlich im Februar 1695, versetzt; die Schwestern blieben anscheinend bei der nunmehr zum dritten Male verwitweten Stiefmutter zurück. Vier Jahre lang lebte Johann Christoph, Ambrosius' ältester Sohn, bereits als Organist der Michaeliskirche in Ohrdruf, und drei Monate vor dem Tode des Vaters hatte er Johanna Dorothea von Hofe, eine Tochter Ohrdrufs, als seine Gattin heimgeführt. Man hat mit ziemlicher Sicherheit sein Wohnhaus, das nun fünf Jahre lang auch für Sebastian eine Heimstätte wurde, festgestellt. Es liegt an der Bachstraße, nicht weit von ihrer Vereinigung mit der Kirchstraße in der Nähe der Kirche selbst und ist ein anspruchsloses einstöckiges Gebäude, so recht die Behausung für ein junges Paar, dessen bescheidenes Jahreseinkommen sich auf fünfundvierzig Gulden, drei Maß Korn und ein bestimmtes Quantum Brennholz belief. Obgleich Ohrdruf für einen begabten Musiker wenig Anregung bot, so verdankte doch Sebastian der Unterweisung seines Bruders mindestens ebensoviel wie seiner Gastfreundschaft. Johann Christoph hatte den Unterricht des berühmten Pachelbel genossen; dieser muß große Stücke auf seinen Schüler gehalten haben, denn auf seine Vermittlung geht anscheinend der Ruf zurück, den Johann Christoph 1696 als Organist nach Gotha erhielt. Die Laufbahn seiner fünf Söhne, die alle den Beruf des Vaters ergriffen und von ihm selbst unterrichtet wurden, ist ein klarer Beweis für seine Tüchtigkeit. Er war Sebastians erster Klavierlehrer, und gleich ihm begann Sebastian später mit seinem eigenen Sohn Wilhelm Friedemann den Klavierunterricht, als dieser neun Jahre alt war.

Der Nekrolog ist Anlaß einer anmutigen Anekdote geworden, die zwar Sebastians Charakter wunderbar beleuchtet, seinem Bruder aber entschieden unrecht tut. Forkel wiederholt sie: »Seine Neigung und Fähigkeit zur Musik muß aber um diese Zeit schon sehr groß gewesen seyn, denn diejenigen Handstücke, die ihm sein Bruder zum Lernen gab, waren so bald in seiner Gewalt, daß er mit großer Begierde sich nach schwereren Stücken umzusehen anfing. Die berühmtesten Clavierkomponisten jener Zeit waren Froberger, Fischer, Johann Casp. Kerll,

Pachelbel, Buxtehude, Bruhns, Böhm usw. Er hatte gemerkt, daß sein Bruder ein Buch besaß, worin mehrere Stücke der genannten Meister gesammelt waren, und bat ihn herzlich, es ihm zu geben. Allein es wurde ihm stets verweigert. Die Begierde nach dem Besitz des Buches wurde durch die Verweigerung immer größer, so daß er endlich desselben auf irgendeine Art heimlich habhaft zu werden suchte. Da es in einem bloß mit Gitterthüren verschlossenen Schranke aufbewahrt wurde und seine Hände noch klein genug waren, um durchgreifen und das nur in Papier geheftete Buch zusammen rollen und heraus ziehen zu können, so bedachte er sich nicht lange, von so günstigen Umständen Gebrauch zu machen. Allein aus Mangel eines Lichtes konnte er nur bey Mondhellen Nächten daran schreiben und bedurfte 6 voll Monathe, ehe er mit seiner so mühseligen Arbeit zu Ende kommen konnte. Als er endlich den Schatz sicher zu besitzen glaubte und ihn nun heimlich recht benutzen wollte, wurde der Bruder die Sache gewahr und nahm ihm die so schwer gewordene Abschrift ohne Gnade und Barmherzigkeit wieder ab, die er auch nicht eher als nach dem bald darauf erfolgten Tode dieses Bruders wieder erhielt.« In Wirklichkeit lebte Johann Christoph noch länger als zwanzig Jahre, nachdem Sebastian sein Haus verlassen hatte, und seine Handlungsweise entsprang wohl weniger einer beabsichtigten Härte als dem Gefühl der Verantwortung diesem jungen ungestümen Genius gegenüber.

Die ehrwürdige Schule in Ohrdruf genoß in ganz Thüringen ein hohes Ansehen. Sie war aus einer alten Klosterschule hervorgegangen, und ihre Gebäude fielen mehr als einmal dem Feuer zum Opfer, ehe sie die Gestalt bekamen, in der Sebastian sie kannte. Die jetzige Schule lag in der Schulstraße, dicht bei der Michaeliskirche und Johann Christophs Haus. Sie war am 26. Oktober 1655 eröffnet worden und stand bis 1753, in welchem Jahre sie abermals ein Raub der Flammen wurde. Zu Sebastians Zeit zählte die Schule fast dreihundert Schüler im Alter von einundzwanzig bis herunter zu fünfeinhalb Jahren; etwa die Hälfte von ihnen kamen aus anderen Ortschaften. Sechs Lehrer wirkten an der Schule; einer von ihnen unterrichtete in den beiden untersten Klassen, Sexta und Septima, deren Schüler etwa ein Drittel der gesamten Schülerzahl ausmachten. Sebastians Lehrer waren: in Quarta Johann Valentin Wagner; in Tertia Johann Heinrich Arnold; in Sekunda der Konrektor Johann Jeremias Böttiger und in Prima der Rektor Johann Christoph Kiesewetter, ein gelehrter Herr, der in späteren Jahren nach Weimar versetzt wurde, wo Sebastian die alte Bekanntschaft erneuerte. Wagner und Böttiger sind leere, bedeutungslose Namen in Sebastians Entwicklung. Arnold, der zugleich das Amt eines Kantors versah, war bei Kollegen und Schülern gleich unbeliebt. In der Zeit von 1696 bis 1697 wurden zwei Primaner aus der Schule genommen ob turbas a Domino Cantore Arnoldo excitatas (wegen der durch Herrn Kantor Arnold hervorgerufenen Unordnung). Zwei andere, unter ihnen Sebastians Arnstädter Vetter Johann Ernst Bach, wurden von der Tertia nach der Sekunda versetzt, um seiner intolerabilis disciplina (unerträglichen Schulzucht) zu entgehen. Er hatte einen schlechten Charakter; eine Bemerkung im Kirchenbuch vom Jahre 1697 stellt mit Befriedigung fest: »In der Schule ist der Gotloße Cantor Arnold (pestis scholae, scandalum ecclesiae et carcinoma civitatis) durch Urtheil und Recht removiret.« An seine Stelle kam Elias Herda, mit dem sich Sebastian weit besser verstand.

Sebastians Schultage in Ohrdruf verliefen unter dem Einfluß der einzigen pädagogischen Bewegung von nachhaltiger Wirkung, die das Deutschland des 17. Jahrhunderts zu verzeichnen hat. Auf Anregung von Comenius hatte Herzog Ernst von Sachsen-Gotha († 1679) in seinem Herzogtum eine bemerkenswerte Reform der öffentlichen Erziehung durchgeführt, die in Ohrdruf Eingang fand, noch ehe Sebastian in die Schule eintrat. Nach Anweisungen des Herzogs arbeitete Andreas Reyher, der Rektor des Gothaer Gymnasiums, eine Denkschrift über Schulmethoden aus, unter besonderer Berücksichtigung von Gymnasien und Bürgerschulen, und veröffentlichte seine Ergebnisse 1642 unter dem folgenden Titel:

Special- und sonderbahrer

Bericht

Wie nechst Göttlicher verley-
hung / die Knaben und Mägdlein auff den
Dorffschafften / und in den Städten die unter dem
untersten Hauffen der Schul-Jugend be-
griffene Kinder im Fürstenthumb
Gotha /
Kurtz- und nützlich unterrichtet werden
können und sollen.

Der Lehrplan umfaßte Religion, Lesen, Schreiben, Arithmetik, Gesang und die Elemente der Naturwissenschaft (einschließlich Geographie). Soweit als möglich sollten die Kinder durch Anschauungsunterricht gefördert werden. Die Lehrer hatten sich nach einem ausführlichen Stundenplan zu richten; einmal im Jahr fanden Prüfungen statt; der Schulbesuch war obligatorisch; Schulversäumnis wurde mit Geldstrafen belegt. Musterschulen wurden gegründet, neue Lehrbücher vorbereitet und der Lehrerstand auch materiell gehoben. Dieser einzigartige Versuch einer Schulerziehung von Staats wegen fand mit Herzog

Ernsts Tode leider ein Ende. Aber seine Durchführung während eines Menschenalters wirkte in den Schulen des Herzogtums nach und prägte ihnen einen Stempel auf, der das stolze Wort, daß Herzog Ernsts Bauern besser erzogen seien als anderswo die Edelleute, vollauf rechtfertigte. Sebastian hatte das Glück, den Vorteil dieses guten Unterrichts zu genießen.

Das Ohrdrufer Schulregister, ein ehrwürdiger Band in leinenem Umschlag, berichtet über die Jahre 1686 bis 1708, aber nicht über die Zeit von 1694 bis 1695. Sebastians Name taucht zum ersten Mal im Juli 1696 als der eines novitius auf. Als er, wohl im Februar 1695, von Eisenach nach Ohrdruf kam, hat er anscheinend in einem halben Jahre das Ziel der Quarta erreicht. Er zählte kaum zehn Jahre, als er in die Klasse eintrat, deren Schüler ein durchschnittliches Alter von zwölf Jahren hatten. Der Lehrplan umfaßte ›Teutsche Materien‹ (Katechismus, Evangelien, Psalmen), das Vestibulum von Comenius, Reyhers kleinere Dialoge, Aufsätze (exercitia styli) und die Anfangsgründe des Griechischen. Nach dem im August 1695 abgehaltenen Examen rückte Sebastian in die Tertia auf und sah sich nunmehr dem unliebenswürdigen Arnold gegenüber, der die bereits in Quarta gelehrten Gegenstände vertiefte und Comenius durch Reyhers größere Dialoge ersetzte. Wieder tritt Sebastians Frühreife klar zutage: er, der jüngste Tertianer, war im Juli 1696 der Erste unter den sieben novitii. Im Juli 1697 brachte er es zum Primus der Klasse und wurde nach Sekunda versetzt. Hier studierte er die Ciceronianischen Briefe in der Ausgabe von Johannes Rivius; außerdem wurde er in das Compendium locorum theologicorum (1610) von Leonhard Hutter (1563–1616), dem energischen Verfechter der lutherischen Orthodoxie, eingeführt, eine schwere Kost für ein so junges Gemüt. Daß dieses Buch seiner Neigung zur theologischen Dialektik entgegenkam, ja sie vielleicht begründen half, geht deutlich aus der Bibliothek hervor, die er sich in späteren Jahren zulegte. Am Ende des ersten Jahres in Sekunda (Juli 1698) war er der Fünfte in der Klasse; im Juli 1699 rückte er bis zum zweiten Platz auf, und nach einer ungewöhnlich kurzen Zeit wurde er in die Prima versetzt, wo Ciceros Reden und das damals sehr beliebte Ποίημα νουθετικόν des Phocylides den Lehrstoff bildeten.

Sebastian durcheilte die Prima ebenso rasch wie früher die Quarta. Ein Eintrag im Register von Kiesewetters Hand gibt Kunde von dem vorzeitigen Abgang seines Schülers und von der Ursache dazu: Luneburgum ob defectum hospitiorum se contulit die 15 Martii 1700, und im catalogus discipulorum finito examine d. XIV. Augusti MDCC completus, in welchem Sebastian als Vierter in einer Liste von Fünfen steht, wird die Tatsache nochmals festgestellt: ob defect. hospit. Luneburg. concessit. Unkenntnis oder wenigstens Gleichgültigkeit der Söhne gegenüber den Jugenderlebnissen ihres Vaters läßt sie Sebastians Abreise aus Ohrdruf auf seines Bruders Tod zurückführen, der tatsächlich erst zwanzig Jahre später eintrat. Forkel, dessen Berichte sich auf ihre Angaben stützen, vermutete, daß ihn das Ereignis ›aufs neue verwaiset‹ machte, und ließ ihn aufs Geratewohl auf der Suche nach einer Beschäftigung nach Lüneburg aufbrechen. Der wahre Grund liegt aber in dem Umstande, daß Johann Christoph nicht länger in der Lage war, den Bruder bei sich unterzubringen, und deshalb die günstige Gelegenheit benützte, ihm anderweitig ein Unterkommen zu verschaffen. Seit er seine beiden Brüder bei sich aufgenommen hatte, waren ihm zwei, vielleicht sogar drei Kinder geboren worden. Ein weiteres stellte sich acht Monate nach Sebastians Abreise ein. Es war also viel eher Platz-

als Geldmangel, der seiner Gastfreundschaft ein Ziel setzte: denn im März 1700 wurde Johann Christoph mit erhöhtem Gehalt an der Schule angestellt. Sebastians Abreise aus Ohrdruf bedarf auch gar keiner weiteren Erklärung: mit seiner Konfirmation in seinem vierzehnten Jahre (1699) erreichte er das Alter, in dem die Sitte seiner Kreise ihm vorschrieb, in die Welt hinauszuziehen und sich seinen Lebensunterhalt selbst zu verdienen. Auch der um drei Jahre ältere Johann Jakob hatte in diesem Alter bereits die Schule verlassen, um in Eisenach bei dem Nachfolger seines Vaters als Lehrling einzutreten.

Der Tod des Vaters hatte Sebastian nach Ohrdruf geführt; ein glücklicher Umstand machte seinem Aufenthalt dort ein Ende und bestimmte die nächste Etappe seiner Laufbahn. Der tyrannische Arnold war 1697 durch den jungen Musiker Elias Herda abgelöst worden, der in jeder der vier oberen Klassen wöchentlich eine Stunde Musikunterricht erteilte. Er war in Leina, zwischen Gotha und Waltershausen, geboren und zunächst in Gotha erzogen worden. Dann hatte er in der Klosterschule der Michaeliskirche zu Lüneburg Aufnahme gefunden, wo thüringische Sänger wegen ihrer musikalischen Fähigkeiten sehr gesucht waren. Sechs Jahre blieb er in Lüneburg, und nach einem kurzen Theologiestudium in Jena kam er als Kantor und Tertius an Arnolds Stelle nach Ohrdruf, wo er seine Tätigkeit am 7. Januar 1698 begann. Zehn Tage darauf (17. Januar) nahm er den sechzehnjährigen Georg Erdmann, der auch aus Leina stammte und mutmaßlich bei ihm wohnte, in die Tertia auf. Am Ende des Schuljahres (Juli 1698) wurde Erdmann nach Sekunda versetzt, während der jüngere Sebastian im Juli 1699 als Zweiter in seiner Klasse bereits in die Prima aufrückte. Erdmann blieb noch in der Sekunda zurück; zwei Monate nach

Sebastian, am 19. Januar 1700, verließ auch er die Schule. Das Register gibt denselben Grund für seinen wie für Sebastians Weggang an: ob defectum hospitiorum abiit Luneburgum. Was die Bemerkung in seinem Falle zu bedeuten hat, bleibt der Vermutung überlassen; jedenfalls ist seit Ostern (3. April) 1700 seine Anwesenheit in dem erlesenen ›Mettenchor‹ der Michaelisschule in Lüneburg bezeugt; zu gleicher Zeit wurde auch Sebastians Name dort eingetragen. Es unterliegt keinem Zweifel, daß die beiden ihre Aufnahme Herdas Empfehlung zu verdanken hatten; ohne die vorherige Gewißheit einer Anstellung hätten sie die weite Reise nicht wagen können. Herda wird sie als tüchtige Sänger nach Lüneburg empfohlen haben, um Lücken, die ihm bei seinem dortigen Aufenthalt aufgefallen waren, auszufüllen.

Ohrdruf nimmt in Sebastians Entwicklung eine besondere Stellung ein. Die Klassenberichte zeugen für eine leichte Auffassungsgabe und außergewöhnliche Intelligenz: er war knapp fünfzehn Jahre alt, als er die Prima verließ, während zu seiner Zeit das durchschnittliche Alter in dieser Klasse nie weniger als siebzehn Jahre betrug. Hätte er bis zum August 1702 auf der Schule bleiben können, so wäre ihm das Universitätsstudium zugänglich gewesen, das er später seinen Söhnen ermöglichte. Während er in den Wissenschaften einen guten Grund legte, übte die theologische, streng orthodoxe und antipietistische Richtung seiner Schule einen starken Einfluß auf seinen Charakter aus. In Ohrdruf schlug der kindliche Glaube, dem er sein Leben lang treu bleiben sollte, Wurzel in seiner Seele. In der ländlichen, friedvollen Atmosphäre, die ihn umgab, kam er der Natur nahe, für deren Offenbarungen er, wie seine Musik beweist, ein unendlich feines Gefühl besaß. Hier in der Stille begann der junge Genius die Schwingen zu regen. Johann Christophs Orgel stand ihm zur Verfügung, und hier entfaltete sich in seiner Kunst das leidenschaftliche Temperament und die hingebende Frömmigkeit, die seinem Bruder durch Pachelbel vermittelt worden waren. Als Orgelspieler muß er schon damals die künftige Meisterschaft verraten haben, die ihn bei seinen Zeitgenossen berühmt machte, während sie im übrigen für seine Größe kein Verständnis hatten. Eins steht fest: sein Leben und Lernen in Ohrdruf trennt ihn ganz entschieden von der Tradition seiner unmittelbaren Vorfahren. Wäre sein Vater am Leben und er selbst in Eisenach geblieben, so hätte er sich wahrscheinlich wie seine dortigen Verwandten der weltlichen Seite ihres Berufs zugewandt. So aber fühlte er sich, als er von Ohrdruf schied, bereits zum Höchsten und Heiligsten, dem Dienste Gottes, hingezogen, dem er sich vorzugsweise weihen sollte.

DRITTES KAPITEL
LEHRJAHRE

Forkel weist darauf hin, wie innig die Bachs mit ihrem thüringischen Heimatlande verwachsen waren und wie ungern sie sich davon trennten. Und doch können wir uns vorstellen, mit welch ungeduldiger Erwartung Sebastian Ohrdruf am 15. März 1700 verließ, um sich nordwärts zu wenden; denn der Norden war ein Land der Verheißung. Von den Meistern, deren Kompositionen in der Dachstube des Bruders seine junge Seele entzündet hatten, weilte Dietrich Buxtehude in Lübeck; Georg Böhm harrte seiner in Lüneburg und Adam Reinken in Hamburg. Es war ein kühnes Unternehmen für einen Burschen von fünfzehn Jahren, sich auf unbekannten Straßen so weit zu wagen; aber der innere Drang, seine geliebte Kunst meistern und jede ihrer Formen beherrschen zu lernen, verlieh ihm die nötige Kraft. Dreihundert Kilometer lagen vor ihm, die er zum Teil zu Fuß und zum Teil auf dem harten Sitz irgendeines schlechten Fuhrwerks zurücklegen mußte. Auf den großen Straßen wird er sich gelegentlich auch den Luxus einer Postkutsche geleistet haben. Wir können den Weg verfolgen, den Sebastian mutmaßlich einschlug: zunächst nordwärts nach Gotha, wo er mit Erdmann zusammentraf; von hier aus mit der Postkutsche nach Langensalza und Mühlhausen, wohin er bald zurückkehren sollte; weiter nach Braunschweig und Ülzen und über die Lüneburger Heide, durch eine Gegend, die ein ganz anderes Bild bot als sein heimatliches Thüringen: weite Sumpf- und Heidestrecken, hier und da ein Kiefern- oder Lärchenwald, grüne Weiden, deren sandiger Boden von künstlichen Wasserläufen durchschnitten wird, und selten einmal ein in tiefem Bett träge dahinziehender Fluß. Derselbe weite Horizont bietet sich noch heute dem Blick des Reisenden; Dörfer fehlen fast ganz; nur ab und zu trifft man auf eine einsame Scheune. Endlich tauchte aus dieser fremden Landschaft der Turm der Lüneburger Johanniskirche mit seinem Kupferhelm vor unserem Wanderer auf, und in den letzten Tagen der Fastenzeit gelangte er daran vorbei zu seinem eigentlichen Ziel, der Michaeliskirche. Die lange Reise war überstanden.

Die Michaeliskirche mit ihrer Partikularschule, die Sebastian nun für drei Jahre aufnehmen sollte, lag unmittelbar an der alten Stadtmauer und blickte vom Westen her über die Stadt. Seit dem 10. Jahrhundert befand sich hier eine Kirche; das gegenwärtige Gebäude stand schon fast dreihundert Jahre, als Sebastians Sopranstimme darin ertönte. Der abgeplattete Turm aus roten Ziegelsteinen mit seiner kupferumkleideten Kuppel erhob sich malerisch und grünlich schimmernd über dem roten Dach des geräumigen Kirchenschiffes und den hohen Fenstern. Die Klostergebäude sind nicht mehr vorhanden. Sie bildeten einst ein Viereck mit der nördlichen Mauer der Kirche. An der Nordseite war die Schule untergebracht, die 1918 mit dem stark baufälligen östlichen Flügel niedergerissen wurde. Das Innere der Kirche, in der Sebastian ein und aus ging, ist uns glücklicherweise durch Joachim Burmesters Gemälde übermittelt worden. Es zeigt ein hohes Schiff und einen halbrunden Altarplatz. Dieser empfängt sein Licht durch fünf Fenster, die mit denen der Seitenschiffe übereinstimmen. Der imposante Altarbau ist zum Teil hinter dem weißgekrönten Lettner-Altar verborgen, von dem aus der im Schiff versammelten Gemeinde der

Bibeltext verlesen wurde. Schiff und Altarplatz werden durch ein dreiteiliges schmiedeeisernes Gitter getrennt, dessen Seitentüren sich heute in Schnellenberg bei Lüneburg befinden. Massive Pfeiler tragen das gewölbte Dach, und hinter der Kanzel ragen die Emporen in das Schiff hinein. An der Südwand, der Kanzel gegenüber, stützen die Kirchenstühle eine schmale Galerie. An der Nordwand ist zwischen zwei Kapellen die Orgel eingebaut. Sie zeigt drei Pfeifenreihen übereinander in einem reich geschnitzten Gehäuse und ist von dem herkömmlichen ›Staffelgiebel‹ überdacht, den drei vergoldete Kronen zieren. Der Orgelspieltisch, der sich an der untersten Pfeifenreihe befindet, wird durch die äußeren Pfeifen des Rückpositivs vom Schiff und nach Westen zu durch ein Bild der heiligen Cäcilia verdeckt. Unterhalb der Orgel lehnt sich die reichgeschnitzte Kanzel unter einem Baldachin an den fünften nördlichen Pfeiler, während die benachbarten Pfeiler mit Fahnen, Epitaphen und Wappenzeichen geschmückt sind. Das Taufbecken befindet sich im Vordergrunde auf einer kreisrunden Plattform, die sich auf dem Mosaikfußboden erhebt; darüber hängt an einer feinen Kette ein siebenarmiger Kandelaber von der Decke herab. Hinter dem Taufbecken wird das schlichte Rechteck des Grabmals sichtbar, das dem Herzog Otto dem Strengen geweiht ist; daneben brennt auf einem Marmorgestell, vermutlich zu seinem Andenken, eine große Wachskerze. Ganz so lang, wie Burmester es darstellt, ist das Schiff in Wirklichkeit nicht; aber das Bild führt uns doch die Erhabenheit und Würde des Gebäudes vor Augen, das mit seinen Kapellen, Altären und seiner wundervollen Krypta auf den jungen Sebastian um so tiefer wirken mußte, als er von der schlichten Predigerkirche Ohrdrufs herkam.

Das Benediktinerkloster des heiligen Michael hatte

lange Zeit hartnäckig am alten Glauben festgehalten. Die Johannis- und Nikolaikirche waren bereits lutherisch geworden, als Abt Baldwin, der letzte Katholik in seinem Amte, am St. Michaelstag des Jahres 1532 am Hochaltar die letzte Messe zelebrierte. Zehn Wochen darauf (9. Dezember) feierten Prior Herbord vom Holle und die meisten Klosterbrüder an einem Seitenaltar die heilige Kommunion nach lutherischem Ritus. Doch war die Reformation zunächst nur unvollständig durchgeführt; die Brüderschaft beobachtete noch immer das Zölibat, wohnte in den Klostergebäuden und kam im Refektorium zu den Mahlzeiten zusammen. 1655 endlich wurden die Klosterregeln und vor allem das Zölibat aufgehoben, und am 16. Mai 1656 wurde das Kloster in eine ›Ritterakademie‹ umgewandelt, deren Angehörige nun an Stelle der Klosterherren den östlichen Flügel bewohnten, während die Partikularschule im angrenzenden nördlichen Flügel verblieb und ihr Verhältnis zur Kirche durch die Umstellung des Klosters in die Akademie keinerlei Änderung erfuhr.

Der neue Zweck, dem das Kloster nunmehr diente, stimmte mit seinen alten Traditionen und denen des Ordens durchaus überein. Seit den Tagen der Gründung bestand eine Schule neben der Kirche, in der die Adligen aus der Umgegend und sogar die heidnischen Wenden aus der Mittelmark, aus Mecklenburg und anderen Gebieten im christlichen Glauben unterwiesen und getauft wurden. Die Musik spielte im Lehrplan der Schule eine große Rolle, obgleich das Amt eines Kantors erst 1555 geschaffen wurde, als der erste lutherische Abt es anordnete. Aber die reformierte Gründung übernahm von ihren Vorgängern ein hohes Erbe: Forkel, der mehr als ein halbes Jahrhundert nach Sebastian in der Stadt weilte, nennt Lüneburg neben Augsburg die eigentliche Wiege der Figuralmusik. Schon 1516 wurde diese Art von Musik in der Johanniskirche gepflegt, und die Michaeliskirche stand sicher hinter ihr nicht zurück. Unmittelbar nach der Umwandlung des Klosters in die Ritterakademie wurde (1656) vom Pastor Hecht für die Sonn- und Festtage eine Kirchenmusik eingerichtet, an der man noch festhielt, als Sebastian dort im Chore mitwirkte, und sogar noch fünfzig Jahre darauf. Außerdem stellte Hecht (1672) einen Schulchor, den chorus symphoniacus, auf und sicherte sich die Mitwirkung von Benefiziaten – d. h. Schülern, die ein Entgelt und einen Platz am Klosterfreitisch (beneficium coenobii) im nördlichen Flügel bekamen, – bei den Motetten an Sonnabenden, bei der Kirchenmusik an Festtagen und bei der täglichen Frühmette. Auf diese Weise bestanden zwei Chöre, der allgemeine chorus symphoniacus und der kleinere, aber gewählte Mettenchor, der sich lediglich aus bedürftigen Kindern zusammensetzte.

Wie Schubert und Haydn, so begann auch Sebastian seine Laufbahn als Chorknabe. Sein Name findet sich neben dem von Erdmann im Verzeichnis des Mettenchors vom 3. April bis 1. Mai 1700 und wieder vom 1. bis 29. Mai. Zu der auserlesenen Schar gehörten die folgenden Sänger:

Sopran	Th.	Gr.
Koch major	1	0
Schmidt		12
Erdmann		12
Bach		12
Vogel		8
2 Expectanten, jeder		4

Alt	Th.	Gr.
Schmersahl		16
Platt		8
Schön		8

Tenor		
Köhler, adjunctus	1	0
Hochgesang minor		16
Hochgesang major		12

Baß		
Franke, praefectus	1	0
Mittag		12

Abgesehen von diesen monatlichen Bezahlungen teilte sich der Mettenchor mit dem chorus symphoniacus in den Ertrag der Schulkurrenden und des Chorgeldes, das sie für ihre Mitwirkung bei Hochzeiten und Begräbnissen erhielten.

Der chorus symphoniacus, dessen Kern der Mettenchor war, setzte sich aus vier bis fünf Bässen, ebenso vielen Tenören, fünf bis sechs Alt- und acht bis zehn Sopranstimmen zusammen. Sonntags fanden regelmäßig Aufführungen statt; außerdem bestanden besondere Verpflichtungen für die folgenden Feste: Neujahr, Epiphanias, Lichtmeß, Quinquagesima, Verkündigung, Ostern, Jubilate, Himmelfahrt, Pfingsten, Trinitatis, Johannistag, Heimsuchung Mariä, zehnter und zwölfter Sonntag nach Trinitatis, Michaelis, erster Advent und Weihnachten. Bei diesen Gelegenheiten wurde morgens beim Hauptgottesdienst, vermutlich vor der Predigt, wie in Leipzig, unter Begleitung des Orchesters ein Concerto, Dialogus oder ›Stück‹ gesungen. An den hohen Festen, Weihnachten,

Ostern und Pfingsten, wurde eine ähnliche Kirchenmusik auch am zweiten Feiertag geboten. An den gewöhnlichen Sonntagen bestand die ›Musik‹ aus einer A-capella-Motette für vier oder mehr Stimmen, und etwa alle drei Wochen wurde während der Kommunion ein ›Stücklein‹ (ein kurzer Satz für eine oder mehrere Stimmen mit Orchesterbegleitung) zu Gehör gebracht. Den Nachmittagsgottesdienst an den drei hohen Festen leitete eine Figuralmusik ein, und auf die Predigt folgte ›ein fein Stücklein‹ für Chor und Orchester. An den kleineren Festen und übrigen Sonntagen wurden das ›Stücklein‹ und das ›Magnificat‹ mit Orgelbegleitung, vermutlich in einfacherer Form, vorgetragen. An Sonnabenden und den Vorabenden der hohen Feste pflegte man zum Gottesdienst ein oder zwei A-capella-Motetten und außerdem das deutsche Magnificat zu dem Tonus peregrinus zu singen. Die Michaeliskirche konnte nicht wie die Johanniskirche den Dienst der Stadtmusikanten in Anspruch nehmen, sondern sie holte für ihren Bedarf die Streicher und Bläser von anderen Seiten herbei.

Die Beamten von Kirche und Schule, mit denen Sebastian am meisten in Berührung kam, sind uns dem Namen nach bekannt. Seit der Gründung der Ritterakademie war der Dienst in der Kirche einem Pastor primarius und einem Diakonus anvertraut. Während Sebastians Aufenthalt in Lüneburg war Martin Georg Hülsemann Pastor und Inspektor der Schule, an der er zugleich unterrichtete. Johann Jakob Boje, der 1700 im Alter von neunundzwanzig Jahren stand, versah das Amt des Diakonus und rückte später zum Pastor auf. Über die anfängliche Laufbahn des Kantors August Braun ist nichts bekannt. Sein Amt war mit dem eines Oberküsters vereinigt, und im Lehrkörper der Schule kam er gleich nach dem Rektor und Konrektor. Der Organist Christoph Morhardt, der

1690 auf seinen Vater Peter Morhardt folgte, bekleidete den Posten bis zu seiner Pensionierung 1707. In dieses Jahr fiel der Umbau der Orgel und ihre Aufstellung an der Westseite der Kirche. Vielleicht schätzte man seine Fähigkeiten nicht hoch genug ein, um ihm das vergrößerte Instrument, das Michaelis 1707 feierlich eingeweiht wurde, anzuvertrauen. Ein Teil der alten Orgel war dem neuen Instrument einverleibt worden. Auch Sebastian mag darauf gespielt haben, obgleich seine Lüneburger Kompositionen vermuten lassen, daß ihm eher ein Klavier als eine Orgel mit Pedalen zur Verfügung stand.

Ein Stundenplan aus dem Jahre 1695 gibt uns Aufschluß über das Pensum, das Sebastian zu bewältigen hatte. Die Schule war in fünf Klassen eingeteilt, an deren Spitze je ein Lehrer stand. In welche Klasse man Sebastian einreihte, ist unbekannt; aber seine in Ohrdruf erworbenen vorzüglichen Kenntnisse machen es wahrscheinlich, daß er sofort oder doch nach kurzem Aufenthalt in der Sekunda in die Prima aufgenommen wurde. Die Sekunda stand unter der Leitung des Konrektors Eberhard Joachim Elefeld, eines vielseitigen Pädagogen, der die Elemente des Hebräischen, griechische und lateinische Grammatik, lateinische Prosodie und die ars gnomonica et optica et mechanica lehrte. Der Kantor behandelte die Spitzfindigkeiten des Compendium von Leonhard Hutter, dessen quaestiones Sebastian schon in Ohrdruf beschäftigt hatten, und führte die lateinische Grammatik bis zum Supinum und Präteritum weiter; ferner korrigierte er die schriftlichen Arbeiten, ließ den Eunuchus von Terenz und Ciceros Epistolae übersetzen und gab Unterricht in arithmetica. In der Prima führt der Rektor Johann Büsch seine Schüler einmal in der Woche tiefer in Hutters didaktische Orthodoxie ein, indem er seine Meinung über Gnadenwahl, gute Werke, Buße, geistliche Ämter und

Kirche erläuterte. In zwei Wochenstunden erklärte er de terminis simplicibus in Christoph Reyhers Systema logicum (1691), und ebensoviel Zeit verwandte er mit den älteren Schülern auf Ciceros De inventione, während er mit den jüngeren aus der Klasse Tropen und Syllogismen durchnahm. Von klassischen Autoren lasen die Primaner Ciceros Reden gegen Catilina und das vierte Buch von Virgils Äneide. Dazu kamen die Stunden beim Konrektor und Kantor. Der Konrektor las mit ihnen Quintus Curtius, De officiis von Cicero und ausgewählte Oden von Horaz; auch die Πίναξ oder Tabula von Cebes von Theben wurde behandelt, vielleicht in der lateinischen Übersetzung des Salmatius vom Jahre 1640, ein Werk, das die platonische Theorie der Präexistenz entwickelt und die Ausbildung des Charakters als das Ziel der wahren Erziehung hinstellt, sowie das Ποίημα νουθετικόν des Phocylides, das die Lehre von der Unsterblichkeit mit philosophischen Argumenten stützt. Wie in Sekunda, erteilte der Kantor auch in Prima den Unterricht in arithmetica. Neben dem Klassenunterricht hatten die Primaner beim Rektor und Konrektor auch noch Einzelstunden in Geschichte, Geographie, Geschlechter- und Wappenkunde, deutscher Poesie, Mathematik und Physik – wahrlich ein reicher Speisezettel!

Abgesehen von dem Eintrag im Register, der Sebastian als Sopranisten des Mettenchores meldet, fehlen positive Nachrichten über sein Leben in Lüneburg. Da er bei seinem Eintritt in den Chor schon fünfzehn Jahre alt war, konnte ihm seine Sopranstimme nicht mehr lange dienen. Sie kippte um, berichtet der Nekrolog, spielte ihm eine Woche lang die tollsten Streiche, gehorchte nicht mehr, sondern sprang, wenn es ihr gefiel, in die tiefere Oktave über und versagte schließlich ganz. Spitta nimmt daher an, daß seine Fertigkeit als Instrumentalist ihm ein weiteres Bleiben an der Schule ermöglicht hätte. Es ist unter allen Umständen auffällig, daß ihm ungewöhnliche Freiheiten zugestanden wurden, was sich nur durch eine eventuelle Beförderung zum Präfekten oder Begleiter erklären ließe. Wenn eine solche Stellung ihn auch nicht ganz von der Disziplin und den Aufgaben der Schule befreite, gab sie ihm doch Gelegenheit, benachbarte musikalische Zentren aufzusuchen, die ihn schon gelockt haben mögen, bevor er Ohrdruf verließ. Es scheint, daß seit 1661 die Verpflichtungen des Chores während der Sommermonate eingeschränkt, wenn nicht ganz aufgehoben waren und daß Sebastian diesen Umstand benutzt hat, um seine Ausflüge nach Celle und Hamburg zu unternehmen. Der junge Organist, der später den von Arnstadt aus erhaltenen Urlaub eigenmächtig verlängerte, mag wohl auch schon in Lüneburg einem ähnlichen Drang gefolgt sein.

Noch ehe er sich auf den Weg machte, war er zwei einheimischen Musikern näher getreten. Der ältere von ihnen, Johann Jakob Loewe, bekleidete seit 1682 den Posten des Organisten an der Nikolaikirche. Er war 1628 geboren, hatte in Dresden unter Heinrich Schütz studiert, wurde 1655 Kapellmeister in Braunschweig, ging 1663 auf Empfehlung von Schütz nach Zeitz und zuletzt nach Lüneburg (1683), wo er zwanzig Jahre darauf starb (1703). Er war ein angesehener Komponist, dessen ›Geistliche Konzerte‹ in der Michaeliskirche aufgeführt wurden. Was Sebastian zu ihm hintrieb, war wohl vor allem der Umstand, daß er Schütz seinen Lehrer nannte. Er zählte zu den wenigen Tonsetzern seiner Zeit, die Lieder für eine Solostimme schrieben, und machte sich einen Namen durch seine ›Sinfonieen, Gagliarden, Arien, Ballette, Couranten, Sarabanden mit drei oder fünf Stimmen‹ (1658) und seine Suiten in französischer Form, eine Gattung, die Sebastian gleichzeitig in Celle kennenlernte. Auch als Opernkomponist war er hervorgetreten: 1657 hatte er in Wolfenbüttel seine ›Amelinde‹ und 1659 seinen ›Orpheus‹ aufgeführt. Als unabhängiger und weitblickender Mann mag er auf den jungen Musiker eine besondere Anziehungskraft ausgeübt haben.

Viel mehr gemeinsame Beziehungen bestanden indessen zwischen Sebastian und Georg Böhm, dem Organisten der Johanniskirche. Böhm hatte 1661 in Hohenkirchen, einem Dorf in der Nähe von Ohrdruf, das Licht der Welt erblickt, fast vierundzwanzig Jahre vor Sebastian. Sein Vater, Organist in Hohenkirchen, schickte ihn vermutlich aufs Ohrdrufer Lyzeum, dessen Kantor Johann Heinrich Hildebrand seine Lehrzeit in Arnstadt bei Heinrich und Christoph Bach durchgemacht hatte, als Sebastians Vater und Onkel dort ebenfalls in die Lehre gingen. 1675, nach seines Vaters Tode, finden wir den vierzehnjährigen Böhm in Goldbach bei dem Pastor Wolfgang Heinrich Mahn, dessen Bruder, der Kantor in Goldbach, gleichzeitig mit den Söhnen Heinrich Bachs in Arnstadt auf der Schule gewesen war. Auch im Gothaer Gymnasium, das Böhm von 1678 an besuchte, war die Familie Bach bereits vertreten: Jakob Bach, der Stammvater der Meininger Linie, hatte die Schule erst vier Jahre zuvor verlassen. Und unter den Gothaer Stadtmusikanten war der Name Bach erst recht bekannt: Der dortige Organist war ein Schüler von Johannes Bach in Erfurt, und Sebastian Nagel stand sieben Jahre danach Pate bei dem großen Johann Sebastian. Wie wenig auch die Michaeliskirche mit dem bürgerlichen Leben in Lüneburg zu tun gehabt haben mag, wie sehr ihre Mauern sie auch von der Welt abschlossen, so ist doch nicht anzunehmen, daß der Jüngling, der bis nach Hamburg wanderte, um Reinken zu hören, an Böhms Türe vorbeiging. Böhms Einfluß ist in der Tat auch da zu spüren, wo wir ihn am meisten zu erwarten haben. Sebastians erste kompositorische Versuche reichen in seine frühesten Jahre zurück. Bis hierher hatte Pachelbel seinen schöpferischen Drang geleitet, aber in seine Lüneburger Zeit gehören anscheinend eine Anzahl von Kompositionen, die auf ein anderes Vorbild schließen lassen.

Kein anderer als Böhm, der selbst ein Schüler Reinkens war, mag ihm diesen neuen Pfad gewiesen und den Versuchen des jungen Sebastian auf der Orgel der Johanniskirche gelauscht haben. Von Böhm zu Reinken war nur ein Schritt. Böhm wird seinem Schüler zugeredet haben, an der Quelle zu trinken, die ihn gelabt hatte, obwohl Sebastians unstillbarer Durst ihn schon selbst dazu gedrängt haben mag. So brach er eines schönen Tages, vermutlich während der Sommerferien des Jahres 1701, nach Hamburg auf; einen vollen Tag mußte er über die Heide wandern, um den Weg von etwa fünfundvierzig Kilometern zurückzulegen. Da er eben erst sechzehn Jahre alt geworden war und noch unter Schulaufsicht stand, kann ihm eine längere Abwesenheit gar nicht bewilligt worden sein. Aber Hamburg bot des Anziehenden so viel, daß ein einmaliger Besuch nicht genügte, um es auszukosten. Die Oper stand dort in ihrer höchsten Blüte, und in ganz Deutschland hallte der Name Reinhard Keisers wider, der für den vollkommensten und fruchtbarsten Bühnenkomponisten seiner Zeit galt. Aber Reinken war der Magnet, der Sebastian vor allem anzog. Der Greis, der gerade in sein achtzigstes Jahr trat, war sein halbes Leben lang Organist an der Katharinenkirche gewesen, ein Patriarch der glänzenden norddeutschen Schule, von reicher, überschäumender Phantasie, und ein Meister in der Kunst der Improvisation, in der sich Sebastian zwanzig Jahre später dem Veteranen nicht nur ebenbürtig, sondern überlegen zeigte. Wie gründlich er den alten Meister studierte, geht aus den Klaviersonaten in a-Moll und C-Dur hervor, die fast zwanzig Jahre später in Köthen niedergeschrieben und ehemals für seine eigenen gehalten wurden; es sind Arrangements von der ersten und elften Instrumentalsuite aus Reinkens Hortus musicus (1687), die sich Sebastian bei Gelegenheit dieses oder eines anderen Besuches zu eigen gemacht haben wird. Denn den langen Weg nach Hamburg legte er mehr als einmal zurück. Friedrich Wilhelm Marpurg zeichnete 1786 eine kleine Geschichte auf, die Bach selbst gern zu erzählen pflegte: Als er einst spät am Nachmittage mit leeren Taschen den ungastlichen Weg von Hamburg heimwärts zog, setzte er sich müde vor einem Wirtshaus nieder und sog gierig die Düfte ein, die aus der Küche drangen. Da öffnete sich über ihm ein Fenster, und zu seinen Füßen fielen zwei Heringsköpfe nieder. Der Hering war ein Fisch, den man im Binnenland Thüringen hoch schätzte. Der hungrige Sebastian bückte sich danach und fand in jedem einen dänischen Dukaten, so daß er augenblicklich seinen Hunger stillen und Reinken einen weiteren Besuch abstatten konnte.

Pirro zieht zwischen dem jungen Bach und seinem Zeitgenossen Leibniz eine Parallele. Beide waren von einem rastlosen Erkenntnisdrang erfüllt; beide strebten den höchsten Zielen zu und folgten dem gebieterischen Trieb des Genius, das ihnen vorschwebende Ideal zu erreichen. Die Erinnerungen an Sebastians Jugendzeit, wie sie bei seinen Söhnen fortlebten – der Kampf um das Manuskript in Ohrdruf, die lange Wanderung zu Reinken, das noch größere Lübecker Abenteuer –, sie alle vervollständigen das Bild seiner Persönlichkeit. Ungebändigtes Vorwärtsstreben, brennende Wißbegierde, eine erstaunliche Sicherheit, den richtigen Weg zu finden, und ein Geist der Unabhängigkeit, der keine ihn hindernde Autorität anerkannte, erscheinen als die Hauptzüge seines Charakters. Für einen solchen Menschen war es ein günstiges Geschick, nach Lüneburg verschlagen zu werden, das den hohen Traditionen Hamburgs und zugleich dem Sitz einer anderen Schule, nämlich Celle, so nahe lag. Die französische Mode herrschte in der letzten Generation des 17. Jahrhunderts in Deutschland vor. Die deutschen Fürstenhöfe fanden in Versailles ihr Vorbild. Französische Kleidung, französische Küche, französische Möbel, französische Worte und Musik galten für den Gipfel des guten Geschmacks. Paris war der Magnet, der die deutschen Adligen anzog und ihnen die Lehrer lieferte, von denen es hieß: ils donnaient volontiers des leçons de musique et de table à MM. les étrangers et surtout aux Allemands. Die vertriebenen Hugenotten brachten die Sprache und Musik ihres Landes in die Verbannung mit, und die französischen Künstler waren an den deutschen Höfen willkommen, lange bevor Louis Marchand von Bach, wie wir sehen werden, in Dresden ausgestochen wurde.

Die Beliebtheit der französischen Musik in Celle nahm seit der Thronbesteigung des Herzogs Georg Wilhelm im Jahre 1665 noch zu. Dieser war ein lebenslustiger Soldat, der etwas von der Welt gesehen und die Pracht von Versailles kennengelernt hatte. Seine vierzigjährige Regierung verlieh seiner Residenz einen ungeahnten Glanz. Er vergrößerte das schöne Schloß, legte Lustgärten an, deren Gänge er mit Fontänen und Statuen schmückte, veranstaltete Konzerte, Opernaufführungen und Balletts, um seine Hofhaltung zu beleben, und ließ Sänger, Instrumentalisten und Schauspieler kommen, die ihre Künste zum besten geben mußten. Ein Musiker war in Celle ebenso angesehen wie ein guter Reiter oder Soldat, bemerkte ein Zeitgenosse. Die Königin dieses heiteren Hofes, die schöne und lebhafte Eléonore Desmier d'Olbreuse aus Poitou, war in Paris mit Georg Wilhelm zusammengetroffen und ihm zur linken Hand angetraut worden; denn dieser hatte seinem jüngeren Bruder Ernst August, seit 1665 Herzog von Hannover, versprochen, unvermählt zu bleiben, um eine spätere Vereinigung der Herzogtümer zu ermöglichen. Die Herzogin Eléonore, die selbst Hugenottin war, unterstützte die Opfer der berüchtigten Dragonaden Ludwigs XIV. Infolgedessen beherbergte Celle eine französische Kolonie, deren Einfluß in Verbindung mit Georg Wilhelms Bestreben, Frankreichs Moden nachzuahmen, seinem Hofe französisches Gepräge verlieh. Aus den herzoglichen Archiven geht hervor, daß seine Kapelle sich vorwiegend aus französischen Künstlern zusammensetzte, bis sie nach seinem Tode 1705 aufgelöst wurde und Eléonore sich auf ihren Witwensitz nach Lüneburg zurückzog.

Eléonores Schloß in Celle erhebt sich noch heute malerisch inmitten von Gartenanlagen, die allerdings nicht mehr so ausgedehnt sind wie früher. Die französische Anmut seiner Innenarchitektur ist verschwunden, aber äußerlich erscheint es noch so, wie Georg Wilhelms Baumeister es übergaben, als sie die Worte ›Georgius Wilhelmus anno 1670‹ in den inneren westlichen Flügel einmeißelten. Die verwitterten Wände des viereckigen Gebäudes zeigen Risse im gelben Stuck, durch welche die roten Ziegelsteine hindurchschimmern. Der Löwe und das Einhorn der Welfen schauen von den Hauptportalen des östlichen Flügels herunter und stehen am Ende der großen Treppe vor den Amtsräumen der heutigen preußischen Verwaltung Wache. Über den Hofraum gelangt man zum nördlichen Flügel, wo Georg Wilhelm und seine Herzogin ihre Privatgemächer hatten; eine breite, gewundene Treppe führt hinauf. In demselben Stockwerk liegt das Theater. Es enthält einen kleinen, mit Galerien versehenen Zuschauerraum und eine mit allen Mitteln ausgestattete Bühne. Hier pflegte die herzogliche Kapelle zu musizieren, und bis 1681 wurden Stücke von einer Truppe aufgeführt, die abwechselnd in Hannover und Celle auftrat. Von diesem Zeitpunkt ab bis zum Jahre 1700 unterhielt der Herzog seine eigene Truppe, die aus zwölf bis sechzehn Mitgliedern bestand und ›Comoedien und andere Lustspiele‹ zum besten gab; wenn Komödien gespielt wurden, bekamen die Musiker der Kapelle eine besondere Vergütung. Wie sein Bruder Ernst August in Hannover war auch Georg Wilhelm ein begeisterter Verehrer der italienischen Oper und ließ für schweres Geld italienische Sänger und französische Komödianten kommen. 1692 bestand seine Operntruppe aus zwölf Italienern. Unter ihnen waren drei prime donne, von denen Diana Constantini fünfhundert Taler und die anderen je dreihundertfünfzig Taler Gage bezogen. Gelegentlich trat die Gesellschaft auch in Hannover auf, während sie im Sommer in ihr heimatliches Italien zurückkehrte, wobei man der Constantini zweihundert Taler Reisegeld mit auf den Weg gab. Auch für Balletts war gesorgt; so wurden 1674 Les Amours de Mars et de Vénus, ou le Vulcan jaloux aufgeführt. Alles in allem kostete die Kapelle 2565, die Oper und Komödie 8883 Taler jährlich.

Von diesem kleinen Versailles, seinen bunt zusammengewürfelten Menschen und seiner französischen Musik fühlte sich Sebastian mächtig angezogen. Der Nekrolog und Forkel berichten beide, daß er mehr als einmal unverdrossen die neunzig Kilometer von Lüneburg nach Celle gewandert sei. In Ülzen wird er, wie wir vermuten, übernachtet haben. Die Landstraßen waren in einem solchen Zustande, daß ein Fußgänger häufig rascher und angenehmer vorwärts kam als ein Reisender im Wagen. Uffenbach, der ein paar Jahre darauf dieselbe Reise unternahm, verwünschte die wilde, unwirtliche Gegend, die schlechten Wege, wo Wurzeln und dichtes Gestrüpp das Weiterkommen erschwerten, den Mangel an menschlichen Behausungen und die miserablen Landstraßen, die das Fahren zur Qual machten. Die Reise mit der Postchaise von Ülzen bis Lüneburg – also die halbe Entfernung bis Celle – dauerte von ein halb acht Uhr morgens bis vier Uhr nachmittags und führte über ›die übel beschriene Lüneburger Heyde‹. Die Mühen des Weges waren nicht das einzige Hindernis für Sebastian, sein Ziel zu erreichen. Das herzogliche Orchester spielte im Schloß, und es ist nicht klar, wie es ihm gelang, dort Einlaß zu finden. Aber es leuchtet ein, daß man ihn eher im Orchester als unter den Zuhörern zu suchen hat. Die Möglichkeit, daß er sogar vorübergehend engagiert wurde, ist nicht ausgeschlossen, wenn auch sein Name auf den offiziellen Listen fehlt; sie könnte vielmehr durch die Tatsache unterstützt werden, daß er fast unmittelbar darauf eine ähnliche Anstellung bekam.

Jedenfalls ist Sebastian in Celle mit französischer Musik und Instrumentaltechnik vertraut geworden und hat sich dort die vollendete Eleganz angeeignet, die in den sogenannten Verzierungen (Manieren) zutage tritt. Für seinen Sohn Friedemann hat er später die Zeichen, die für diese Verzierungen angewendet werden, mit peinlicher Genauigkeit bestimmt. 1703 hatten die französischen manières in Deutschland noch keinen allgemeinen Eingang gefunden: Der Klavierspieler Johann Caspar Ferdinand Fischer scheint 1699 der erste gewesen zu sein, der Verzierungen in der französischen Art gebrauchte. Wenn daher die Verfasser des Nekrologs erklären, daß ›französische Geschmäcke‹ um 1700 in Norddeutschland etwas Neues waren, so haben sie dabei vermutlich sowohl die technische wie die künstlerische Ausführung im Sinn. Sebastian war beiden zugänglich. Aus der Lüneburger Zeit stammt wohl seine Abschrift einer Suite in A-Dur von Nicolas de Grigny (1671–1703), dem Organisten in Reims, und einer ähnlichen Komposition in f-Moll von Charles Dieupart, der nachmals Cembalist und Violinist in London war. An diese Abschrift schließt sich eine Tabelle von neunundzwanzig manières mit der Angabe, wie man sie zu spielen hat. Wie es scheint, schrieb er in derselben Periode de Grignys ›Livre d'Orgue‹ aus, das er noch nach Jahren als einen Beweis für seine eigene Methode anführte. Der sechste Kontrapunkt in seiner ›Kunst der Fuge‹ ist überschrieben in Stile francese, und seine Klavier- und Instrumentalkompositionen zeigen seine Vertrautheit mit den Werken von Louis Marchand, André Raison (von dem das Thema der Orgel-Passacaglia entlehnt ist), Gaspard le Roux und anderen. Er schätzte Couperin, dessen Kompositionen er seinen Schülern empfahl und von dem er 1725 ein Rondo in das Notenbuch seiner Frau eintrug; er hatte sich auch seine manières in weitem Umfange zu eigen gemacht. Der Franzose Louis Marchand unterlag also in Dresden 1717 einem Gegner, der ihm in der Eleganz und den Manieren seiner eigenen Schule vollständig gewachsen war.

Sebastian war noch nicht achtzehn, als er Lüneburg nach zweieinhalb fruchtbaren Jahren Lebewohl sagte und nach Thüringen heimkehrte. Er war in jeder Beziehung gut ausgerüstet für die Laufbahn, die vor ihm lag. Der Segen einer Universitätsbildung, wie sie Händel zuteil wurde, blieb ihm versagt. Aber das Schicksal war ihm in anderer Hinsicht günstig gewesen: in keiner Stufe seiner Entwicklung fehlte es ihm an anfeuernden Vorbildern in seiner Kunst. In Eisenach wurde seine Ausbildung von Johann Christoph Bach, in Ohrdruf von seinem eigenen

Bruder (Pachelbels Schüler) und in Lüneburg von den beiden großen Organisten Böhm und Reinken geleitet und gefördert. Daß ihm Buxtehude damals noch fremd blieb, ist auf Gründe zurückzuführen, die im nächsten Kapitel erörtert werden sollen. Er hatte sich bereits eine so vorzügliche Technik angeeignet, daß sie ihm eine sofortige Anstellung und die wachsende Bewunderung seiner Zeitgenossen eintrug. Zugleich erwachte sein Genius für die Komposition, der nicht als ein unmittelbares Familien-Erbteil zu betrachten ist, aber von verschiedenen Seiten reiche Nahrung erhielt. In der Michaelisschule hatten die deutschen, holländischen und italienischen Meister der polyphonen Kunst ihm ihre Schätze offenbart, während die Musik des kritischen Jahrhunderts, das zwischen der Geburt von Heinrich Schütz und seiner eigenen lag, ihm nicht weniger vertraut war. Er bildete das Bindeglied zwischen Vergangenheit und Zukunft und hatte mit zäher und unermüdlicher Ausdauer die Grundlagen erforscht, auf denen er selbst weiterbaute. »Ich habe fleißig seyn müssen«, antwortete er, als jemand ihn in späteren Jahren nach dem Geheimnis seiner Meisterschaft fragte; »wer eben so fleißig ist, der wird es eben so weit bringen können.« Wir mögen die Richtigkeit dieser Schlußfolgerung anzweifeln; aber wir müssen den Hauptsatz gelten lassen: rastlose Arbeit füllte Sebastians Lehrjahre aus.

VIERTES KAPITEL
DER JUNGE ORGANIST

»Meines seel. Vaters Lebenslauff im Mitzler [›Nekrolog‹], liebster Freund«, schreibt Carl Philipp Emanuel Bach im Januar 1775 an Forkel, »ist vom seel. Agricola u. mir in Berlin zusammengestoppelt worden. Es ist nicht viel wehrt. Der seel. war, wie ich u. alle eigentl. Musici, kein Liebhaber, von trockenem, mathematischen Zeuge.« Als Forkel Näheres wissen wollte, erwiderte er: »Nescio, wodurch er von Lüneburg nach Weimar gekommen.« Immerhin läßt sich der Sachverhalt einigermaßen wiederherstellen. Bach hätte seinem Alter nach noch länger auf der Schule bleiben müssen; er verließ sie aber vor der Zeit. Dies wird durch die Tatsache bewiesen, daß er nach Thüringen zurückkehrte, ohne Buxtehude in Lübeck aufgesucht zu haben. Es drängte ihn aber so sehr, dessen Bekanntschaft zu machen, daß er fast unmittelbar nach seiner Heimkehr und sehr zur Unzeit seine Schritte zurücklenkte, um das Versäumte nachzuholen. Ein zwingender Grund muß ihn also veranlaßt haben, von Lüneburg fortzugehen, und ein solcher lag auch vor.

Ende 1702 ging in der Bonifaziuskirche zu Arnstadt eine neue Orgel ihrer Vollendung entgegen. Da Arnstadt so viele Mitglieder der Bachschen Familie als seine Organisten und Stadtmusikanten gesehen hatte, lag es nahe, daß Bach die günstige Gelegenheit wahrnehmen wollte, seine Laufbahn dort zu beginnen. Auch hoffte er, daß man in Arnstadt leichter als anderswo über das einzige Hindernis hinwegsehen würde, das seiner Anstellung im

Wege stand: seine übergroße Jugend – er war kaum achtzehn Jahre alt – und seinen Mangel an Routine. Und wenn er im fernen Norden den Lauf der Dinge in Arnstadt mit lebhafter Anteilnahme verfolgte, so hofften allem Anschein nach auch die Arnstädter, ihn für ihre neue Orgel zu gewinnen. Da das Instrument erst im Sommer 1703 vollendet wurde, suchte Bach für die Zwischenzeit irgendwo anders unterzukommen. Nur in dieser Periode seines Lebens kann er sich um den Organistenposten an der Jakobi- oder Marktkirche in Sangerhausen beworben haben. Die Stelle war durch den Tod des ›Stadtrichters und Figuralorganisten‹ Gräfenhayn (3. Juli 1702) frei geworden. Bach trat als Bewerber auf und machte trotz seiner Jugend einen so günstigen Eindruck auf das Wahlkollegium, daß er den Posten bekommen sollte. Aber von höherer Seite wurde Einspruch erhoben: Die Herzöge von Sachsen-Weißenfels waren Herren der Stadt, und Herzog Johann Georg gab dem um elf Jahre älteren Johannes Augustin Kobelius den Vorzug, für den die Tatsache sprach, daß Nikolaus Brause, sein Urgroßvater mütterlicherseits, Hoforganist in Weißenfels gewesen war. Der Wille des Herzogs war maßgebend, und Bach mußte nach einer anderen Anstellung ausschauen.

Zwischen den Höfen von Weißenfels und Weimar bestanden verwandtschaftliche Beziehungen, die Bachs weitere Laufbahn erklären und wahrscheinlich jetzt ausgenützt wurden, um ihn für die in Sangerhausen erlittene Enttäuschung zu entschädigen. Jedenfalls gehörte er am Ostersonntag (8. April) 1703 zum Haushalt des Herzogs Johann Ernst, des jüngeren Bruders des regierenden Herzogs Wilhelm Ernst von Weimar, in dessen vornehmeren Dienst er 1708 treten sollte. Johann Ernst war sehr musikliebend und unterhielt ein kleines Kammerorchester, in das Bach als Geiger oder Bratschist aufgenommen wurde.

Der junge Herzog war gerade dabei, den Bau des Gelben Schlosses zu vollenden, das malerisch in der Nähe des imposanten Schlosses Wilhelmsburg lag, der Residenz des regierenden Herzogs. 1703 hatte Johann Ernst das benachbarte, aus dem 16. Jahrhundert stammende Rote Schloß inne, das ursprünglich als Witwensitz für Johann Wilhelms († 1573) Gemahlin bestimmt und durch den sogenannten Roten Gang, der den Schloßgraben überbrückte, mit Schloß Wilhelmsburg verbunden war.

Herzog Johann Ernst war selbst ein großer Kunstfreund, und seine Söhne hatten seinen musikalischen Geschmack geerbt. Für den älteren der beiden Brüder hat Bach in späteren Jahren seine weltliche Kantate ›Was mir behagt, ist nur die muntre Jagd‹ umgearbeitet. Der jüngere, Johann Ernst, der 1715 im Alter von kaum neunzehn Jahren starb, war ein hochbegabter Geiger, Klavierspieler und Komponist. Seine Geigentechnik verdankte er dem Kammerherrn von Eilenstein; auch bei Bach wird er Unterricht genommen haben. Drei von den sogenannten ›Vivaldischen‹ Violinkonzerten, die Bach für Klavier bearbeitete, sind in Wirklichkeit die Kompositionen des jungen Prinzen, und Bachs fleißige Transkriptionen anderer Werke aus der italienischen Schule sind gewiß auf seine Anregung zurückzuführen. Bis zum vorzeitigen Tode des Herzogs waren Bachs Beziehungen zu seinem Hause äußerst herzlich. Auch mit dem Hoforganisten Johann Effler muß Bach bekannt gewesen sein; denn Effler war Johannes Bachs Nachfolger in Erfurt und Michael Bachs Vorgänger in Gehren. Er war bereits ein alter Mann und mit Sekretärspflichten in der herzoglichen Kanzlei überbürdet, als er Bach seinen Sitz an der Orgel überließ. In der Tat führt das Arnstädter Konsistorial-Protokoll vom 13. Juli 1703 Bach ausdrücklich als ›fürstl. Sächs. Hof-Organisten zu Weimar‹ auf, eine Feststellung, die zwar ungenau, aber bezeichnend ist. Man erfährt daraus, daß seine Tätigkeit in Weimar sich nicht auf das Rote Schloß beschränkte, sondern daß sich ihm auch die Gelegenheit bot, seine Kunst auf seinem eigentlichen Instrument zu bewähren. Irgendwelche Beziehungen zu Schloß Wilhelmsburg müssen bestanden haben, und es ist anzunehmen, daß der gute Ruf, den Bach sich fünf Jahre früher erworben hatte, ihm 1708 zu Efflers Posten verholfen hat. Weimar fesselte ihn nur kurze Zeit. Sein höchstes Verlangen war, sich ausschließlich als Organist zu betätigen, und Arnstadt bot ihm endlich die Erfüllung dieses Wunsches.

Arnstadt, die Residenz der Grafen von Schwarzburg-Arnstadt, ist etwa sechzehn Kilometer südlich von Erfurt reizvoll an den Abhängen der Alteburg gelegen, von deren Fuß aus die Weiße und die Gera ihre Wasserläufe in und um die Stadt entsenden. An allen Ecken und Enden sprudeln Quellen und benetzen das holprige Pflaster der Straßen, wo hier und da noch mittelalterliche Mauern und Türme die alte Umgrenzung erkennen lassen. Der Sitz des Grafen, Schloß Neideck, von dem nur noch ein Turm und eine verfallene Mauer erhalten sind, lag im Osten der Stadt inmitten wasserreicher Lustgärten. Von allen Seiten laufen die unregelmäßig gebauten Straßen auf den geräumigen Marktplatz zu, den ehrwürdige, schöne Gebäude einschließen: Im nordöstlichen Winkel liegt das in heiteren Farben prangende Rathaus mit dem ›Bier-Glöckchen‹, dessen Klang allabendlich den Wirtshäusern das Zeichen gab, ihre Gäste heimzuschicken. Im Osten erstreckt sich eine Reihe von Fachwerkhäusern, an denen ein gedeckter Gang, die ›Galerie‹, entlanglief, und gegenüber dem Rathaus befindet sich ein alter Gasthof, heute der ›Schwarzburger Hof‹, der gar manchen durstigen Christen verlockte, dem Sonntagsgottesdienst fernzubleiben. Innerhalb der westlichen Stadtmauer, jenseits des

Untermarktes steht als Glanzpunkt von Arnstadt die Liebfrauenkirche, in deren geweihten Räumen noch andere Glieder der Bachschen Familie ihre Tätigkeit ausgeübt haben. Im Norden schließt sich das Gymnasium an, aus dessen Schülern der Kirchenchor gebildet wurde. Südlich vom Marktplatz und gegenüber dem Rathaus erhebt sich die Oberkirche oder Barfüßerkirche; sie wurde von Franziskanern gegründet und trägt immer noch Spuren des ehemaligen Klosters.

Noch eine dritte Kirche lud die nicht eben zahlreiche Gemeinde Arnstadts zum Gottesdienst ein. In der Nähe des Rathauses, wo die Alteburg sich zu Tale senkt und die Bauern an Markttagen rings um den Hopfenbrunnen ihre Schweine feilboten, dort stand auf dem Ledermarkt Jahrhunderte vor der Reformation eine Kirche, die dem heiligen Bonifazius geweiht war. Am 7. August 1581, einem glühendheißen Tage, kam der Bürgermeister Nebel, der nicht weit davon entfernt an der Nordseite des Marktplatzes neben dem ›Grünen Löwen‹ wohnte, auf den unsinnigen Gedanken, sein Dach zu teeren. Als ein Nachbar ihn auf die Feuersgefahr aufmerksam machte, wünschte er ihn grob zu allen Teufeln. Kaum hatte er das verhängnisvolle Wort ausgesprochen, als plötzlich aus dem Pech die Flammen herausschlugen und, vom Westwind angefacht, den ganzen Markt entlang von einem Dach aufs andere übersprangen, bis auch das Rathaus lichterloh brannte. Es dauerte nicht lange, da griff das Feuer auch auf die Bonifaziuskirche über, und als die Nacht herniedersank, war von der Kirche und vierhundert Häusern im Umkreis nichts weiter übrig als ein qualmender Trümmerhaufen. Hundert Jahre lang starrten die geschwärzten Mauerreste wie ein stummer Vorwurf gegen die saumselige Gemeinde in die Lüfte, und am 8. Juli 1617 richtete ein Blitzschlag in dem verfallenden Gemäuer eine weitere Verwüstung an.

Alljährlich fand zur Erinnerung an die furchtbare Katastrophe ein Gottesdienst statt, und 1661 warf der Archidiakonus Augustin Fasch bei dieser Gelegenheit der Stadt ihre Nachlässigkeit vor. Abhilfe tat dringend not, denn die Oberkirche reichte für den Hauptgottesdienst nicht aus, und in der Liebfrauenkirche wurde nur der Frühgottesdienst abgehalten. Aber es vergingen noch fünfzehn Jahre, bis man 1676 den Wiederaufbau in Angriff nahm; sieben Jahre darauf, am 24. April 1683, öffnete die Bonifaziuskirche, die von nun ab Neukirche hieß, der frommen Gemeinde wieder ihre Pforten.

Von außen bietet die Bonifaziuskirche mit ihren braunen Mauern ein Bild düsterer Würde. Im Innern ist sie kalt und schmucklos, die typische Predigerkirche, mit ihrer gewölbten Decke, den gotischen Fenstern und den rohgezimmerten Emporen. Die kahlen Wände zeigen zwei oder drei unbedeutende Grabmäler. Der anspruchslose Altar befindet sich am östlichen Ende unter einer mit Tuch umkleideten Kanzel. 1683 war die Kirche ohne Orgel und blieb es noch achtzehn Jahre lang, während man sich in der Gemeinde Zeit ließ, die nötigen Mittel zu sammeln. Um 1699 hatte man es auf über tausend Gulden gebracht, und der großmütige Johann Wilhelm Magen stiftete achthundert Gulden dazu. 1701 erhielt der Mühlhäuser Orgelbauer Johann Friedrich Wender den Auftrag, mit dem Bau der Orgel zu beginnen, und zwischen Pfingsten und dem Winter desselben Jahres war die Arbeit so weit gediehen, daß man das Instrument bereits benutzen konnte. Die Organistenstelle wurde Andreas Börner, dem Schwiegersohn Christoph Herthums, übertragen, der selbst wieder der Schwiegersohn von Heinrich Bach und dessen Nachfolger an der Liebfrauen- und Oberkirche war. Börners Befähigung ging allem Anschein nach nicht über das Mittelmaß hinaus, obgleich er auch in der

Privatkapelle des Grafen als Organist tätig war. Jedenfalls arbeitete Wender mit Unterbrechungen an der Orgel und vollendete das Werk am 3. Juli 1703. Bach hatte nie ein Instrument zu seiner Verfügung, das seinen Fähigkeiten vollkommen entsprochen hätte; aber Wenders Orgel war gut und, wenn auch im Umfang bescheiden, für die Kirche, in der sie stand, ausreichend. Die Manuale, Pedale und Registerknöpfe dieses historischen Instruments werden im Arnstädter Museum in ursprünglichem Zustande aufbewahrt.

»Mittlerweile gelangte Sebastian Bach nach Weimar«, bemerkt Spitta, »und man wird sich zu denken haben, daß er von dort aus bald Lust verspürte, Arnstadt, die alte Sammelstelle seines Geschlechts, und die dort lebenden Verwandten zu besuchen. Er kam, spielte, und das Consistorium wußte, daß dies der Mann war, den man brauchte.« In Wirklichkeit nahm die Angelegenheit einen förmlicheren und für Bach schmeichelhafteren Verlauf. Am 3. Juli 1703 erhielt Wender auf den Bericht der Sachverständigen hin, die sein Instrument prüften, sein Zeugnis ausgestellt. Zehn Tage darauf wurden die Auslagen für Herrn Johann Sebastian Bach bezahlt, der prophetisch als ›fürstl. Sächs. Hof-Organiste zu Weimar‹ bezeichnet wurde. Sie beliefen sich auf 2 Taler 16 Groschen. Für seine Verköstigung wurde ein Gulden extra erlegt. Es war der erste derartige Auftrag, den Bach bekam, und seine Wahl als Sachverständiger in einer so verantwortungsvollen Angelegenheit zeigt, welch großen Ruf er sich bereits erworben hatte. Auf die Prüfung des Instrumentes folgte, wie üblich, am nächsten Sonntag die öffentliche Einweihung. Bach spielte die Orgel, worauf man ihm sogleich den Organistenposten anbot, und am Donnerstag, dem 9. August 1703, erhielt er seine feierliche Bestallung vom Konsistorium:

Demnach der Hochgebohrene Unser Gnädigster Herr Graff und Herr, Herr Anthon Gunther der vier Graffen des Reichs Euch Johann Sebastian Bachen zu einem Organisten in der Neuen Kirche annehmen und bestellen laßen, als sollet Höchstgedacht Ihro Hochgräfl. Gnaden zuförderst Ihr treu, hold und gewärtig seyn, insonderheith aber Euch in Eurem anbefohlenen Ambt, Beruff, Kunst-Übung und Wißenschaft fleißig und treulich bezeigen, in andere Händel und Verrichtungen Euch nicht mengen, zu rechter Zeit an denen Sonn- und Fest- auch andern zu öffentlichem Gottesdienst bestimmten Tagen in obbesagter Neuen Kirch bey dem Euch anvertrauten Orgelwerke Euch einfinden, solches gebührend tractirn, darauf guthe Acht haben und es mit allem Fleiß verwahren, da etwas daran wandelbahr würde, es bey Zeithen melden, und daß nöthige reparatur beschehe, Errinerung thun, niemanden ohne Vorbewußt des Herrn Superintendenten auf selbiges laßen, und insgemein Euch bester Möglichkeit nach angelegen seyn laßen, damit Schaden verhuthet und alles in guthem Wesen und Ordnung erhalten werde. Gestalt Ihr Euch dann auch sonsten in Eurem Leben und Wandel der Gottesfurcht, Nüchterheit und Vertreglichkeit zu befleißigen, böser Gesellschaften und Abhaltung Eures Berufes Euch gänzlich zu enthalthen, und übrigens in allem, wie einn ehrliebenden Diener und Organisten gegen Gott, die hohe Obrigkeit und Vorgesetzten gebühret, treulich zu verhalthen.

Dagegen sollen Euch zur Ergetzlichkeit zu Eurer Besoldung jehrlich funfzig fl. und vor die Kost und Wohnung dreyßig Thaler gegen Eure Quittung folgendermaßen gewehrt werden als 25 fl. aus denen Biergeldern, 25 fl. aus dem Gotteskasten und die übrigen 30 Thaler vom Hospital.

Urkundlich ist diese Bestallung unter dem Gräfl. Canzlei Secret und gewöhnlicher Unterschrift wißentlich ausgefertiget.

Sign. den 9. August 1703.

L. S. Gräffl. Schwarzb. Consistorium etc.

Fünf Tage darauf (14. August) wurde Bach durch Handschlag auf die Bestallung verpflichtet und feierlich in sein Amt eingeführt. Er war knapp achtzehn und ein halbes Jahr alt, und doch hatte keiner seines Namens in Arnstadt ein so hohes Gehalt bezogen wie er. Sein Großonkel, der alte Heinrich Bach, hatte schon längst das Zeitliche gesegnet. Auch Onkel Johann Christoph war tot; aber seine Witwe und ihre Tochter, die dreiundzwanzigjährige Barbara Catharina, lebten vermutlich noch in der Kohlgasse. Bachs Stiefmutter mit ihrer Tochter und Stieftochter mochten vor acht Jahren nach Arnstadt zurückgekehrt sein, nachdem der Haushalt in Eisenach aufgelöst worden war. Aber der junge Organist fand ein anderes Unterkommen, und zwar in der ›Goldenen Krone‹, einem behaglichen zweistöckigen Hause unten am Ledermarkt, mit dem Blick nach dem großen Holzmarkt.

Zum ersten Mal hatte Bach jetzt eine Orgel zu seiner freien Verfügung. Schon lange war sein Streben dahin gegangen, und als es endlich erfüllt war, nutzte er die günstige Gelegenheit, sich auf seinem Instrument zu vervollkommnen, nach Kräften aus. »Hier fing er an, die Werke der damahligen berühmten Organisten ... mit dem größten Eifer so wohl für die Composition als für die Orgelkunst zu nutzen«, erklärt Forkel. Die Klänge seiner Orgel, die Tag für Tag durch die leere Kirche rauschten, verkündeten den Anwohnern des Ledermarktes, daß ihr Organist fleißig bei der Arbeit war. Seine Amtspflichten ließen ihm viel freie Zeit für eigenes unermüdliches Studium. Seine dienstliche Tätigkeit erstreckte sich auf den

Hauptgottesdienst am Sonntag von 8 bis 10 Uhr morgens, auf die Betstunde an den Montagen, die, wie es auch in Leipzig Brauch war, ein paar Gesänge und Gebete, Bibellektüre und -auslegung umfaßte, und auf die Frühpredigt an den Donnerstagen von 7 bis 9 Uhr morgens, wobei Choräle gesungen wurden. Da die Kirche keinen Kantor hatte, fiel Bach die unangenehme Aufgabe zu, die Übungen mit dem Chor, einer ungebärdigen Schar von Gymnasiasten, abzuhalten. »Vor ihren Lehrern haben sie keine Scheu«, klagte der Rat 1706, »raufen sich in ihrer Gegenwart und begegnen ihnen in der anstößigsten Weise. Sie tragen den Degen nicht nur auf der Straße, sondern auch in der Schule, spielen unter dem Gottesdienste und während der Unterrichtsstunden Ball und laufen wohl gar an ungeziemende Orte. Ihre freie Zeit bringen sie mit Hazardspielen und Trinken, man wolle nicht sagen mit anderen schlimmen Dingen zu, nehmen des Nachts allerlei Mutwillen mit Schreien, Tournieren und Musiken vor und treiben alle bösen Stücke.« Die Verantwortung für ihre Disziplinlosigkeit traf den Rektor Johann Friedrich Treiber, einen im übrigen befähigten Mann, der um diese Zeit mit seinem Sohn Johann Philipp, einem tüchtigen Musiker, zusammenlebte. Bach gehörte nicht der Lehrerschaft der Schule an, und Stadtkantor Heindorff nahm vermutlich die besten Sänger für die Oberkirche in Beschlag.

Neben seinen beruflichen Verpflichtungen fand Bach auch Beschäftigung auf Schloß Neideck, dessen Türme er von seiner Wohnung aus über dem Holzmarkt sehen konnte. Der Herr dieses Schlosses, Graf Anton Günther, war ein großer Musikfreund. Die Gräfin Augusta Dorothea aus dem Hause Braunschweig suchte es ihren Vettern in Celle und Hannover gleichzutun. In diesem Bestreben hatte sie die – heute nicht mehr vorhandene – Augustenburg für Theatervorstellungen und musikalische Darbietungen nach dem Muster des väterlichen Theaters erbaut, und am 23. August 1700 weihte sie den Bau mit der Aufführung einer weltlichen Kantate von Salomo Franck, Bachs späterem Mitarbeiter, ein. Wie üblich, stellte der Haushalt des Grafen für diese Veranstaltung die Musiker: ein Verzeichnis aus dem Jahre 1690 nennt insgesamt einundzwanzig Ausführende, darunter fünf Trompeter, einen Fagottisten und zwei Hoboisten. Das Gymnasium lieferte die Sänger und einen Teil der Instrumentalisten; gelegentlich wurden Heinrich und Johann Christoph Bach herangezogen und sogar Michael Bach aus Gehren herbeigeholt. Bach, der aus dem herzoglichen Weimar kam, ist sicherlich nicht übergangen worden; ja, man hielt ihn sogar für den Komponisten der Oper ›Die Klugheit der Obrigkeit in Anordnung des Bierbrauens‹, die im Mai 1705 in der Augustenburg zur Aufführung gelangte.

Der Verfasser dieses nüchternen Machwerks war vermutlich Rektor Treiber, der seine klassischen Kenntnisse in den Namen der einzelnen Personen anzubringen suchte. Die Musik ist verlorengegangen. Daß Bach an dem Werk des Rektors mitgearbeitet hat, ist unwahrscheinlich. Aber ein unangenehmes Vorkommnis läßt darauf schließen, daß er vielleicht bei der Aufführung mitwirkte. Ein paar Wochen später kehrte Bach in Begleitung seiner Base vom Schloß zurück. Als er über den Ledermarkt nach dem Marktplatz ging und gerade die ›Galerie‹ passierte, kam, vermutlich in der Nähe der Kohlgasse, ein älterer Gymnasiast und Fagottist mit Namen Geyersbach in Gesellschaft von fünf Burschen mit drohend erhobenem Stock auf Bach zu und verlangte, daß er sich bei ihm entschuldigen sollte, da er kürzlich seine Leistung als Fagottist beanstandet hatte. Bach weigerte sich; da schwang Geyersbach mit dem Ruf ›Hundsfott!‹ den Stock gegen ihn. Aber Bach setzte ihm mit seinem Degen so zu, daß der kampflustige Fagottist in Bedrängnis geriet; seine Gefährten legten sich dann ins Mittel. Dieser Streit regte die Gemeinde auf: am 5. August 1705 wurde Bach vor das Konsistorium aufs Schloß zitiert und mußte zugeben, daß er Geyersbach einen ›Zippelfagottisten‹ genannt habe. Damals wie in späteren Jahren waren ihm Stümper unerträglich.

In das erste Jahr von Bachs Aufenthalt in Arnstadt fällt eine Familienzusammenkunft, die er musikalisch verewigt hat. Seit den Schultagen in Ohrdruf hatten sich die Wege der Brüder getrennt. Johann Jakob war nach Eisenach zurückgekehrt, um den Beruf des Vaters zu ergreifen, und nun beabsichtigte er, durch den Zauber des Namens und die Aussicht auf gute Bezahlung angelockt, als Hoboist in den Dienst Karls XII. von Schweden einzutreten, der damals einen siegreichen Feldzug in Polen führte. Vor der Abreise kam er nach Ohrdruf und Arnstadt, um sich von seinen Brüdern zu verabschieden, und Sebastian benutzte die Gelegenheit, um beide mit einer Erinnerungsgabe in Gestalt von Kompositionen zu bedenken. Das erste dieser Werke, das Capriccio sopra la lontananza del suo fratello dilettissimo, wurde bereits als ein Stück wirkungsvoller Programm-Musik erwähnt. Zunächst lassen sich die Freunde des Reisenden vernehmen und versuchen in einem beinahe schmeichlerischen Thema von dem kühnen Abenteuer abzuraten. Der zweite Satz, in Fugenform, ist humoristisch gehalten: erst schildert eine Stimme allein die drohenden Gefahren; dann fallen eine zweite, eine dritte und eine vierte ein, indem sie bald an- und bald abschwellen, bis sie sich in den abschließenden Akkorden alle vereinigen. Im dritten Satz (Adagissimo) beklagen die Gefährten über einem pathetischen basso ostinato den Entschluß des Freundes in chromatischen Gängen und schluchzenden Sequenzen, bis sie in dem wehmütigen Seufzer eines einsamen Basses ausklingen. Es folgt der Satz, der die Abreise schildert. Die Freunde fügen sich resigniert in das Unabänderliche, während der Postillon mit seinem Horn das Zeichen zur Abfahrt gibt (Aria di postiglione). Das Gefährt rollt dahin in einer amüsanten Fuge, die sich auf dem Signalruf des Postillons aufbaut. Dieser Satz beendet die ganze Komposition in lebhafter, munterer Geschäftigkeit.

In das Jahr 1704 gehört höchstwahrscheinlich auch Bachs erster Versuch in der Form der Kantate. Hier zeigt sich der nordische Einfluß seiner Lüneburger Zeit. Das Stück kann früher geschrieben sein, ist aber schwerlich später als 1704 entstanden; ja, man möchte annehmen, daß es am ersten Ostersonntag nach Bachs Ernennung zum Organisten aufgeführt worden ist. Es trägt den Titel ›Denn du wirst meine Seele nicht in der Hölle lassen‹ (Nr. 15); der Text besteht aus dem sechzehnten Psalm, Vers 10, und einem siebenstrophigen Ostergesang, der wohl von einem einheimischen Dichter herrührte und die Ostergeschichte mit fast heidnischem Triumph erzählt. Der große Aufwand wird zweifellos Eindruck auf die Gemeinde gemacht haben. Aber Bach wiederholte das Experiment nicht. Den Grund teilte er dem Konsistorium am 29. August 1705 mit, als der Auftritt mit Geyersbach nochmals zur Sprache kam. Bach erklärte sich bereit, ›Stücke‹ aufzuführen, vorausgesetzt, daß ihm ein Director Musices beigegeben werde, um den Chor zu drillen und zu leiten, eine Bedingung, die ihm den Tadel einbrachte, ›Man lebe mit imperfectis‹, und die Bemerkung, daß er bessere Resultate erzielen würde, wenn er seine Sänger freundlicher behandelte. Diese Ermahnung beleuchtete einen Charakterzug Bachs, der sich immer wieder bei ihm offenbarte: Er verstand es nicht, seine Leute in Zucht zu halten, war sehr reizbar und zu Zornausbrüchen geneigt, die seine Autorität in den Augen seiner Untergebenen untergruben und seiner Würde Abbruch taten.

Noch war kaum Gras über die Affäre Geyersbach gewachsen, als Bach um Urlaub einkam. Seine bescheidenen Ersparnisse gestatteten ihm nunmehr, den lange gehegten Plan auszuführen und Dietrich Buxtehude in Lübeck aufzusuchen, dessen glänzende Technik und Meisterschaft als Organist und Komponist ihn unwiderstehlich anzog. Die Anwesenheit seines Vetters Johann Ernst, der bereit war, ihn zu vertreten, kam seiner Bitte zustatten, so daß man ihm im Oktober 1705 einen einmonatigen Urlaub bewilligte. Wieder schlug Bach den langen Weg nach Norden ein; vierhundertundfünfzig Kilometer trennten ihn von seinem Ziel; der Nekrolog und Forkel behaupten, er habe sie zu Fuß zurückgelegt, was in Anbetracht der kurzen ihm zu Gebote stehenden Zeit sehr unwahrscheinlich ist. Zwei Jahre zuvor (August 1703) hatte Händel in Begleitung von Mattheson, dessen Ruf den beiden einen guten Empfang sicherte, den kürzeren Weg von Hamburg bis Lübeck zurückgelegt. Buxtehude war beinahe siebzig Jahre alt, und Mattheson kam als sein Nachfolger in Frage; auch Händel war nicht abgeneigt, als Bewerber aufzutreten, für den Fall, daß Mattheson den Posten ausschlagen sollte. Dem jungen Bach hätte die einträgliche und einflußreiche Stellung wohl behagt. Aber die Ernennung knüpfte sich an eine Bedingung, die alle drei abschreckte. Es herrschte nämlich die Sitte, daß ein Organist – wie überhaupt mancher Beamter –, der sein Amt niederlegen wollte, eine seiner Töchter mit seinem Nachfolger vermählte; dieser hatte dann die Pflicht, den alten Schwiegervater während seiner letzten Jahre zu versorgen und ihn vielleicht auch unter seinem Dach zu beherbergen. Buxtehude war der Schwiegersohn seines Vorgängers Franz Tunder († 1667) und wünschte bei seinem Rücktritt auf die hergebrachte Altersversorgung rechnen zu können. Aber die Reize seiner Tochter kamen seinem Plan nicht zu Hilfe. Mattheson, der 1703 zweiundzwanzig Jahre zählte, konnte sich nicht entschließen, die achtundzwanzigjährige Anna Margreta mit in Kauf zu nehmen. Auch Händel wollte sich nicht ins Joch spannen lassen. 1705 zählte Buxtehudes Tochter dreißig Jahre, während der zwanzigjährige Bach bereits eine zarte Neigung zu seiner Base aus Gehren im Herzen trug, der er kurz darauf die Hand zum Bunde reichte. So begrub auch er die Hoffnung auf einen Posten, an den sich eine Heiratsklausel knüpfte.

Bach hatte die Zeit seiner Abreise aus Arnstadt (Oktober 1705) so gewählt, daß er die berühmten ›Abendmusiken‹ genießen konnte, die Buxtehude in der Marienkirche zu Lübeck veranstaltete und die, wenn auch in etwas veränderter Form, seit wenigstens einer Generation bereits bestanden. Unter Buxtehude und seinen Nachfolgern fanden bis ins 19. Jahrhundert hinein die fünf Aufführungen am Ende des Nachmittagsgottesdienstes gegen vier Uhr statt, und zwar an den letzten beiden Sonntagen nach Trinitatis und am zweiten, dritten und vierten Advent. Die Musik wurde unter so großem Aufwand und so lebhafter Anteilnahme der Bevölkerung aufgeführt, wie Bach das von Thüringen her nicht gewöhnt war. Außer dem Chor waren etwa vierzig Instrumentalisten beschäftigt. Diese wurden in den Seitengalerien untergebracht, die mit ihren Balustraden noch heute hoch oben an der nördlichen und südlichen Wand des Schiffes zu sehen sind. Die Sänger, lauter Schüler der Katharinenschule, bildeten zugleich den Kirchenchor. Die Programme des Jahres 1705 sind nicht mehr vorhanden; aber am Mittwoch, dem 2. Dezember, wurde eine ›extraordinaire Abend-Music‹ zum Gedächtnis des verstorbenen Kaisers Leopold I. abgehalten; zur Aufführung gelangte Buxtehudes Castrum doloris, und am darauffolgenden Tage begrüßte man den neugewählten Kaiser Joseph I. mit dem Templum honoris desselben Komponisten. Am ersten Tag zeigte die Kirche eine feierliche Trauerdekoration, und die Posaunen, Trompeten und Streichinstrumente spielten mit Dämpfer, wie es dem ernsten Anlaß entsprach. Man erwartete eine so große Teilnahme an dem Leichenpomp, daß zwei Korporale und achtzehn Mann an den beiden Kirchentoren für die Aufrechterhaltung der Ordnung sorgten. Zweifellos war Bach bei beiden Veranstaltungen anwesend.

Der Besuch in Lübeck ist für die Entwicklung des Bachschen Genius von hoher Bedeutung. Er befestigte die Eindrücke, die Bach in Lüneburg empfangen hatte, und lehrte ihn erkennen, welch ein wichtiger Faktor die Musik im öffentlichen Gottesdienst ist. Buxtehude war für ihn ein großes Vorbild und ein machtvoller Ansporn. Sein Bruder hatte ihn Pachelbels Sprache gelehrt und Böhm seine eigene Technik hinzugefügt; Buxtehude gab ein drittes Element in den Schmelztiegel, aus dem Bachs Genius leuchtend emportauchte. Gewiß hat er häufig dort, wo Händel und Mattheson vor ihm musiziert hatten, an dem Spieltisch hinter der Fassade der Orgel gesessen, die prächtig über dem westlichen Gewölbe der Marienkirche thront, und Belehrung von einem Meister empfangen, dessen Genius sich an dem Feuer des seinigen entzündete. In diesem anregenden Verkehr eilten die Wochen im Fluge dahin. November und Dezember vergingen, und es wurde Januar, ehe Bach sich widerwillig zur Heimreise anschickte. Er landete schließlich Ende Januar 1706 in Arnstadt, das er wohl mit weniger Stolz und weniger froher Erwartung betrat als drei Jahre vorher.

Kaum hatte der junge Organist seinen hohen Sitz an der Orgel wieder eingenommen, als die verdutzten Kirchenbesucher sich davon überzeugen mußten, daß er ungewohnte Neuerungen und verwirrende Spielmanieren von seinem Ausflug nach Lübeck mitgebracht hatte. Er fing an, die Choräle mit so unbegrenzter Freiheit zu begleiten, daß die fromme Gemeinde nicht weitersingen konnte und hilflos zwischen seinen fremden Akkorden nach der Melodie suchte, oder er verblüffte seine Zuhörer durch die Kühnheit seiner Improvisationen zwischen den einzelnen Verszeilen. Da eine Ermahnung nicht fruchtete, wandte man sich an die Behörden, und am 21. Februar 1706 stand Bach wieder einmal in Schloß Neideck vor dem Konsistorium. Superintendent Olearius leitete die Verhandlung:

Actum d. 21. Febr. 706.

Wird der Organist in der Neuen Kirchen Bach vernommen, wo er unlängst so lange geweßen, vnd bey wem er deßen Verlaub genommen?

Ille

Er sey zu Lübeck geweßen vmb daselbst ein vnd anderes in seiner Kunst zu begreiffen, habe aber zu vorher von dem Herrn Superintend Verlaubnüß gebethen.

Dominus Superintendens

Er habe nur auf 4 Wochen solche gebethen, sey aber wohl 4mahl so lange außen blieben.

Ille

Hoffe das Orgelschlagen würde unterdeß von deme, welchen er hierzu bestellet, dergestalt seyn versehen worden, daß deßwegen keine Klage geführet werden könne.

Nos

halthen Ihm vor, daß er bißher in dem Choral viele wunderliche variationes gemachet, viele frembde Thone mit eingemischet, daß die Gemeinde drüber confundiret worden. Er habe ins Künfftige, wann er ja einen tonum peregrinum mit einbringen wolte, selbigen auch außzuhalten, vnd nicht zu geschwinde auf etwas andres zu fallen, oder wie er bißher im brauch gehabt, gar einen tonum contrarium zu spiehlen. Nechstdeme sey gar befrembdlich, daß bißher gar nichts musiciret worden, deßen Ursach er gewesen, weiln mit den Schühlern er sich nicht comportirn wolle, Dahero er sich zu erclähren, ob er sowohl Figural alß Choral mit den Schühlern spiehlen wolle. Dann man ihm keinen Capellmeister halthen könne. Da ers nicht thuen wolte, solle ers nur categorice von sich sagen, damit andere gestalt gemachet vnd iemand, der dießes thäte, bestellet werden könne.

Ille

Würde man ihm einen rechtschaffenen Director schaffen, wolte er schon spiehlen.

Resolvitur

Soll binnen 8 tagen sich erclähren.

Ein halbes Jahr vorher, ehe Bach nach Lübeck aufbrach, hatte man ihm dieselbe Frage vorgelegt, und seine Antwort war jetzt die gleiche wie damals: er wolle alles tun, was man von ihm verlange, vorausgesetzt, daß ihm ein

Director Musices beigegeben werde. Es war nicht nur Halsstarrigkeit von ihm, auf dieser Forderung zu bestehen. Seine Laufbahn zeigt, mit welcher peinlichen Sorgfalt er darauf achtete, daß die Bedingungen, unter denen er angestellt war, auch von seinen Dienstherren eingehalten wurden. Im vorliegenden Falle konnte er auf seine Bestallung verweisen, um seiner Weigerung, die Chorübungen abzuhalten, den nötigen Nachdruck zu geben. Ferner stand er dienstlich in keinerlei Beziehungen zum Gymnasium, aus dessen Schülern sein Chor sich zusammensetzte, und im Hinblick auf den Gebrauch an anderen Orten konnte er mit Recht verlangen – zumal die Ober- und Neukirche ihre Sänger aus ein und derselben Quelle bezogen –, daß der Musiker, der den Chor der Oberkirche leitete, nunmehr beide Chöre übernehmen sollte. Das Konsistorium war augenscheinlich nicht gewillt, die äußersten Maßnahmen gegen seinen glänzenden, wenn auch etwas unbequemen Organisten anzuwenden. Nach einer Beratung mit seinen Amtsgenossen verkündete Olearius den Beschluß: Man wolle Bach eine Woche Zeit lassen, sich die Sache in Ruhe zu überlegen.

Das nächste halbe Jahr verlief ohne nennenswerten Zwischenfall. Um die Wünsche des Konsistoriums kümmerte sich Bach allerdings kaum; nach wie vor umging er den Befehl betreffs der Chorproben. Mit der zähen Ausdauer, die ihn zeit seines Lebens auszeichnete, gab er sich ganz dem Orgelspiel hin; aber auch sein Schaffensdrang war durch die Lübecker Eindrücke und die persönlichen Beziehungen zu Buxtehude angereizt worden. Die Kunde von seinen außergewöhnlichen Fähigkeiten verbreitete sich rasch, und von verschiedenen Seiten legte man es ihm nahe, seine jetzige Stellung mit einer anderen zu vertauschen. Er hatte in der Tat die Möglichkeiten, die Arnstadt ihm bot, bereits erschöpft. Das Konsistorium fing an, ungeduldig zu werden, und am 11. November 1706 wurde er abermals zu einer Aussprache aufs Schloß befohlen. Wieder warf man ihm vor, daß er die Chorproben beständig vernachlässige; wieder forderte man ihn auf, seinen Verpflichtungen nachzukommen oder sich auf die Folgen gefaßt zu machen. Wie schon vorher, ließ er sich auch diesmal auf keine bindende Zusage ein; er wollte die Sache in Erwägung ziehen und seine Antwort schriftlich einreichen. Er trug sich bereits ernstlich mit dem Gedanken, seine Stellung aufzugeben, und die Einmischung des Konsistoriums in eine persönliche Angelegenheit bestärkte ihn in seinem Vorsatz: man verlangte von ihm eine Erklärung für die Anwesenheit der ›frembden Jungfer‹ auf dem Orgelchor, deren Stimme man in der leeren Kirche vernommen hatte, als er dort auf der Orgel übte. Die Sängerin, die das sittliche Empfinden des Konsistoriums verletzt hatte, war Bachs Base Maria Barbara Bach, die Enkelin des alten Heinrich und Tochter seines begabten Sohnes Michael in Gehren († 1694). Ihre Mutter, Catharina Wedemann, war die Tochter eines ehemaligen Stadtschreibers in Arnstadt. Als diese 1704 starb, wird Maria Barbara bei ihren Verwandten mütterlicherseits Aufnahme gefunden haben, wenn die Mutter nicht etwa schon zehn Jahre zuvor, nach dem Tode ihres Mannes, nach Arnstadt zurückgekehrt war. Die jungen Leute hatten sich kennengelernt, ehe Bach nach Lübeck ging, und nach seiner Heimkehr wurde aus der Bekanntschaft allmählich eine innige Zuneigung. Die Vereinigung dieser beiden ist bemerkenswert, weil sie trotz der Familientradition, die alle Bachs regelmäßig zusammenführte, das einzige Beispiel für eine Heirat innerhalb der Verwandtschaft darstellt. Noch in anderer Hinsicht ist diese Verbindung bedeutungsvoll: Maria Barbara entstammte der einzigen Linie des Bachschen Geschlechtes, welche sich rühmen durfte, Musiker hervorgebracht zu haben, die Sebastians Genius würdig an die Seite gestellt werden konnten. Die Enkelin Heinrichs und Tochter Michaels war sicher musikalisch. Daß ihre Begabung über den Durchschnitt hinausging, läßt sich daraus entnehmen, daß sie ihrem Gatten zwei Söhne schenkte, die zu den großen Talenten der nachfolgenden Musikergeneration gehörten.

Wenn auch die Einmischung in seine privaten Verhältnisse Bach vor allem veranlaßte, sich eine andere Stellung zu suchen, so lagen doch noch schwererwiegende Gründe vor. Arnstadt hatte ihn angezogen, weil es ihm die Erfüllung seines sehnlichsten Wunsches brachte: eine Orgel zu seiner freien Verfügung zu haben und sich auf ihr vervollkommnen zu können. Mit geringen Ausnahmen hatte er in Arnstadt nur Orgelmusik komponiert. Er hatte sich einen längeren Urlaub ausbedungen, um sich bei Buxtehude in Lübeck neue Anregung zu holen, und sich den Behörden gegenüber geweigert, andere Pflichten neben denen des Organisten zu erfüllen. Immer klarer wurde es ihm, daß er seine Kunst noch mehr als bisher dem Dienst und Ruhme Gottes weihen müsse. Schon in Lüneburg hatte sich diese Überzeugung in ihm befestigt, und in dem Entlassungsgesuch, das er 1708 in Mühlhausen schrieb, gab er ihr, wie wir sehen werden, beredten Ausdruck. Zum Glück bot sich ihm nun die Gelegenheit, seiner Bestimmung an einem anderen Orte zu folgen, wo ihm reichlichere Mittel zur Verfügung standen und wo die Luft wahrscheinlich rein war von all den Widerwärtigkeiten, die ihm den Aufenthalt in Arnstadt verleidet hatten.

Am 2. Dezember 1706 war Johann Georg Ahle, der ausgezeichnete Organist an der Kirche Divi Blasii in Mühlhausen gestorben. Die Ernennung seines Nachfolgers lag in den Händen des conventus parochianorum, einer Versammlung von Gemeinde- und Ratsmitgliedern, die für die Aufstellung von Kandidaten einen Ausschuß bildeten, während die Bestätigung der Wahl dem Rate selbst oblag. Ob Bach aufgefordert wurde, sich um den Posten zu bewerben, oder ob er es aus freiem Antrieb tat, läßt sich nicht entscheiden. Johann Ernst Bach, der die freiwerdende Stellung an der Neukirche erstrebte, berichtet, daß die Orgel in Mühlhausen seinem Vetter angeboten worden sei, und die Tatsache, daß Bach erst am Ostersonntag (24. April) 1707 Probe spielte, gibt ihm recht; denn die Verzögerung der Angelegenheit und das Festsetzen des Probespiels auf einen so wichtigen Festtag läßt darauf schließen, daß Bach herbeigerufen wurde, nachdem man andere Bewerber abgewiesen hatte. Einen Monat darauf (24. Mai), als der conventus parochianorum in der Kirche zusammentrat, um über die Besetzung des Postens zu beschließen, nannte der Bürgermeister Dr. Conrad Meckbach sofort Bachs Namen. Ein anderer Bewerber kam gar nicht in Frage, und Ratsherr Bellstedt wurde beauftragt, mit Bach zu verhandeln. Sechs Tage später (30. Mai) hätte ein verheerendes Feuer die Kirche beinahe in Asche gelegt. Außer vielen Ställen und Nebengebäuden fielen fast vierhundert Wohnhäuser dem Brande zum Opfer. Noch zwei Wochen später erklärten einige Mitglieder des Kirchenvorstandes, sie hätten weder Tinte noch Feder, um ihre Unterschriften zu geben, und wären von der Katastrophe noch zu sehr mitgenommen, als daß sie sich mit anderen Dingen beschäftigen könnten. Unter solchen erschwerenden Umständen kam Bach am 14. Juni 1707 nach Mühlhausen und wurde aufgefordert, seine Bedingungen zu nennen. Er bat um dieselbe Summe, die er in Arnstadt erhalten hatte, und ersuchte, ihm ein Fuhrwerk für den Umzug nach Mühlhausen zur Verfügung zu stellen. Mehr mochte er nicht verlangen, weil sein Gehalt dasjenige seines Vorgängers Ahle, der ein altes hochangesehenes Mitglied des Rates war, schon bei weitem überstieg. Seine Forderungen wurden anstandslos bewilligt, ein Beweis dafür, wie eifrig man darauf bedacht war, ihn zu gewinnen, und am nächsten Tage (15. Juni 1707) wurde die Urkunde unterzeichnet und besiegelt.

Bach kehrte nun nach Arnstadt zurück, und vierzehn Tage darauf (am 29. Juni 1707) begab er sich aufs Rathaus, erstattete Bericht über seine Anstellung, dankte dem Rat für das ihm entgegengebrachte Wohlwollen und bat, den Schlüssel zu seiner Orgel zurückgeben zu dürfen. Sein Entlassungsgesuch wurde im Juli offiziell angenommen und trat zu Crucis (14. September) in Kraft. An einem schönen Herbsttage stand das versprochene Fuhrwerk aus Mühlhausen auf dem Holzmarkt vor seiner Tür. Sein Cembalo, die kleine Bibliothek und das bescheidene Mobiliar wurden aufgeladen; dann schwang sich der Eigentümer dieser Herrlichkeiten neben den Kutscher, und fort ging es, dem Norden zu. Das hohe Dach der Bonifaziuskirche und der spitze Schloßturm blieben in der Ferne zurück, und die Brust von Hoffnung und Liebe geschwellt, fuhr Bach seinem Ziele entgegen.

Im Alter von zweiundzwanzig Jahren wurde Bach der Bürger einer freien Reichsstadt, die in den Wirren des 17. Jahrhunderts einen Teil ihres Glanzes eingebüßt hatte. Sie lag malerisch eingeschlossen innerhalb der mit Ecktürmen versehenen Mauern und war durch einen tiefen Festungsgraben geschützt. Aus dem Gewirr von engen Straßen mit giebelgekrönten Häusern ragten drei große Kirchen empor, die das Stadtbild beherrschten. Am weitesten nördlich erhob sich die stolze Marienkirche, an deren Stelle sich einst eine romanische Basilika befand. Verfolgte man eine schmale Gasse in südlicher Richtung und durchschritt das Judenviertel, so gelangte man auf den Kornmarkt und sah sich einem mächtigen Bau aus Ziegelsteinen, der Barfüßer- oder Kornmarktkirche, gegenüber. Ein kleines Stück weiter südlich, auf dem Untermarkt, stand würdevoll und stattlich mit ihren Zwillingstürmen die Kirche Divi Blasii, Bachs nunmehrige Wirkungsstätte. Das Innere der Kirche bietet im wesentlichen noch heute dasselbe Bild, das Bach vor sich hatte. Die Orgel befindet sich an der westlichen Wand in einer mäßig großen Empore, die von den beiden westlichsten Pfeilern des Schiffes getragen wird. Nach Osten zu erblickt man die Kanzel durch die Reihen der starken Pfeiler des Schiffes hindurch, die sich, unbelastet von Emporen, bis zur Decke erheben. Hinter dem schmiedeeisernen Gitter, das zu Bachs Zeiten mehr als ein halbes Jahrhundert alt war, zeigt ein massives vergoldetes Altarblatt die Krönung Unserer Lieben Frau. Geschnitzte Chorstühle von mittelalterlicher Arbeit schmücken den Altarplatz zu beiden Seiten. Die alten Fenster lassen das Tageslicht nur gedämpft herein, und geheimnisvolle Dämmerung herrscht in dem hohen Raum. Wahrlich, ein wunderbares Gotteshaus, dessen Schönheit auf die empfängliche Seele des jungen Organisten eine starke Wirkung ausüben mußte, ein würdiger Tempel für seine Kunst.

Am 10. August, kurz bevor Bach sein Amt in Mühlhausen antrat, starb in Erfurt sein Onkel mütterlicherseits, Tobias Lämmerhirt. Vermutlich kannte er die verstreut wohnenden Angehörigen seiner verstorbenen Schwester nicht genau; aber sie waren seine nächsten Verwandten, und er vermachte jedem von ihnen fünfzig Gulden. Das war mehr als die Hälfte von Bachs Jahreseinkommen. Dankbarkeit und Achtung für den älteren Bruder seiner Mutter verlangten seine Anwesenheit bei der Beerdigung, und man nimmt an, daß die herrliche Kantate 106, ›Gottes

Zeit ist die allerbeste Zeit‹, damals komponiert und bei der Trauerfeier aufgeführt wurde. Das ansehnliche Legat setzte Bach in die Lage, Maria Barbara heimzuführen. Aus diesem Grunde finden wir ihn am siebzehnten Sonntag nach Trinitatis wieder einmal in Arnstadt. Der folgende Morgen (17. Oktober 1707) sah ihn mit seiner Braut und ein paar Freunden auf dem sogenannten Dornheimer Marktweg, der hinter der Stadt steil in die Höhe steigt. Ihr Ziel war das kleine Dorf Dornheim, das sie über gelbe Stoppelfelder erreichten. Dort waltete Lorenz Stauber als Pastor seines Amtes. Bach wird Stauber, den er als Theologiestudenten in Arnstadt kennengelernt hatte, gebeten haben, ihn in seiner Kirche zu trauen. Da er mit der Arnstädter Geistlichkeit nicht eben auf bestem Fuße stand, mag ihm Staubers Liebesdienst doppelt willkommen gewesen sein.

Die Kirche von Dornheim zeigt eine altmodische, unregelmäßige Bauart und bietet im Inneren das typische Bild einer schlichten, weißgetünchten Dorfkirche; die Emporen ruhen auf rohen hölzernen Pfeilern; für die hohe Obrigkeit sind Logen mit Glasfenstern vorgesehen. Das Bildnis eines Ritters aus dem 16. Jahrhundert, das zu der kahlen Umgebung schlecht paßte, blickte auf Bach herab, als er vor dem Altar stand und sein Treuegelübde ›vor dieser Christlichen Gemeine‹ ablegte, die dann auch das ›Ja‹ seiner Braut vernahm. Die Ringe wurden gewechselt, und die feierlichen Worte ›Was Gott zusammen gefüget, das soll der Mensch nicht scheiden‹, hallten durch die kleine Kirche. Die Pfarr-Register von Dornheim und Arnstadt verzeichnen die Eheschließung: Den 17. 8br 1707 ist der Ehrenveste Hr. Johann Sebastian Bach, ein lediger gesell und Organist zu S. Blasii in Mühlhausen, des weyl. wohl Ehrenvesten Herrn Ambrosii Bachen, berühmten Stad organisten und Musici in Eisenach Seel.

nachgelassener Eheleibl. Sohn, mit der tugendsamen Jgfr Maria Barbaren Bachin, des weyl. Wohl Ehrenvesten und Kunstberühmten Herrn Johann Michael Bachens Organist im Amt Gehren Seel. nachgelassener Jgfr jüngster Tochter, alhier in unserm Gotteshause, auf Gnädiger Herrschaft Vergünstigung, nachdem sie zu Arnstad aufgebothen worden, copuliret worden.

Die Hochzeitsglocken gaben den hohen Vorsätzen, mit denen Bach sein Amt antrat, die nötige Weihe und läuteten zugleich ein Jahr lebhafter Tätigkeit ein. Sofort sah er sich vor eine Aufgabe gestellt, die ihm Gelegenheit bot, zu zeigen, was er konnte. Als souveränes Glied des Deutschen Reiches wurde Mühlhausen von einem Rat regiert, der sich aus sechs Bürgermeistern und zweiundvierzig Ratsherrn zusammensetzte. Diese achtundvierzig Mitglieder waren in drei Körperschaften zu je sechzehn eingeteilt, von denen jede ihre ein Jahr dauernde Sitzungsperiode mit einer Feier in der Marienkirche, dem Sitz des ›Ratstuhles‹, eröffnete. Bei dieser Gelegenheit wurde eine Predigt gehalten und eine für den Zweck eigens komponierte Musik aufgeführt. Für die Feier im Jahre 1708 lieferte Georg Christian Eilmar, der Archidiakonus in Mühlhausen und Pastor an der Marienkirche, das Libretto. Das Manuskript der Partitur bekundet die Sorgfalt, die Bach dem Werk widmete; zugleich sieht man daraus, welch großen und bisher ungekannten Aufwand er in Anspruch nahm. Die fromme Bitte ›Jesu Juva‹ geht dem Titel ›Gott ist mein König‹ voraus; die großen Anfangsbuchstaben des Titels sind durch reiche Schnörkel hervorgehoben, während eine vielverschlungene Schlußvignette unter der Angabe de l'anno 1708. Da Gio: Bast Bach Org: Molhusino angebracht ist. Am 4. Februar 1708 wurde das Werk in der Marienkirche in Gegenwart der beiden Bürgermeister und ihrer vierzehn Ratsherrn sowie unter lebhafter Beteiligung der Bevölkerung aufgeführt. Hoch oben auf der Empore über der westlichen Halle, die viel geräumiger war als die von St. Blasius, leitete Bach die Schar seiner Mitwirkenden. Die hellen, strahlenden Trompetenklänge, die dem ›neuen Regiment‹ und Kaiser Joseph zujubelten, mußten auf die Zuhörerschaft, die von den Ahles her an einen anderen Stil gewöhnt war, einen gewaltigen Eindruck machen. Man beschloß, die Stimmen herauszugeben. Für den Druck wurden primitive Typen verwendet, was sich aus den Verheerungen, die der große Brand angerichtete hatte, erklärt. Es ist dies die einzige unter Bachs Kantaten, die zu seinen Lebzeiten gedruckt wurde.

Das Wohlwollen, das man ihm von allen Seiten entgegenbrachte, ermutigte Bach, an seine Dienstherren mit einer Bitte heranzutreten. Es handelte sich um seine Orgel, die einer gründlichen Reparatur bedurfte. Vierzehn Tage nach der Einweisung des neuen Rates (21. Februar 1708) trat der conventus parochianorum im Rathaus unter dem Vorsitz des Bürgermeisters Meckbach zusammen, der Bachs Wahl im vergangenen Sommer befürwortet hatte. Meckbach legte dem Rat einen von Bach abgefaßten Bericht über die Orgel vor, ein sehr interessantes Dokument insofern, als die von ihm vorgeschlagenen Ausbesserungen – obgleich sie sich in weitem Maße auf die Orgel der St. Georgenkirche in Eisenach, mit der Bachs früheste Erinnerungen verknüpft waren, beziehen – deutlich erkennen lassen, welche Vorzüge Bach auf seinem Hauptinstrument besonders schätzte, und wie genau er mit der Kunst des Orgelbaues vertraut war.

Aber trotz der Freundschaft des Pastors Eilmar und der Gunst des conventus parochianorum sah sich Bachs jugendliche Begeisterung in Mühlhausen bald vor hartnäckige Hindernisse gestellt. In der letzten Generation machte sich innerhalb der lutherischen Kreise eine Reaktion gegen die allzu äußerliche und engherzige Auffassung des Christentums und die dogmatischen Formalitäten bemerkbar; diese drohten, sich die Autorität anzumaßen, welche Luther allein der Bibel zugestanden hatte. Die Andersgesinnten wurden Pietisten genannt. Der Begründer dieser Richtung war Philipp Jakob Spener († 1705). In Mühlhausen kam die Spaltung der Gemüter in öffentlichen, erbitterten Fehden zwischen den Geistlichen und in einer vielleicht ererbten Disposition, sich auf religiöse Streitigkeiten einzulassen, zum Ausdruck. Während der Reformation war die Stadt als ein Bollwerk der Wiedertäufer bekannt, deren Führer, Thomas Münzer, innerhalb ihrer Mauern hingerichtet wurde. Johann Adolph Frohne, der seit 1691 Pastor an der St. Blasiuskirche und Superintendent von Mühlhausen war, bemühte sich unter Speners Einfluß seit Jahren, seine Gemeinde vom Formalismus orthodoxen Glaubens abzubringen.

Als Georg Christian Eilmar 1699 an die Marienkirche kam, flammte die Opposition gegen den Pietismus wieder auf und verwickelte die Kanzeln der beiden Kirchen in einen so hartnäckig geführten Kampf, daß der Rat sich genötigt sah, die hitzigen Streiter zur Ruhe zu bringen. Aber während Bach in Mühlhausen weilte, entbrannte der Wortkrieg von neuem, und Bach wurde wider Willen in den Konflikt hineingezogen. Da er in Ohrdruf und Lüneburg in einer Atmosphäre von lutherischer Orthodoxie aufgewachsen war, neigte er dem Pastor Eilmar zu, denn trotz der Strenge, die sich in seinen Libretti kundgibt, war dieser kein Gegner der Musik im Gottesdienst. Auch dem Alter nach stand er Bach näher als der um dreizehn Jahre ältere Frohne, und als Bach Mühlhausen verlassen hatte, setzten beide ihre freundschaftlichen Beziehungen fort. Auf der anderen Seite geht aus Bachs Musik klar hervor, daß er seiner Gesinnung nach mit Frohne, dem Pastor seiner Kirche, wesensverwandt war: seine schlichte Frömmigkeit mußte sich zu einer religiösen Auffassung hingezogen fühlen, die den Glauben über alles Formelwesen stellte, während er zugleich die puritanische Strenge bedauerte, mit der die Pietisten die Kunst aus der Kirche verbannen wollten. Denn die Kunst war der Leitstern seines jungen Lebens, und als er die Überzeugung gewann, daß sich ihm in Mühlhausen Schwierigkeiten in den Weg stellten, nahm er, wie immer rasch entschlossen, einen günstigen Ruf nach Weimar an. Am 25. Juni 1708, fast genau nach einem Jahr, seit er in Arnstadt ein ähnliches Schreiben abgefaßt hatte, sagte er seinen Mühlhäuser Brotgebern den Dienst auf:

Magnifice, Hoch und WohlEdle, Hoch und
Wohlgelahrte, Hoch und Wohlweise Herrn,
Hochgeneigte Patroni und Herrn.

Welcher gestallt Eür: Magnificenz, und Hochgeschäzte Patronen zu dem vor dem Jahre verledigtem Organisten Dienste D. Blasii meine Wenigkeit Hochgeneigt Haben bestellen, darneben auch Dero Milde zu meiner beßeren subsistenz mich genießen laßen wollen, habe mit gehorsahmen Danck iederzeit zu erkennen. Wenn auch ich stets den Endzweck, nemlich eine regulirte kirchen music zu Gottes Ehren und Ihren Willen nach gerne aufführen mögen, und sonst nach meinem geringen vermögen der fast auf allen Dorfschafften anwachsenden kirchen music, und oft beßer, als allhier fasonirten harmonie möglichst aufgeholffen hätte, und darümb weit und breit, nicht sonder kosten einen guthen apparat der auserleßensten kirchen Stücken mir angeschaffet, wie nichts weniger das project zu denen abzuhelffenden nöthigen Fehlern der Orgel ich pflichtmäßig überreichet Habe, und sonst aller

Ohrt meiner Bestallung mit lust nachkommen währe: so hat sichs doch ohne wiedrigkeit nicht fügen wollen, gestalt auch zur zeit die Wenigste apparence ist, daß es sich anders, obwohl zu dieser kirchen selbst eigenen Seelen vergnügen künftig fügen mögte, über dießes demüthig anheim gebende, wie so schlecht auch meine Lebensarth ist, bey dem Abgange des Haußzinses und anderer äußerst nöthigen consumtion, ich nothdürftig leben könne.

Alß hat es Gott gefüget, daß eine Enderung mir unvermuthet zu handen kommen, darinne ich mich in einer hinlänglicheren subsistence und Erhaltung meines endzweckes wegen der Wohlzufaßenden kirchen-music ohne verdrießlichkeit anderer ersehe, Wenn bey Ihro Hochfürstl. Durchl. zu Sachsen-Weymar zu dero Hofcapell und Cammer music das entree gnädigst erhalten habe. Wannenhero solches Vorhaben meinen Hochgeneigtesten Patronen ich hiermit in gehorsahmen respect habe hinterbringen und zugleich bitten sollen, mit meinen geringen kirchen Diensten vor dießesmahls vor willen zu nehmen, und mich mit einer gütigen dimission förderlichst zu versehen. Kan ich ferner etwas zu Dero Kirchen Dienst contribuiren, so will ichs mehr in der That, als in Worten darstellen, verharrende lebenslang

Hochedler Herr
Hochgeneigte Patronen und Herrn
Deroselben

Dienstgehorsamster
Mühlhausen, den 25. Jun. ao: 1708. Joh. Seb. Bach.

An die Allerseits respective Höchst und Hochgeschätzten Herrn Eingepfarrten D. Blasii, unterthäniges Memoriale.

Die unerquicklichen Vorkommnisse, die Bachs Abreise aus Arnstadt begleitet hatten, wiederholten sich in Mühlhausen nicht; es ist im Gegenteil erwiesen, daß er und seine Frau beim Scheiden die Achtung ihrer Mühlhäuser Freunde mit hinwegnahmen. Friedemann Meckbach und Frau Anna Dorothea Hagedorn standen in Weimar bei Bachs ältestem Sohn Pate. Und ein Vierteljahrhundert später, als sein Sohn Johann Gottfried Bernhard sich um den Organistenposten an der Marienkirche bewarb, da gedachte Bach voller Anerkennung des Wohlwollens, das er selber einst dort genossen hatte. Vorerst wurden die bescheidenen Habseligkeiten aufgepackt, und Bach, seine Frau und sein Lehrling J. M. Schubart brachen nach Weimar auf. Wie in Arnstadt, so wurde auch in Mühlhausen ein Vetter sein Nachfolger: am 4. Juli 1708 nahm Johann Friedrich Bach, der Sohn Johann Christoph Bachs in Eisenach, den Platz an der Orgel der Kirche *Divi Blasii* ein, aber mit niedrigerem Einkommen; bezeichnenderweise wurde sein Gehalt auf die Summe, die Ahle bezogen hatte, wieder herabgesetzt.

FÜNFTES KAPITEL
WEIMAR

Wilhelm Ernst, der Herzog von Sachsen-Weimar, in dessen Dienste Bach im Jahre 1708 trat, zeichnete sich durch seinen ungewöhnlichen sittlichen Ernst und sein hohes Streben aus. Er war eine Ausnahmeerscheinung unter den Fürsten einer Epoche, die sich in bezug auf Tugend, Religion und Werke der Menschenliebe in keiner Weise hervortat. Er hatte 1662 das Licht der Welt erblickt und zählte noch nicht fünfzig Jahre, als Bach nach Weimar zurückkehrte. Nach einer kinderlosen, unglücklichen Ehe hatte er sich von seiner Gemahlin getrennt und lebte nun einsam auf seinem Schloß, der ›Wilhelmsburg‹, lediglich um das Wohl seiner Untertanen bemüht. Von Natur fromm, fand er Trost in der Religion; sein Wahlspruch lautete: ›Alles mit Gott.‹ Als siebenjähriger Knabe hatte er einst den herzoglichen Kirchenstuhl verlassen und die Kanzel über dem Altar der Schloßkapelle bestiegen (Aschermittwoch 1670), um vor den ehrfurchtsvoll lauschenden Höflingen eine Predigt zu halten, die er unter der Anleitung des Hofpredigers Conrad von der Lage vorbereitet hatte und die nachher unter dem Titel ›Der durchlauchtigste Prediger‹ gedruckt wurde. Sein ganzes Leben hindurch bildete die Schloßkapelle den Mittelpunkt aller Hofzeremonien. Während ihn die große Politik Deutschlands weniger interessierte, wurde er nicht müde, das kulturelle Wohl seiner Untertanen zu fördern, wie es ähnlich sein Zeitgenosse Friedrich Wilhelm I. von Preußen tat. Er baute die St. Jakobskirche in Weimar wieder auf, errichtete ein Waisenhaus, gründete ein Seminar für Lehrer und Prediger, verwandelte die alte Weimarer Schule in das jetzige Gymnasium, brachte dieses in einem neuen Gebäude unter und stattete es mit hervorragenden Lehrkräften aus. Sein Interesse für alte Manuskripte und Bücher veranlaßte ihn, die prächtige herzogliche Bibliothek zu gründen und die öffentlichen Archive zu sammeln und gut unterzubringen. Auch legte er eine Münzensammlung an, deren Vergrößerung ihm sehr am Herzen lag. Er muß im allgemeinen als der Schöpfer der Kultur bezeichnet werden, die in der Augusteischen Periode von Goethe und Schiller zur höchsten Blüte entfaltet wurde.

In dem puritanischen Leben dieses Hofes, dessen Lichter im Winter um acht und im Sommer um neun Uhr ausgelöscht wurden, fehlte es doch nicht an gelegentlichen Zerstreuungen. So war Wilhelm Ernst ein Liebhaber der Jagd, und in seinen jüngeren Jahren unterhielt er sogar eine Komödiantentruppe. Aber lange, ehe Bach nach Weimar kam, waren diese Veranstaltungen eingeschlafen. Immerhin wurden Ereignisse von besonderem öffentlichen Interesse, wie die Befreiung von Temesvar durch Prinz Eugen und die Schlacht von Höchstädt 1704 mit musikalischen Aufführungen gefeiert. Während andere hohe Herren ihre Schatzkammern plünderten, um kostspielige Primadonnen heranzuziehen, begnügte er sich in der letzten Zeit damit, ein Hoforchester zu halten, das Husarenuniform trug, italienische und andere Musik in den herzoglichen Gemächern zu Gehör brachte und an Sonn- und Festtagen den Gottesdienst in der Schloßkapelle durch seine Mitwirkung verschönte. Wie seinem Herzog, so fehlte auch Bach das Interesse für die Oper, und er erwartete von seinem Herrn die wärmste Förderung für seine künstlerischen Pläne, ›nemlich eine regulirte kirchenmusic zu Gottes Ehren‹, deren Verwirklichung er in Mühlhausen zu seiner großen Enttäuschung nicht gefunden hatte.

Eine Pflegestätte der Kunst war auch das der Wilhelmsburg benachbarte ›Gelbe Schloß‹, wo seit Herzog Johann Ernsts Tode (1707) seine Witwe Dorothea Sophie mit ihren beiden Söhnen Ernst August und Johann Ernst residierte. Dieser, der als ausübender Künstler und als Komponist hochbegabt war, starb 1715 eines frühen Todes. Der ältere, Ernst August (* 1688), nahm 1709, als er großjährig wurde, seines Vaters Platz als Mitregent ein, doch ergab sich in der Folge ein sehr unerquickliches Verhältnis zu seinem Oheim. Auf die engen Beziehungen, die Bach mit dem jüngeren Bruder verknüpften, ist schon hingewiesen worden. Auch zu dem älteren stand er in dem Verhältnis eines Lehrers zu seinem Schüler, und noch nach Jahren besuchte er Weimar von Leipzig aus, um ihm eine musikalische Huldigung darzubringen. Höchstwahrscheinlich sah er sich in den Zwist von Oheim und Neffen hineingezogen, und das Fehlschlagen seiner Bemühungen um den Kapellmeisterposten im Jahre 1717 mag auf diesen Umstand zurückzuführen sein.

Um die Fürstlichkeiten bewegte sich eine hochgebildete und kunstverständige Gesellschaft; sie stand den theologischen Streitigkeiten gleichgültig gegenüber, an denen Bachs Hoffnungen in Mühlhausen gescheitert waren. Eine bedeutende Persönlichkeit am Hofe war Salomo Franck, der seit 1702 Sekretär des Konsistoriums war und zugleich die herzogliche Bibliothek und Münzsammlung verwaltete. Er hatte seiner Frömmigkeit in zahlreichen Kirchenliedern Ausdruck gegeben und nicht weniger als zwei Bände Kantatentexte gedichtet. Bach fühlte sich durch die geheimnisvolle Tiefe dieser poetischen Natur mächtig angezogen und setzte nach seiner Ernennung zu

Konzertmeister häufig Dichtungen Francks in Musik. An das umgestaltete und erneuerte Gymnasium wurden Gelehrte berufen, mit denen Bach in anregenden Verkehr trat. Johann Christoph Kiesewetter, sein Ohrdrufer Rektor, kam 1712 in derselben Eigenschaft nach Weimar, und damit mögen manche Erinnerungen an Bachs Schulzeit bei beiden wieder aufgelebt sein. Drei Jahre darauf (1715) erhielt das Gymnasium einen neuen Konrektor in der Person von Johann Matthias Gesner, einem großen Musikfreund und aufrichtigen Bewunderer von Bachs Genius, mit dem Bach nach weiteren siebzehn Jahren in Leipzig die Bekanntschaft aufs herzlichste erneuerte. Auch in seinem eigenen Fach fand Bach angenehme und anregende Gesellschaft. In erster Linie ist der um sechs Monate ältere Johann Gottfried Walther zu nennen, der seit 1707 Organist an der Stadtkirche war und Bach in doppelter Beziehung nahestand. Seine Mutter war eine geborene Lämmerhirt, und seinen ersten Musikunterricht hatte er bei Johann Bernhard Bach, dem Organisten an der Kaufmannskirche in seiner Vaterstadt Erfurt, genossen. Walther hat sich vor allen Dingen als Verfasser des ersten deutschen Musiklexikons einen Namen gemacht, das unter dem Titel ›Musicalisches Lexikon‹ 1732 in Leipzig erschien. Es ist mit großem Fleiß zusammengestellt und insofern besonders interessant, als es die frühesten biographischen Notizen über Bach und Händel enthält. Aus der Kürze des Artikels über Bach zog Spitta den falschen Schluß, daß die beiden Männer damals nicht auf freundschaftlichem Fuße gestanden hätten. Der Abschnitt über Bach ist aber immer noch länger als der Artikel über Händel. Es werden darin alle Etappen von Bachs Laufbahn vollständig aufgezählt, und die Schlußbemerkung läßt die nahen Beziehungen der beiden deutlich erkennen. In Weimar war ihr Verhältnis zweifellos herzlich: Bach stand am 26. September 1712 bei Walthers ältestem Sohn Gevatter.

Walther spielt auch in einer Anekdote eine Rolle, die Forkel erzählt. Bachs Geschick, vom Blatt zu spielen, wurde allgemein bestaunt. Seiner selbst sicher, äußerte er einmal, daß er imstande wäre, jedes beliebige ihm vorgelegte Stück fehlerlos vom Blatt zu lesen. Walther beschloß, ihn in eine Falle zu locken. Als Bach ihn einige Tage später aufsuchte und auf den angeblich abwesenden Freund warten mußte, setzte er sich ans Klavier, auf dem ein Notenheft aufgeschlagen stand. Er begann zu spielen, blieb aber bald bei einer schwierigen Passage stecken. Er fing noch einmal von vorn an und stolperte über dasselbe Hindernis. Da hörte er jemanden im Nebenzimmer lachen und mußte sich nun überzeugen, daß man seine Niederlage vorbereitet hatte. Auch Partituren las Bach mit der gleichen Leichtigkeit, und wie Mozart war er imstande, sogar einzelne nebeneinander ausgebreitete Stimmen beim Abspielen zusammenzufassen. Er zog es vor, ein Terzett oder Quartett auf diese Weise abzulesen, und ergänzte, falls es nicht vollständig ausgearbeitet war, die fehlenden Stimmen nach dem Continuo.

Der herzogliche Chor stand unter der Leitung des Hofkapellmeisters Johann Samuel Drese, der die Sechzig überschritten hatte (* 1644), als Bach nach Weimar zurückkehrte, und der so sehr durch Krankheit geschwächt war, daß er während der ganzen Zeit von Bachs Weimarer Aufenthalt einen Stellvertreter brauchte. Georg Christoph Strattner, ein Mann in Dreses Alter, war bis zu seinem Tode im Jahre 1704 mit diesem Amte betraut. Seine Choralmelodien, die in den Gesangbüchern der Zeit, z. B. in dem von Freylinghausen (1704), zahlreich vertreten waren, zeichnen sich oft durch ihre Arienform aus und mögen auf Bach, der Strattner vermutlich während seiner ersten Weimarer Dienstzeit kennengelernt hatte, nicht ohne Einfluß geblieben sein. Dreses Sohn Johann Wilhelm wurde 1704 Vizekapellmeister an Strattners Stelle. Als er später zum Posten seines Vaters aufrückte, den auch Bach erstrebte, sah sich dieser veranlaßt, Weimar sofort den Rücken zu kehren.

Ein ›Beamtenstaat‹ gibt ein Bild von dem Bestand der Kapelle am Ende von Bachs Dienstzeit und vor dem Hinscheiden Dreses am 1. Dezember 1716. Er macht einen Unterschied zwischen den Musikern, die im Schloß selbst untergebracht und verköstigt wurden, und denen, die außerhalb wohnten. Bach gehörte zu den letzteren:

H. Secret. Pagen
Hofmeister und Bassiste Gottfried Ephraim Thiele
hat die Kost bey Hofe.
Fagottiste .... Bernhard George Ulrich
Cammerfourier
u. Trompeter .... Johann Christoph Heininger
kriegt Kostgeld.
Schloß Voigt
u. Trompeter .... Johann Christian Biedermann
bekömt Kostgeld.
Trompeter .... Johann Martin Fichtel
hat Kostgeld.
Trompeter .... Johann Wendelin Eichenberg
empfängt Kostgeld.
Trompeter .... Johann Georg Beumelburg
genießt Kostgeld.
Trompeter .... Conrad Landgraf
Paucker .... Andreas Nicol
wird Kostgeld gegeben.
H. Capellmeister .... Salomo Drese
bekömt täglich 1 Brötgen u. 1 Maas Bier aus der Kellerey.

H. Vice Capellmeister . . . Johann Wilhelm Drese.
Conzertmeister
und Hoforganist . . . . Johann Sebastian Bach.
Secret. u. Tenoriste . . . . . Andreas Aiblinger.
Tenorist u. HofCantor . . Johann Döberniz.
HofCantor u. Bassist
auch coll. quint: . . . . Christoph Alt.
Altiste . . . . Christian Gerhard Bernhardi.
Discantiste . . . . Johann Philipp Weichard
geht mit an Freytisch.
Discantiste . . . . Germann.
Cammer Musicus . . . . . . Johann Andreas Ehrbach.
Musicus u. Violinist . . . . Andreas Christoph Ecke.
Violinist u. Musicus . . . . Johann Georg Hoffmann
wohnt in Jena.
Wenn er aber hier ist, hat er die Kost bey Hofe.
H. Secret: u. Musicus auch
Violinist . . . . August Gottfried Denstedt.
Dazu kamen sechs Capellknaben.

Man sieht nicht ganz klar, wieweit sich Bachs Tätigkeit erstreckte, als er aus Mühlhausen nach Weimar kam. Sein Entlassungsgesuch spricht von seiner Berufung an die ›Hof Capelle und Cammer Music‹, das heißt seiner Aufnahme in die große Kapelle des Herzogs und die kleine auserwählte Schar von Streichern, die in den herzoglichen Privatgemächern musizierten. Sein canon perpetuus, den er am 2. August 1713 niederschrieb, bezeichnet ihn aber als ›Hofforg. u. Camer Musicus‹, während er sich selbst in der Genealogie als ›Cammer und Hoforganist in Weimar, An. 1708‹ eintrug. Man muß daher voraussetzen, daß Johann Effler gestorben oder von seinem Amt zurückgetreten war, obgleich kein Zeugnis für seine Beerdigung in Weimar vorliegt und die herzoglichen Archive ihn nicht erwähnen. Zweifellos bekleidete Bach Efflers Posten von Michaelis 1710 bis Michaelis 1711, denn für diesen Zeitraum bezog er 150 Florins nebst einer Vergütung von 6 fl. 15 gr. für Feuerholz und 12 gr. für Kohlen, um den kalten Orgelraum in der Schloßkapelle zu erwärmen. Seine Beförderung zum Konzertmeister brachte ihm eine Erhöhung seines Gehaltes auf 232 fl. 10 gr. 6 pf. für das Jahr 1713–14, auf 250 fl. für 1715 und die Folgezeit; auch der Zuschuß für Holz wurde heraufgesetzt; nur am Wilhelmstag blieb es bei derselben Spende. So wuchs sein Einkommen während seines neunjährigen Weimarer Aufenthaltes beinahe um das Doppelte, und schon im Anfang war es bereits zweimal so hoch wie der Betrag, den er in Mühlhausen unzulänglich gefunden hatte. Wenn man die damalige Kaufkraft des Geldes in Betracht zieht, so waren seine Einnahmen zeit seines Lebens ausreichend, wenn auch nicht glänzend.

Das Schloß, in dem Bach wirkte, wurde, nachdem das ältere 1618 abgebrannt war, zwischen 1650 und 1654 von Wilhelm Ernsts Großvater, Herzog Wilhelm IV. († 1662), erbaut und nach ihm Wilhelmsburg genannt. Ein Blick von Nordosten her zeigte einen wohlgegliederten zweistöckigen Bau, dessen Anlage französisch anmutete. Im Norden wurde das Dach von einem Uhrturm gekrönt, und im Süden erhob sich die Kuppel des älteren Schloßturmes. Das Schloß war von einem Graben umgeben, der sein Wasser durch ein Wehr in die Ilm entsandte. Eine Brücke überspannte den Fluß; darüber führte die Wilhelmsallee nach einem zurückliegenden Teil des Schlosses. Durch den sogenannten ›Roten Gang‹ war die Wilhelmsburg mit dem von Gärten umgebenen Roten Schloß verbunden. Das südliche Ende der Ostfront barg die Kapelle, die sich äußerlich den übrigen Gebäuden anpaßte und an die Privatgemächer des Herzogs grenzte.

Ursprünglich war sie dem heiligen Martin geweiht. Am 28. Mai 1658, dem Geburtstag Wilhelms IV., wurde sie neu eröffnet und war von nun an als ›der Weg zur Himmelsburg‹ oder kurz ›die Himmelsburg‹ bekannt. Die üppig ausgeschmückte Kapelle, von deren Wänden erstmals Bachs gewaltige Tonfluten widerhallten, wurde 1774 mit dem ganzen Schloß – nur Turm und ›Bastille‹ blieben übrig – ein Raub der Flammen, doch können wir uns eine Vorstellung von dem architektonisch unbedeutenden Inneren machen.

Keine der geweihten Stätten, in denen Bach wirkte, stimmte so schlecht zu seiner Kunst wie Herzog Wilhelms Himmelsburg. Die wunderliche und stillose Kapelle lag an der östlichen Front des Schlosses nach Süden zu. Der Raum war drei Stock hoch und von rechteckiger Form. Ein buntes Farbengemisch waltete darin. Der Fußboden war rotbraun, Wände und Decken blaugrau oder malvenfarbig. Die Bogen im Erdgeschoß waren mit braunem Marmor ausgelegt und mit dunkelrotem Zierat versehen. Die Pfeiler des mittleren Stockwerks prangten in dunklem Grün, und zwanzig graue steinerne Hermen stützten das Dach. Auf einem Grund von schwarzweißem Mosaik stand hinter einer Balustrade der Altar unter einem pyramidenförmigen Baldachin, der bis zum Dach reichte. Die Basis der Pyramide diente als Kanzel; sie war rotbraun und mit weißen Marmorleisten und einer Balustrade ausgestattet. Kleine Cherubim kletterten an ihr himmelwärts. Sowohl unten als auf den beiden Emporen führten gelbumrandete Türen auf jeder Seite zu sechs Logen oder Kirchenstühlen. Die herzogliche Loge lag vermutlich gegenüber der Kanzel im ersten Stock und war von den Privatgemächern des Herzogs aus zu erreichen. Von hier aus hatte man die Orgel im Auge, die sich auf der mit Balustraden versehenen Galerie unter der Decke befand.

Die südliche Wand, von der sie sich abhob, zeigte auf einem Hintergrund von blauem Himmel und weißen Wolken musizierende Cherubim zu beiden Seiten des Orgelgehäuses, dessen vergoldete und mit Blumengewinden geschmückte Pfeifen so angeordnet waren, daß nach außen ein ovales Fenster freiblieb. Es muß für die Sänger und Instrumentalisten sehr schwer gewesen sein, da oben Platz zu finden, und Bach mag mit der Heizung seine liebe Not gehabt haben.

Maria Barbara Bach stand ihrem Gatten, seit sie sich ihm am Altar in Dornheim verbunden hatte, bis zu dem Unglückstage, da er sie, von einer Reise zurückkehrend, in Köthen nicht mehr lebend vorfand, als treue Gefährtin zur Seite. Sie führte mit Umsicht den großen Haushalt, in den die Schüler und Lehrlinge so viel Unruhe hineintrugen, und war eine liebevolle Mutter für die Kinder, die sich im Laufe der Jahre einstellten. Das älteste von ihnen, Catharina Dorothea, wurde am 29. Dezember 1708 in der Stadtkirche zu Weimar getauft, nur wenige Monate nach dem Einzug der Eltern in das neue Heim. Die Paten waren: Georg Christian Eilmar aus Mühlhausen, Martha Catharina Lämmerhirt, die Witwe von Onkel Tobias, dem freudlichen Erblasser, und Tante Johanna Dorothea, die Frau von Bachs Bruder Johann Christoph in Ohrdruf. Zwei Jahre darauf (22. November 1710) erblickte Wilhelm Friedemann das Licht der Welt und wieder wurden Freunde aus Mühlhausen zu Gevatter gebeten: Anna Dorothea Hagedorn, die Frau eines Rechtsgelehrten, Friedemann Meckbach, ›J. U. Doctor in Mühlhaußen‹, und Wilhelm Ferdinand Baron von Lyncker, ›Cammerjunker‹ bei Herzog Wilhelm Ernst in der Wilhelmsburg. Reichlich zwei Jahre später (23. Februar 1713) kamen die bald wieder verstorbenen Zwillinge Maria Sophie und Johann Christoph zur Welt. In diesem Fall bat Bach zwei Freundinnen aus Suhl und den Kantor Georg Th. Reineccius vom Weimarer Gymnasium zu Paten. Die Wahl der Paten läßt darauf schließen, mit wem Bach in freundschaftlichem Verkehr stand. Mit zunehmendem Ruhm erweiterte sich der Kreis um ihn immer mehr, und auch die Schülerzahl wuchs. Sein erster Lehrling, Johann Martin Schubart, begleitete ihn von Mühlhausen nach Weimar, wo er 1717 sein Nachfolger wurde. Johann Caspar Vogler, der vielleicht schon in Arnstadt sein Schüler gewesen war, rückte später in Weimar an Schubarts Stelle. Johann Tobias Krebs, der 1710 bereits Organist und Kantor in Buttelstedt bei Weimar war, genoß Bachs Unterricht und vertraute ihm später in Leipzig seine Söhne an. Um 1715 nahm Bach seinen Neffen Johann Bernhard aus Ohrdruf bei sich auf; dieser hatte in Ohrdruf die Schule besucht und erhielt später dort den Organistenposten. Der letzte von Bachs Weimarer Schülern war jener Johann Gotthilf Ziegler, der nachmalige Organist in Halle, der einen charakteristischen Zug von Bachs Art zu unterrichten überliefert hat: »Was das Choralspielen betrifft, so bin ich von meinem annoch [1746] lebenden Lehrmeister dem Herrn Capellmeister so unterrichtet worden, daß ich die Lieder nicht nur so obenhin, sondern nach dem Affect der Worte spiele.« Damit haben wir eine Bestätigung dafür, wie sehr Bach an einer richtigen musikalischen Ausdeutung der Textworte gelegen war.

Forkel gründet seine Mitteilungen über Bachs Eigenschaften als Lehrer auf Nachrichten, die er von Bachs eigenen Söhnen, seinen hervorragendsten Schülern, empfing. Er bemerkt sehr richtig, daß ein Lehrer, der seine Schüler wirklich fördern will, selbst alle Schwierigkeiten erfahren und überwunden haben muß, ehe er anderen darüber hinweghelfen kann. Bach besaß diese Erfahrung in reichem Maße; daher war sein Unterricht klar, zweckmäßig und des Erfolges sicher. Vor allen Dingen gewöhnte er seine Klavierschüler daran, die Hände gesenkt und die drei mittleren Finger nach innen gebogen zu halten, so daß sie mit den beiden übrigen die Tasten gleichmäßig trafen und auf diese Weise jederzeit anschlagbereit waren. Er selbst bewegte beim Spielen die Finger so wenig, daß man es kaum wahrnahm; nur die vorderen Gelenke schienen, wie Forkel sagt, in Bewegung zu sein, und bei den kompliziertesten Passagen behielten seine Hände ihre gerundete Form bei. Monatelang beschäftigte er seine Schüler mit Fingerübungen oder mit kleinen Stücken, die er eigens für sie komponierte und bei denen es immer auf eine bestimmte Schwierigkeit ankam. Dann ging er zu den ›Manieren‹ und schließlich zu schwereren Aufgaben über, die er ihnen mit den Worten vorzuspielen pflegte: »So muß es klingen.« Heinrich Nikolaus Gerber, der in Leipzig sein Schüler war, erzählte von diesen frühen Übungen, die Bach ›Inventionen‹ nannte und die, wenn sie zu seiner Zufriedenheit gespielt worden waren, durch seine französischen und englischen Suiten und das ›Wohltemperierte Klavier‹ abgelöst wurden. Dieses spielte Bach Gerber dreimal hintereinander so hinreißend vor, daß die Stunden wie Minuten dahinflogen.

Ebenso praktisch und gründlich war Bachs Unterweisung in der Komposition. Den theoretischen Kontrapunkt ließ er beiseite und begann mit seinen Schülern gleich beim vierstimmigen Satz, indem er ihnen einen bezifferten Baß vorlegte, zu dem sie die Stimmen aussetzen mußten. Er verlangte, daß sie die Stimmen einzeln auf besondere Notensysteme schrieben, damit jede ihre eigene melodische Form erhielt und auch in ihrem Verhältnis zu den übrigen genau verfolgt werden konnte. Als nächste Aufgabe legte er ihnen den unbezifferten Baß eines Chorales vor und ließ sie den Alt und Tenor hinzufügen, und schließlich mußten sie zu einer gegebenen Melodie die drei unteren Stimmen ergänzen. Von seinen eigenen unnachahmlichen Chorälen sind manche als Musterbeispiele für den Unterricht geschrieben; aus ihnen ist zu ersehen, auf welche Art der Bearbeitung es ihm ankam. Erst wenn die Schüler sich diese Kenntnisse gründlich zu eigen gemacht hatten, erlaubte er ihnen, sich in der freien Komposition zu versuchen. Er bestand darauf, daß jede Komposition im Kopfe entworfen wurde, und gestattete die Niederschrift erst, wenn es galt, einen originellen Gedanken festzuhalten. Er spottete über die ›Clavier-Ritter‹, die ihre Inspiration aus den Fingern bezogen und auf der Jagd nach einem Einfall wild über die Tasten stürmten. Wer ihm einen unbeholfenen und holprigen vierstimmigen Satz brachte, der hatte bei ihm einen schweren Stand. Immer wieder erinnerte er daran, daß jede Stimme als ein selbständiges Individuum zu betrachten sei, das sich mit seinen Gefährten unterhält, das grammatisch richtig und in ganzen Sätzen zu sprechen hat und, wenn es nichts Rechtes zu sagen weiß, lieber schweigen soll. Wenn seine Schüler im Studium der Harmonielehre weit genug vorgeschritten waren, führte er sie in den Kontrapunkt ein und gewährte ihnen innerhalb gewisser Grenzen große Freiheiten. Richtiger Ausdruck, Abwechslung in Stil, Rhythmus und Melodieführung, das waren für ihn unerläßliche Bedingungen.

In Weimar offenbarte sich Bach seinen Landsleuten als ein Orgelspieler von unerreichter Technik, als ein Meister der musikalischen Erfindung, der die Traditionen der deutschen Polyphonie mit neuem Leben erfüllte und auf ihnen weiterbaute, als ein Komponist von einer Kraft und Kühnheit des melodischen Ausdrucks, an die vor ihm keiner auch nur annähernd herangereicht hatte. Schon 1716 hatte Bach auf Johann Mattheson in Hamburg einen so tiefen Eindruck gemacht, daß dieser ihn den ›berühmten Organisten‹, den ›berühmten Bach‹ nannte. Von allen Seiten bat man um seine Dienste, sei es, um eine neue Orgel auszuprobieren, sei es, um Bewerber für freigewordene Organistenstellen zu prüfen; 1713 erhielt er einen dringenden Ruf nach Halle, wo seit dem Tode von Händels Lehrer Friedrich Wilhelm Zachau im August 1712 die Orgel der Liebfrauenkirche verwaist war. Die Kirche sollte eine neue Orgel bekommen, ein großes Instrument mit dreiundsechzig klingenden Registern, das 6300 Reichstaler kostete. Die Arbeit war dem Orgelbauer Christoph Cuntius aus Halberstadt anvertraut worden, und die Einweihung des Instrumentes wurde auf den Ostersonntag des Jahres 1714 festgesetzt.

Am 6. November 1713 wurde in der renovierten Jakobskirche in Weimar der erste Gottesdienst abgehalten. Bach wohnte der Feier bei und schritt als dritter in der ›Procession‹ von sieben Musikern der herzoglichen Kapelle, die sich vom Schloß in die Kirche begaben. Kurz darauf reiste er nach Halle und fand ein solches Gefallen an dem dortigen Instrument, daß er sich bereit erklärte, sich der üblichen Probe zu unterziehen, wozu ihn Dr. Heineccius, der Pastor primarius der Kirche, dringend aufgefordert hatte. Bach machte sich demzufolge daran, ein ›Stück‹ vorzubereiten, das er nach damaliger Sitte einstudieren und aufführen mußte. Man hat festgestellt, daß es sich um die Kantate ›Ich hatte viel Bekümmernis‹ (Nr. 21) handelte, die am dritten Sonntag nach Trinitatis des folgenden Jahres (17. Juni 1714) auch in Weimar zu Gehör gebracht wurde. Bachs Komposition machte auf die maßgebenden Persönlichkeiten in Halle einen so gewaltigen Eindruck, daß diese am 14. Dezember 1713 eine ›Vocation‹ in Duplikat nach Weimar schickten, in der die Bedingungen einer Anstellung aufgezeichnet waren. Bach wurde ersucht, für den Fall seines Einverständnisses eins der Dokumente mit seiner Unterschrift zu versehen.

Bach schob seine Antwort auf das schmeichelhafte Anerbieten zunächst hinaus. Zu Weihnachten wurden seine Dienste im Schloß in erhöhtem Maße verlangt; dazu kam am 26. Dezember die Geburtstagsfeier für Johann Ernst, den Neffen des Herzogs. Wie verlockend auch die Aussicht war, endlich ein Instrument zu erhalten, das seinen Fähigkeiten entsprach, so durfte er doch nicht das viel höhere Gehalt, das er in Weimar bezog, leichtfertig aufgeben, zumal seine Familie sich mehr und mehr vergrößerte. Wohin seine persönliche Neigung ihn auch treiben mochte, ohne die Zustimmung von Herzog Wilhelm Ernst konnte er keine Schritte unternehmen, und der Herzog war, wie sich 1717 noch erweisen sollte, einer Entlassung seines talent- und charaktervollen Hofbeamten durchaus abgeneigt. Sobald die Weihnachts- und Neujahrsfestlichkeiten vorbei waren, und noch ehe er seinem hohen Herrn die Sache unterbreitet hatte, schrieb Bach eine verspätete Antwort nach Halle, in welcher er die Möglichkeit weiterer Unterhandlungen offen ließ. Da Halle aber an seinen Berufungsbestimmungen festhielt, schrieb Bach seine Absage, worauf man ihm den Vorwurf machte, daß er die Angelegenheit nur in die Länge gezogen habe, um seine Stellung in Weimar zu verbessern. Darauf kam es in der Tat hinaus. Um dem drohenden Verlust seines Organisten zu begegnen, entschloß sich Wilhelm Ernst zu einer Umgestaltung seiner Kapelle. Der junge Drese vertrat noch immer seinen Vater als Kapellmeister, und es gehörte zu seinen Obliegenheiten, eigene Kompositionen in der Schloßkapelle aufzuführen. Seine Talente mögen nur mittelmäßig gewesen sein, und wahrscheinlich nahm ihm Bach gelegentlich seine Verpflichtungen ab. Allerdings fällt nur eine von Bachs Kantaten in die Zeit vor März 1714, ›Gleich wie der Regen und Schnee‹ (Nr. 18), die zu Sexagesima (4. Februar) 1714, also in dem Augenblick, da die Verhandlungen mit Halle schwebten, zur Aufführung gelangte. Am 2. März 1714 erhielt er das ›Predicat‹ seiner Ernennung zum Konzertmeister ›mit angezeigtem Range nach dem Vicekapellmeister Dressen‹ und mit der Verpflichtung: »dagegen er monatlich neue Stücke [in der Schloßkapelle] aufzuführen schuldig sein soll.« Sein Gehalt wurde auf 250 Florins erhöht. Ein Jahr darauf (20. März 1715) wurden ihm die accidentia und honoraria Dreses übertragen. Die Aufbesserung seiner Besoldung in Weimar veranlaßte die ›Väter und Achtmannen‹ der Liebfrauenkirche zu der Andeutung, daß Bach ihre Aufforderung benutzt hätte, um in Weimar einen höheren Posten und eine Gehaltszulage herauszudrücken, eine unwürdige und ungerechtfertigte Anschuldigung, auf die Bach am 19. März 1714 unwillig, aber immerhin maßvoll antwortete.

In diese unruhige Zeit fällt die Geburt von Carl Philipp Emanuel, Bachs berühmtestem Sohn, der am 8. März 1714 in Weimar zur Welt kam. Wieder zeigt ein Blick auf die Liste der Paten Bachs Bestreben, neue Freunde zu gewinnen und alte sich fester zu verbinden. Adam Emanuel Weldig, der bis vor kurzem an der Weimarer Kapelle angestellt und jetzt nach Weißenfels übergesiedelt war, gab dem Kinde seinen dritten Namen, Georg Philipp Telemann, der Kapellmeister in Frankfurt, den zweiten; ferner stand Frau Catharina Dorothea Altmann, die Gattin des Hofkämmerers in Arnstadt, Gevatter. Bachs Bekanntschaft mit Telemann, seinem hervorragendsten deutschen Zeitgenossen, ist auf beider gemeinsame Beziehungen zu dem begabten Prinzen Johann Ernst zurückzuführen. Dieser hatte Telemann vermutlich in Eisenach zu der Zeit von Bachs erstem Weimarer Aufenthalt kennengelernt. 1721 ging Telemann nach Hamburg, wo er als Kapellmeister wirkte und seinem Paten 1767 sein Amt vererbte.

Die neue Würde gab Bach endlich Gelegenheit, die Absichten zu verwirklichen, die ihn aus Mühlhausen nach Weimar getrieben hatten: Ostern 1714 bis Ende 1716 führte er in der Schloßkapelle eine Reihe von Kantaten auf, deren Texte in der Hauptsache von Franck verfaßt waren. Um dieselbe Zeit kopierte er mit großer Ausdauer die Werke italienischer Meister: eine Abschrift von Frescobaldis Fiori musicali (1635), die 104 Seiten umfaßt und durchweg seine Handschrift aufweist, wird in der Staatlichen Akademie für Kirchen- und Schulmusik in Berlin aufbewahrt. Sie stammt aus dem Jahre 1714. Die langwierige Arbeit mag Bach während einer Zeit unfreiwilliger Muße bewältigt haben: zwischen 1714 und 15 erhielt er aus der herzoglichen Kasse zwölf Gulden aus Anlaß eines Unfalls, der ihm zugestoßen war. Ende 1714 war er aber so weit wiederhergestellt, daß er sich nach Kassel begeben konnte, wo er von der landgräflichen Familie mit besonderer Gunst empfangen und als Meister auf der Orgel begeistert gefeiert wurde.

Bachs Besuch in Kassel läßt sich zeitlich bestimmen durch den Frieden zwischen Frankreich und dem Reich, der am 7. September 1714 in Baden geschlossen wurde. Dieser Friede brachte den Erbprinzen Friedrich von Hessen-Kassel zurück, der ein Kommando geführt hatte und der im Januar 1715 Deutschland verließ, um sich mit der Schwester Karls XII. von Schweden zu vermählen und nach dessen Tode König von Schweden zu werden. Bach kann daher nur Ende 1714 in Kassel gewesen sein. Was ihn dorthin führte, läßt sich nicht feststellen. Spitta vermutet, daß er eine neue Orgel zu prüfen hatte. Aber in den

Archiven der Hofkirche und anderswo steht nichts von einem derartigen Auftrag, und man muß vielmehr annehmen, daß Bach seinen hohen Herrn bei einem offiziellen Besuch begleitete, der vielleicht mit den Heiratsplänen zusammenhing, die der Herzog für seinen Erben im Auge hatte. Beide besaßen ein hervorragendes Musikverständnis und brachten die italienische Oper in Kassel zu hoher Blüte. So war es ganz natürlich, daß Wilhelm Ernst seinen ausgezeichneten Organisten mitbrachte, dessen Spiel in der Hofkirche den zukünftigen König von Schweden zu höchster Bewunderung hinriß. Dreißig Jahre darauf gab Constantin Bellermann, der Rektor des Mindener Lyzeums, eine lebendige Schilderung von Bachs Kunstfertigkeit: »Seine Füße flogen über die Pedale, als ob sie Schwingen hätten; donnergleich brausten die mächtigen Klänge durch die Kirche«, bis der Prinz, cum stupore admiratus, sich einen Ring vom Finger zog und ihn dem Künstler überreichte. »Nun bedenkt«, fügte Bellermann hinzu, »wenn seine Füße ihm schon solch ein fürstliches Geschenk eintrugen, welche Gabe hätte der Prinz ihm anbieten müssen, um seine Hände würdig zu belonen?« Johann Matthias Gesner, der in Weimar oft Gelegenheit hatte, Bachs Kunst zu bewundern, und später in Leipzig sein Amtsgenosse wurde, singt sein Lob in noch viel höheren Tönen. Als er in dem Kommentar zu seiner Ausgabe der Institutiones Oratoriae von Quintilian zu der Schilderung des Lyraspielers gelangt, der gleichzeitig singt, spielt und mit den Füßen den Takt dazu tritt, bemerkt er: »Dies alles, Fabius, würdest du für geringfügig halten, wenn du von den Todten erstehen und Bach sehen könntest (ich führe grade ihn an, weil er vor nicht langer Zeit auf der Thomasschule zu Leipzig mein College war), wie er mit beiden Händen und allen Fingern das Clavier spielt, welches die Töne vieler Cithern in sich faßt, oder das Instrument der Instrumente, dessen unzählige Pfeifen durch Bälge beseelt werden, wie er von hier aus mit beiden Händen, von dort her mit hurtigen Füßen über die Tasten eilt und allein eine Mehrheit von ganz verschiedenen, aber doch zueinander passenden Tonreihen hervorbringt: wenn du diesen, sag ich, sähest, wie er, während er vollbringt, was mehre eurer Citherspieler und tausend Flötenbläser vereint nicht zu Stande brächten, nicht etwa nur eine Melodie singt, wie einer, der zur Cither singt, und so seine Aufgabe löst, sondern auf alle zugleich achtet, und von dreißig oder gar vierzig Musikern den einen durch einen Wink, den andern durch Treten des Takts, den dritten mit drohendem Finger in Ordnung hält, jenem in hoher, diesem in tiefer, dem dritten in mittlerer Lage seinen Ton angiebt, und daß er ganz allein, im lautesten Getön der Zusammenwirkenden, obgleich er von allen die schwierigste Aufgabe hat, doch sofort bemerkt, wenn und wo etwas nicht stimmt und alle zusammenhält und überall vorbeugt und wenn es irgendwo schwankt, die Sicherheit wieder herstellt, wie der Rhythmus ihm in allen Gliedern sitzt, wie er alle Harmonien mit scharfem Ohre erfaßt und alle Stimmen mit dem geringen Umfange der eigenen Stimme allein hervorbringt. Ich bin sonst ein großer Verehrer des Alterthums, aber ich glaube, daß mein Freund Bach, und wer ihm etwa ähnlich sein sollte, viele Männer wie Orpheus und zwanzig Sänger wie Arion in sich schließt.«

Anfang 1716 rüstete man in Weimar zu der Vermählung von Herzog Ernst August mit der verwitweten Herzogin Eleonore Wilhelmine von Sachsen-Merseburg, der Schwester des regierenden Fürsten Leopold von Anhalt-Köthen, einer Verbindung, die auch Bachs Zukunft beeinflussen sollte. Die Hochzeit wurde am 24. Januar 1716 auf Schloß Nienburg gefeiert. Einen Monat darauf stattete Wilhelm Ernst dem Herzog Christian von Sachsen-Weißenfels einen Besuch ab, wobei es hoch herging. Am 23. Februar wurde der Geburtstag des Herzogs feierlich begangen; wie üblich eröffnete die Kapelle die Festlichkeit unter Leitung des Kapellmeisters Augustin Kobelius mit seiner Morgenserenade, ›Irrgarten der Liebe, oder Livia und Cleander‹. Tagsüber gab man sich dem Vergnügen der Jagd hin, und abends fand ein Bankett in der Halle des Schlosses statt, das über der Stadt Weißenfels thront. Die Veranstaltungen wurden am Schluß durch die ›Tafelmusic‹ gekrönt, die Wilhelm Ernst mitgebracht hatte: Bach führte seine erste weltliche Kantate, ›Was mir behagt‹ auf, nach einem Franckschen Text, der in herkömmlicher Weise das Lob des hochgeborenen Wirtes sang. Bach schätzte die Komposition sehr und ließ sie bei wenigstens zwei anderen Gelegenheiten wieder aufleben.

Er war kaum nach Weimar zurückgekehrt, als er einen Beweis dafür erhielt, daß man in Halle den Groll gegen ihn begraben hatte. Die Orgel in der Liebfrauenkirche war endlich fertiggestellt, und am 20. April 1716 wurde Bach gebeten, sie zu prüfen und sein Urteil abzugeben. Acht Tage darauf (28. April) kam Bach in Halle an und traf in den bereitgehaltenen Quartieren mit Christian Friedrich Rolle aus Quedlinburg und dem Thomaskantor Johann Kuhnau, seinem Vorgänger in Leipzig, zusammen, die ihm bei der Prüfung zur Seite stehen sollten. Für ihre Bequemlichkeit und ihr leibliches Wohl war aufs beste gesorgt: Bediente und Kutscher waren vom 28. April bis 3. Mai ihres Winkes gewärtig. Zum ersten Abendessen hatte man ihnen zu Ehren Gäste eingeladen, die mit Erfolg bemüht waren, den großen Aufwand an köstlichen Eierspeisen, kaltem Fleisch, Ochsenzunge und Cervelatwurst mit Rhein- und Pfälzerwein hinunterzuspülen. Am Mittwoch und Donnerstag (29. und 30. April) wurde die Orgel einer sorgfältigen Prüfung unterzogen. Am Freitag und Sonnabend wurde der Bericht abgefaßt und eingereicht. Er lautete durchaus günstig für den Erbauer und gab zugleich beredte Kunde von der eingehenden sachlichen Beurteilung der Examinatoren. Am Sonntag, dem 3. Mai, fand der Hauptgottesdienst in ungewohntem Glanze statt, und das neue Instrument wurde feierlich eingeweiht. Danach gab das Ratskollegium den Gästen ein Bankett, das an Pracht und Reichhaltigkeit der neuen Orgel würdig war. Die Speisekarte ist erhalten geblieben.

Vor Speisung des hochlöbl. Collegii der Kirchen
bei der Investitur der neuen Orgel

1 Stück Bäffallemote [Bœuf à la mode].
Hechte mit einer Sartelle beu.
1 gereuchert Schinken.
1 Aschette mit Erbsissen.
1 Aschette mit Erteffen.
2 Aschetten mit Spenadt und Zerzigen.
1 gebraten Schöpseviertel.
Gesodtner Kerbisse.
Sprützkuchen.
Eingemachte Zitronschalle.
Eingemachte Kirschen.
Warmer Spargel Saladt.
Kopf Saladt.
Rettisgen.
Frische Butter.
Kellberbraten.

Kein Wunder, daß Bachs Hand nach diesem lukullischen Mahl die Feder nicht ganz sicher führte und ein großer

Tintenklecks auf den Namen ›Bach‹ fiel, als er den Empfang seines Honorars von sechs Talern bestätigte!

Das Jahr 1717 ist in doppelter Hinsicht denkwürdig: es brachte Bach neuen Ruhm, aber auch die Ungnade seines Herzogs. Etwa im September unternahm er eine Reise nach Dresden, wo die Oper während der Regierungszeit Augusts des Starken in Blüte stand. Von 1717 bis 1719 war ihr unter Antonio Lotti eine Glanzzeit italienischer Opernkunst beschieden. Es war aber nicht die Oper, die Bach von Weimar nach Dresden lockte. Seine herablassende Frage ist bekannt, mit der er sich in späteren Jahren an seinen Sohn Friedemann wandte: »Friedemann, wollen wir nicht die schönen Dresdener Liederchen einmal wieder hören?« Ganz im Gegensatz zu Händel fühlte er sich zu der italienischen Tradition des 17. Jahrhunderts wenig hingezogen. Was ihn nach Dresden trieb, war sein oft bekundetes Interesse, andere Meister seiner Kunst kennenzulernen. So wollte er Louis Marchand, den hervorragenden französischen Orgel- und Klavierspieler, hören, der sich damals in Dresden aufhielt und bei Hofe und beim großen Publikum reiche Lorbeeren erntete.

Marchand, der seit 1708 den Posten eines Hoforganisten in Versailles bekleidet hatte, war vor kurzem dort in Ungnade gefallen. Er zählte sechzehn Jahre mehr als Bach (* 1669) und war einer der berühmtesten Orgel- und Klavierspieler seiner Zeit. Auch als Komponist hatte er sich einen Namen gemacht. Bach kannte und schätzte seine Werke. 1714 fertigte einer von Bachs Schülern, ohne Zweifel auf Wunsch des Meisters, eine Abschrift einer Marchandschen Suite an. Eine weitere befand sich im Besitz von Andreas Bach, und Bach selbst sprach sich gegen Friedrich Wilhelm Marpurg anerkennend über Marchands Kompositionen aus. Er war daher wohl der rechte Mann, gelegentlich mit dem Franzosen in die

Schranken zu treten. Marchand war hochbegabt, dabei aber launisch, unüberlegt und anmaßend. Das Lob der Pariser Gesellschaft war ihm zu Kopf gestiegen. Es wird glaubwürdig berichtet, daß er sich sogar seinem königlichen Herrn gegenüber zu einer temperamentvollen Äußerung habe hinreißen lassen. Der König hatte vernommen, daß Marchand seine Frau vernachlässigte, und daher angeordnet, daß die Hälfte seines Gehaltes seiner Frau überwiesen werden sollte. Dies hatte Marchand so aufgebracht, daß er in Versailles bei einem Orgelvortrag mitten im Spiel aufhörte und dazu bemerkte: »Wenn meine Frau die Hälfte meines Gehaltes bekommt, so laßt sie auch die Hälfte meines Orgelspiels übernehmen!« In Ungnade entlassen, begab er sich nach Dresden, ließ sich mit großem Beifall bei Hofe hören und wurde mit zwei Medaillen im Werte von hundert Dukaten belohnt. F. W. Marpurg erzählt, daß Bach mit königlicher Genehmigung bei einem dieser Vorträge anwesend war und sich, nachdem Marchand geendet hatte, ans Klavier setzte und über das Thema des Franzosen improvisierte. Der Nekrolog schildert die Szene viel dramatischer, so wie sie in der Bachschen Familie fortlebte. Nach dieser Version hat Jean-Baptiste Volumier, der Konzert- und Tanzmeister am Dresdener Hofe, dessen Sympathien eigentlich seinem Landsmann Marchand hätten gelten sollen, Bach aus Weimar herbeizitiert, um dem französischen Eindringling eine Lektion zu erteilen, und ihm heimlich einen guten Platz angewiesen, von dem aus er Marchands Vortrag folgen konnte. Daß Bach Gelegenheit hatte, seinen Gegner spielen zu hören, bevor er ihn zum Kampfe herausforderte, ist wahrscheinlich; daß er eigens dazu aus Weimar herbeigeholt wurde, ist eine Erfindung. Weit eher ist anzunehmen, daß die Anwesenheit zweier berühmter Künstler den Gedanken eines Wettstreits aufkommen ließ.

Johann Abraham Birnbaum und Forkel schildern den Vorfall in ähnlicher Weise; Birnbaum war von Bach selbst dazu ermächtigt worden; Forkel hatte sich bei Bachs Söhnen nach den näheren Umständen erkundigt. Bach, der sich bis dahin vor allem als Orgelspieler hervorgetan hatte, wurde veranlaßt, den Franzosen zu einem Wettstreit herauszufordern; er erklärte sich bereit, jedes beliebige Stück auf dem Cembalo vom Blatt zu spielen, falls sein Gegner sich derselben Probe unterziehen wolle. Marchand nahm die Wette an; Tag und Stunde wurden vereinbart, und eine Anzahl Persönlichkeiten aus der Dresdener Gesellschaft wurde geladen. Als Treffpunkt hatte man das Haus des Grafen von Flemming gewählt, Bachs späterem Gönner, in dem man den Urheber dieses öffentlichen Wettstreites vermutet. Bach erschien zur festgesetzten Stunde und erwartete mit den Schiedsrichtern und zahlreichen Gästen seinen Gegner. Aber wer nicht kam, war Marchand, und ein Bote, den man in seine Wohnung schickte, kehrte mit der Nachricht zurück, daß er nirgends zu finden sei. Tatsächlich hatte er Dresden am Morgen verlassen, um, so nahm man an, einem Wettstreit auszuweichen, bei dem er eine Niederlage fürchtete. So spielte Bach denn allein und erregte die höchste Bewunderung bei seinen Zuhörern. Man jubelte ihm als dem Sieger zu und feierte zugleich etwas voreilig die Überlegenheit der deutschen Kunst über die französische. Marchands Niederlage tat der Hochachtung, die er bei seinen Landsleuten genoß, keinen Abbruch. Er kehrte nach Frankreich zurück und lebte in Paris verehrt und bewundert bis zu seinem Tode 1732.

Wie man sieht, hatte Bach in einem Kreise, wo man bisher die Überlegenheit der deutschen Meister noch nicht zu schätzen wußte, einen Triumph gefeiert. Bei seiner Rückkehr nach Weimar versetzte das Schicksal ihm dafür einen empfindlichen Schlag. Die Gründe, warum er beim Herzog in Ungnade fiel und in der Folge aus Weimar wegging, sind unschwer zu erraten. Dreses Ableben am 1. Dezember 1716 erweckte Hoffnungen in ihm, die sich nicht verwirklichten: fast drei Jahre lang hatte Bach eine der Hauptpflichten des Kapellmeisters erfüllt, und so durfte er wohl erwarten, ein ›Predicat‹ als dessen Nachfolger zu erhalten. Er wurde aber übergangen; der Herzog übertrug den Posten auf Dreses Sohn, an dessen Stelle Bach seit März 1714 Kantaten komponiert und in der Schloßkapelle aufgeführt hatte. Der ungewöhnliche Titel eines Konzertmeisters, den Bach damals erhalten hatte, wurde ihm auch jetzt nicht entzogen, aber der neue Kapellmeister scheint den Verpflichtungen seines Amtes in jeder Beziehung nachgekommen zu sein, da seit 1716 keine Kantaten von Bachs Hand vorliegen. Es ist begreiflich, daß die Zurücksetzung Bach kränkte und er sich nach einer anderen Stellung sehnte. Dazu kam noch, daß er in den Konflikt zwischen dem Herzog und seinem Neffen Ernst August hineingezogen wurde. Bach stand in einem so vertrauten Verhältnis zu den Bewohnern des Roten Schlosses, daß Herzogin Eleonore Wilhelmine sogar bei dem letzten Kind seiner ersten Frau, dem frühverstorbenen Leopold Augustus, Patenstelle vertrat. Bach hatte bereits den Argwohn des Herzogs auf sich gezogen, und um sich aus dieser bedenklichen Lage zu retten, wählte er einen Ausweg, der den Beherrscher der Wilhelmsburg nur noch zorniger machte. Der Bruder der Herzogin Eleonore, Fürst Leopold von Anhalt-Köthen, ein großer Musikfreund, dem Bach vermutlich im Roten Schloß zuerst begegnet war, bot ihm die Kapellmeisterstelle an seinem Hofe an. Bach erklärte sich bereit, sie anzunehmen, und am 5. August 1717, wenige Wochen, bevor er Marchand siegreich aus dem Felde schlug, wurde ihm der Posten übertragen. Herzog Wilhelm Ernst weigerte sich, Bach ziehen zu lassen. Der Verdacht, daß sein Neffe bei dieser Intrige, wie er es nannte, die Hand im Spiele hatte, die ihm eigene Abneigung, sich von bewährten Dienern zu trennen, und eine ehrliche Hochschätzung von Bachs Charakter und musikalischen Fähigkeiten, dies alles mochte ihn in seiner Weigerung bestärken. Sich dem Willen seines hohen Herrn widerstandslos zu beugen, das ging gegen Bachs Unabhängigkeitsdrang, und der Ruhm, den er im Kampf gegen Marchand davongetragen hatte, steifte ihm das Rückgrat, so daß er sich erkühnte, seine Entlassung zu erzwingen. Als er aus Dresden zurückkehrte, fand er das ›Weimarsche Zion‹ in Vorbereitungen für die zweihundertjährige Jubelfeier der Reformation, die am 31. Oktober 1717 und den beiden folgenden Tagen stattfand. Bach wirkte zweifellos als Organist bei den Feierlichkeiten mit, als Komponist betätigte er sich nicht. Kaum war das Fest vorbei, als er von neuem um seine Entlassung aus herzoglichen Diensten einkam. Eine solche unerhörte Hartnäckigkeit mußte Wilhelm Ernst verdrießen. Hofsekretär Theodor Benedikt Bormann berichtet in lakonischer Kürze, was erfolgte: »6. November ist der bisherige Concertmeister und Organist Bach wegen seiner halsstarrigen Bezeugung von zu erzwingender Dimission auf der Landrichterstube arretirt und endlich den 2. Dezember darauf mit angezeigter ungnädiger Dimission des Arrestes befreyet worden.« Der Monat seiner Haft verging nicht ungenützt, da Bach, wie wir vermuten, in dieser Zeit den Plan zu seinem ›Orgelbüchlein‹ entwarf und mit der Ausarbeitung begann.

Mit dem Abschluß seiner Weimarer Jahre, in denen Bach sich zu dem ersten Orgelspieler seiner Epoche entwickelt hatte, war auch seine offizielle Organistentätigkeit zu Ende. Seine ganze Größe als Komponist war noch nicht offenbar geworden, aber sein Sieg über Marchand hatte ihn berühmt gemacht. Johann Mattheson, der Bach und ebenso Händel hatte spielen hören und mit diesem befreundet war, erklärte, keiner könne Händel übertreffen, »es müßte Bach in Leipzig seyn«. Johann Joachim Quantz, der Kammermusikus und Hofkomponist Friedrichs des Großen, bezeichnete ihn als den Orgelspieler, der die Technik seines Instrumentes zur höchsten Vollendung geführt hätte. Georg Andreas Sorge, der Hoforganist in Lobenstein, nannte ihn den ›Fürsten aller Clavier- und Orgelspieler‹, und der Nekrolog faßte das Urteil seiner Generation in die Worte zusammen, daß »unser Bach der stärkste Orgel- und Clavierspieler gewesen sey, den man jemals gehabt hat«. Legenden woben sich um seine Person, wie um die Händels, und wenn sie auch der Wahrheit nicht entsprachen, so sind sie doch ein Beweis für die ehrfurchtsvolle Scheu, mit der man zu ihm aufblickte. Man erzählte von ihm, daß er mit Vorliebe Dorfkirchen aufsuche, um dort die Orgel zu spielen, daß es ihm Genugtuung bereite, wenn die Zuhörer von seinem Spiel hingerissen wären und der Organist schließlich erkläre: »Er müsse entweder Bach oder der Teufel sein.« Seine Kunst aber stand ihm zu hoch, um ein eitles Spiel mit ihr zu treiben. Natürlich wird er seine Überlegenheit selbst empfunden und die ihm bekundete Hochachtung nicht zurückgewiesen haben. Dabei blieb er jedoch von rührender Bescheidenheit: wenn man ihn nach dem Geheimnis seiner Meisterschaft fragte, pflegte er zu erwidern: »Das ist eben nichts Bewunderungswürdiges; man darf nur die rechten Tasten zu rechter Zeit treffen, so spielt das Instrument selbst.« Er hörte gern zu, wenn andere spielten. Begann dann einer etwa eine Fuge, so flüsterte er seinem Nachbar zu, wie er sich die Ausführung des Themas dächte, und stieß ihn vor Freude an, wenn das Gehörte seinen Erwartungen entsprach. Sein Leben lang machte man sich sein einzigartiges Können zunutze; immer wieder erhielt er Aufforderungen, neue Orgelwerke zu untersuchen oder junge Orgelkandidaten zu prüfen. Wenn ihm das betreffende Instrument zusagte, pflegte er nach Beendigung der offiziellen Prüfung zu seiner eigenen Freude und der seiner Zuhörer sein glänzendes Können zu entfalten. Bei einer solchen Gelegenheit wählte er wohl ein Thema, über das er zunächst in der Form eines Präludiums und einer Fuge extemporierte; dann ließ er es in wirksamen Soloregistern erklingen und verwob es hierauf mit einer Choralmelodie, um den ganzen Vortrag mit einer mächtigen Fuge zu beschließen, welche die Orgel in ihrem vollen Glanze zeigte. Man hat mehrfach beobachtet, daß er, bevor er zu phantasieren begann, immer erst etwas Bekanntes spielte, als ob seine Erfindungsgabe eines Ansporns bedurft hätte, um sich frei ausströmen zu können. Kenner, wie Reinken in Hamburg, waren davon überzeugt, daß die Kunst der Improvisation in Bach ihren Gipfel erreicht habe. Aber sein amtliches Wirken als Organist war mit dem 2. Dezember 1717 beendet. Während der übrigen dreiunddreißig Jahre seines Lebens schwang sich sein Genius zu Höhen empor, wohin ihm weder das Kleinbürgertum, das ihn umgab, noch die größere Umwelt zu folgen vermochte. Er war schon längst zu seinen Vätern eingegangen, ehe seine überragende Größe erkannt und voll gewürdigt wurde. Sein Schüler Schubart wurde zur Adventszeit in Weimar sein Nachfolger als Hoforganist und Kammermusikus, während Bach mit seiner Familie nach Köthen übersiedelte, noch ehe das Jahr 1718 angebrochen war.

SECHSTES KAPITEL
KÖTHEN

Es bleibt ein Problem für den Biographen, wie Bach sich entschließen konnte, den Ruf nach Köthen anzunehmen. Zweifellos lockte ihn der Kapellmeistertitel, denn man weiß, daß er später durchaus abgeneigt war, ihn wieder aufzugeben. Auch finanzielle Gründe mögen mitgesprochen haben: seine Kinder wuchsen heran, und es mußte für ihre Ausbildung gesorgt werden. In dieser Hinsicht war das hohe Gehalt, das Fürst Leopold ihm aussetzte, sehr willkommen, obgleich es nicht allein den Ausschlag gab. Sicher fühlte er sich geschmeichelt durch die Bewunderung und Freundschaft, die sein junger Herr ihm entgegenbrachte, denn zu jener Zeit war ein vertrauliches Verhältnis zwischen einem Fürsten und seinem Musiker eine Seltenheit. Leopold war damals noch Junggeselle, und bis zu seiner Verheiratung überhäufte er seinen Kapellmeister mit Beweisen seiner freundschaftlichen Zuneigung und Verehrung. Aber dies alles kann nicht allein die Veranlassung gewesen sein, daß Bach Weimar den Rücken kehrte. Vielleicht fing er an, die Strenge Herzog Wilhelm Ernsts als lästig zu empfinden. Auch die unerquicklichen Familienverhältnisse am Hof mögen ihren Teil zu seinem Entschluß beigetragen haben. Ganz bestimmt hatte er wohl auf Dreses Posten gerechnet, und wenn man auch dem Herzog keinen Vorwurf daraus machen kann, daß er einen älteren, freilich weniger befähigten Diener vorzog, so ist es doch verständlich, daß Bach dieses Verfahren als eine Geringschätzung seiner Person und seiner Kunst empfand. Dazu kam, daß die

Reizbarkeit seiner Natur sich unter dem Druck einer Kränkung zur Kampflust steigerte. Schon die Begleitumstände seines Rücktritts aus Arnstadt zeigen deutlich, welch streitbarer Charakter er war. Dieselbe leidenschaftliche Hartnäckigkeit veranlaßte ihn, sich zwanzig Jahre später den Leipziger Behörden zu widersetzen, bis er sich sein Recht ertrotzt hatte. In einer ähnlichen Stimmung schüttelte er nun den Staub Weimars von seinen Füßen, entsagte der Organistentätigkeit und verzichtete damit gerade auf den Teil seiner Kunst, dem er sich bisher ganz gewidmet hatte. Denn der Köthener Hof war reformiert; in der nüchternen Kapelle hörte man nichts als eintönige kalvinistische Psalm-Melodien. Die ganze Atmosphäre schien dazu angetan, den eigentlichen Ausdruck von Bachs Kunst zu ersticken und seinen eingewurzelten Überzeugungen entgegenzuwirken. In Ohrdruf, Eisenach und Lüneburg war er im Geiste Luthers aufgewachsen. Das kostbarste Buch, das seine Bibliothek bei seinem Tode enthielt, waren Luthers Schriften. Daneben besaß er Franz Klinges ›Treuhertzige Warnung vor Abfall von der Lutherischen Lehre‹ und Dr. August Pfeiffers ›Anticalvinismus‹, ›Evangelische Christenschule‹ und ›Antimelancholicus‹. Bach stärkte seinen Glauben im reformierten Köthen durch die Lektüre dieser Bücher: ihre Titel sind auf dem Umschlag des ›Clavierbüchleins‹ vermerkt, das er 1722 für seine zweite Frau zusammenstellte.

Ein weiterer Nachteil war der Mangel an einer Orgel, die seinem einzigartigen Können entsprochen hätte. Er wird dies alles selbst empfunden haben. Mochten daher die fünf Jahre, die er in Köthen verbrachte, auch zu den friedlichsten und heitersten seines Lebens zählen, so war er doch bereit, falls die Gelegenheit sich bieten sollte – wie es 1720 und 1722 der Fall war –, die Bahn wieder zu betreten, von der er abgewichen war.

Köthen war seit 1603 die Hauptstadt eines Fürstentums, das sich von dem einstmals ungeteilten Herzogtum Anhalt abgezweigt hatte. Das Schloß steht abseits, inmitten von Lustgärten; es ist von einem Wallgraben umzogen und bietet ein malerisches Durcheinander von giebelgekrönten Dächern. Drei hohe Türme bewachen den nördlichen und südlichen Flügel. Zu Bachs Zeiten blickte die östliche Fassade auf eine Reihe von Terrassen und Gärten hinab, während westlich die große Brücke über den Graben nach dem Hauptportal führte. Die Gemächer des Fürsten lagen im südlichen Flügel, dem Ludwigsbau, der heutigentags das Ludwigs-Gymnasium enthält. In Leopolds Musiksaal erlebten viele unsterbliche Schöpfungen Bachs ihre erste Aufführung und klangen über den Schloßgraben in den stillen Garten hinaus. Ein Stockwerk tiefer befindet sich links von der Haupttreppe die unschöne Schloßkapelle mit ihren weißgetünchten, kahlen Wänden, den tiefliegenden Fenstern und der gerippten Decke. Der ›Fürstenstuhl‹ stand an der westlichen Wand dicht bei der Türe; am entgegengesetzten Ende befand sich die Orgel, ein kleines Instrument mit zwei Manualen, die zusammen zehn Register hatten, und einem Pedal mit drei Registern. Es gehörte nicht zu Bachs Verpflichtungen, die Orgel zu spielen, und das minderwertige Instrument wird ihn schwerlich dazu angeregt haben.

Der junge Fürst Leopold von Anhalt-Köthen entstammte der romantischen Verbindung des Fürsten Emanuel Lebrecht (1669 bis 1704) mit der geistig hochstehenden, aber unebenbürtigen Gisela Agnes von Rath. Zu der Mesalliance der Geburt kam noch der Unterschied des Glaubensbekenntnisses: er war Kalvinist und sie Lutheranerin. Die Hochzeit fand 1692 statt, und 1694 kam Leopold zur Welt. Da die Stadtkirche (St. Jakobskirche) reformiert war, bewog Gisela ihren Gatten, die St. Agnuskirche zu bauen, deren Wände heute mit ihrem Bild und Lukas Cranachs ›Abendmahl‹ geschmückt sind. Als ihr Gatte 1704 starb, war Leopold ein Knabe von zehn Jahren. Während seiner Minderjährigkeit führte sie die Regentschaft. Ende 1710 trat Leopold die übliche große Reise an, die ihn nach England, Holland und Italien führte. In Venedig interessierte ihn vor allem die Oper; in Rom nahm er Unterricht bei Johann David Heinichen, einem Alumnus der Leipziger Thomasschule, dessen Opern damals viel gespielt wurden. 1713 kehrte Leopold heim. Er hatte sich eine große Fertigkeit im Geigen-, Viola-da-Gamba- und Klavierspiel angeeignet und war auch ein tüchtiger Sänger. Bach sagte von ihm, er habe die Musik nicht nur geliebt, sondern auch verstanden. Sein künstlerisches Temperament offenbart sich schon in seinem Bildnis: langwallendes Haar umgibt die hohe Stirne; unter den starken Augenbrauen, einem Erbteil seiner Mutter, blicken die großen, klaren Augen dem Beschauer entgegen; aus seinen frischen Zügen spricht Liebenswürdigkeit und Offenheit.

Leopold wurde im Dezember 1715 großjährig und residierte von da ab allein in seinem Schloß, während Gisela Agnes sich auf das Schloß am Ufer der Saale zurückzog, nach welchem sie den Titel einer Gräfin von Nienburg führte. Der Kaiser hatte ihr diesen Namen nach ihrer Vermählung mit dem Fürsten verliehen. Während der puritanischen Regierung ihres Gatten hatte Köthen keine Musikkapelle, und die Staatseinkünfte von 7600 Talern reichten nicht aus, um eine Operntruppe zu unterhalten. So sparsam auch Gisela Agnes während der Minderjährigkeit ihres Sohnes mit den ihr zu Gebote stehenden Mitteln wirtschaften mußte, stellte sie doch im Oktober 1707 auf seine dringende Bitte eine bescheidene Hauskapelle von drei Künstlern zusammen. Nachdem Leopold von seiner weiten Reise heimgekehrt war, vergrößerte er, seinem Geschmack entsprechend, die Kapelle. Im Juli 1714 machte er Augustinus Reinhard Stricker, den er 1708 als Schüler der Ritterakademie in Berlin kennengelernt hatte, zu seinem Kapellmeister; gleichzeitig berief er Frau Catharina Stricker als Sopranistin und Lautenspielerin. 1716 bestand die Kapelle aus achtzehn Migliedern, und diese Zahl wurde, von einigen Schwankungen abgesehen, auch unter Bach beibehalten. Stricker und seine Frau gaben ihre Stellung im August 1717 auf: wahrscheinlich wurde die Sängerin bei der Vorliebe des Fürsten für Instrumentalmusik nicht genügend beschäftigt. Strickers Weggang veranlaßte Leopold, den verwaisten Kapellmeisterposten nunmehr Bach anzubieten, dessen Bekanntschaft er ein Jahr zuvor bei Gelegenheit der Vermählung seiner Schwester auf Schloß Nienburg gemacht hatte. Am 5. August 1717 erhielt Bach seine Bestallung.

Ein Protokoll überliefert uns die Namen der Künstler, denen es beschieden war, Bachs in Köthen komponierte Kammermusikwerke, die Sonaten, Konzerte und Orchestersuiten, aus der Taufe zu heben. Man geht wohl nicht fehl in der Annahme, daß der ›Premier Cammer Musicus‹ Josephus Spieß und der ›Cammer Musicus‹ Johann Ludwig Rose eines Abends, als die Kerzen im großen Musikzimmer angezündet waren, erstmalig das Konzert für zwei Geigen zu Gehör brachten; daß die Trompeter Schreiber und Krahl die ersten waren, welche die abschließende Gigue aus der D-Dur-Suite bliesen, so, daß die übermütigen Klänge vom Sparrenwerk der Decke lustig widerhallten; daß der Fürst selbst die Sonaten für Klavier und Viola da Gamba spielte und daß die Kapelle, die, wie wir sehen werden, durch auswärtige Musiker verstärkt wurde, die Brandenburgischen Konzerte aufführte, ehe diese an ihren Empfänger, den Markgrafen von Brandenburg, abgesandt wurden. Der Personalbestand der Kapelle änderte sich wenig, während Bach in Köthen weilte. Mit diesen Künstlern und Kollegen musizierte Bach während seiner Köthener Zeit, die für die Entwicklung der weltlichen Instrumentalmusik so bedeutungsvoll wurde. Die Proben des Collegium Musicum, wie die Kapelle genannt wurde, fanden im Hause des Ladeninhabers Lautsch statt. Aus den in Zerbst aufbewahrten Rechnungen kann man aber entnehmen, daß Bach vom Dezember 1718 ab zwölf Taler jährlich für Abhaltung der Proben ›in seinem Haus‹ bekam. Sein Jahreseinkommen belief sich auf den stattlichen Betrag von 400 Talern, gegenüber 250 Florins, die ihm Herzog Wilhelm Ernst in Weimar gezahlt hatte. Die Summe war über 120 Taler höher als das Gehalt, das sein Vorgänger und dessen Frau miteinander bezogen hatten, und kam den Einkünften des Hofmarschalls, des zweithöchsten Hofbeamten, gleich.

Zu der Zeit, da Bach nach Köthen kam, stand die weltliche Instrumentalmusik noch am Anfang ihrer Entwicklung. Der Italiener Monteverdi († 1643), der Engländer Purcell († 1695) und der Franzose Lully († 1687) hatten angefangen, der Orchestermusik neue Wege zu weisen. Corellis Konzerte waren erst vor kurzem erschienen (1712), als Bach sich vor die Aufgabe gestellt sah, Kompositionen für den zusammengesetzten Klangkörper des Orchesters zu liefern, für den noch wenig Literatur vorhanden war und dem man die Selbständigkeit bis jetzt abgesprochen hatte. Eine Liste von der Bibliothek der Köthener Kapelle aus dem Jahre 1768 zeigt eine Sammlung von Violinkonzerten, Trios, Quartetten, Suiten, Divertimenti, Symphonien und einige Vokalkompositionen, die aber zum größten Teil von unbekannteren Komponisten stammen. An bedeutenden Werken standen

Bach nur die Symphonien von Johann Adolph Hasse, Baldassare Galuppi und Johann Fischer zur Verfügung. Wie man sieht, war es um das Notenmaterial der Kapelle nicht eben glänzend bestellt. Von italienischen Komponisten war außerdem Francesco Manfredini vertreten. Corelli und Vivaldi waren überhaupt nicht vorhanden; ebenso fehlten Couperin und andere französische Meister. Dafür besaß der Fürst eine Anzahl ausgezeichneter Instrumente, die in seiner Kapelle gespielt wurden: eine Bratsche und ein kleines Violoncello, beide im Jahre 1650 von Stainer gebaut, drei Celli von Hoffmann, einen Kontrabaß von demselben aus dem Jahre 1714, drei Flöten, zwei Oboen d'amore, ein Fagott, ein tromba marina, Laute, Theorbe, Zither, zwei Paar Kesselpauken, einen ›Bogenflügel‹, einen oder zwei Flügel und einen Reiseflügel. Bach stimmte und befederte seine Instrumente selbst, eine Kunst, auf die er sich sehr gut verstand. »Seinen Flügel konnte ihm Niemand zu Dank bekielen«, schreibt Forkel; »er that es stets selbst . . . und war so geübt in dieser Arbeit, daß sie ihm nie mehr als eine Viertelstunde kostete.«

Am 2. Dezember 1717 sah sich Bach endlich aus den Banden seines Weimarer Postens befreit. Seinen Haushalt hatte er bereits im August nach Köthen übergeführt, sobald seine dortige Anstellung gesichert war. Wo er in Köthen wohnte, kann nicht mit Bestimmtheit angegeben werden.

Die höheren Beamten des Fürsten waren im Schloß selbst untergebracht, und das stattliche Gehalt, das Bach bezog, läßt erkennen, daß er ihnen zugezählt wurde. Die Annahme, es seien ihm Wohnräume im Schloß zur Verfügung gestellt worden, ist daher nicht von der Hand zu weisen; ja, es sprechen noch andere Gründe dafür: Bachs Sohn Leopold Augustus wurde am 17. November 1718 in der Schloßkapelle getauft. Dieser Umstand ließe sich allerdings auch daraus erklären, daß der Fürst bei dem Kinde Patenstelle vertrat. Aber drei Jahre darauf wird Bachs zweite Eheschließung im Register der Schloßkirche gemeldet, und es steht ausdrücklich vermerkt, daß sie in seiner Wohnung vor sich ging. Man muß annehmen, daß dieses Ereignis in dem Bezirk, wo es stattfand, verzeichnet wurde, und die Tatsache, daß die Begräbnisse von Bachs Frau und ihren Kindern in dem Register der St. Agnuskirche eingetragen sind, tut der Annahme keinen Abbruch, denn das Schloß hatte keine eigene Beerdigungsstätte. Daher liegt die Vermutung nahe, daß Bach im Nord- oder Westflügel des Schlosses untergebracht war, um so mehr, als sein Name in zeitgenössischen Einwohnerlisten der Hausbesitzer fehlt. Man mag ihn sich gern vorstellen, wie er in dem Köthener Schloß aus und ein ging, wie seine Musik in dem kerzenschimmernden Saal des Collegium Musicum erklang und wie er an sonnigen Tagen seine Schritte über den Wallgraben nach dem großen Rasenplatz lenkte, der von den fürstlichen Marställen mit ihren schlanken Rossen und prächtigen Equipagen eingeschlossen war. Die anmutige Umgebung des Schlosses mag auch ein willkommener Tummelplatz für die spielenden Kinder Bachs gewesen sein.

Bach war kaum an seiner neuen Wirkungsstätte angelangt, als aus Leipzig die Einladung an ihn erging, die kürzlich fertiggestellte Orgel in der Universitätskirche (Paulinerkirche) zu prüfen. Wahrscheinlich hatte er die Aufforderung Johann Kuhnau zu verdanken, mit dem er ein Jahr zuvor in gleicher Angelegenheit in Halle zusammengetroffen war. Die Ehre war um so größer, als die Behörden der Universität ihm ganz allein die Prüfung des Instrumentes anvertrauten. Im September 1710 war der Orgelbauer Johann Scheibe mit dem Neubau der Orgel in der westlichen Empore der Paulinerkirche beauftragt worden, und als dieser am 4. November 1716 seine Arbeit beendet hatte, wurden der Rektor Dr. Reckenberg und ein kleines Komitee ermächtigt, einen Sachverständigen zur Prüfung heranzuziehen. Bach wurde vorgeschlagen; er nahm den Auftrag an und erschien in den letzten Wochen des Jahres 1717 in Leipzig. Die Orgel war von bedeutendem Umfang: sie hatte drei Manuale. Als Zeugen der Prüfung waren neben Bach der Orgelbauer Lorenz Liebenroth aus Mansfeld und der Organist Michael Steiner von der Leipziger Johanniskirche anwesend; Michael Steiner war von dem Erbauer Scheibe vorgeschlagen worden. Am 17. Dezember faßte Bach sein Urteil in einem schriftlichen Bericht an die Universität zusammen.

Gleichzeitig mit der Einladung zur Prüfung der Orgel, die auf Kuhnaus Vorschlag hin erfolgte, wird die Aufforderung an Bach ergangen sein, sich in einer der beiden Hauptkirchen, an denen er später als Kuhnaus Nachfolger angestellt war, anderweitig zu betätigen. Auf dem Manuskript seiner Adventskantate ›Nun komm, der Heiden Heiland‹ (Nr. 61) findet sich eine handschriftliche Notiz, welche die Ordnung des Leipziger Hauptgottesdienstes angibt. Man ersieht daraus, daß ihm die rituellen Gebräuche in Leipzig nicht vertraut waren. Die Kantate scheint bei dieser Gelegenheit unter seiner Leitung zur Aufführung gekommen zu sein. Sie war zum ersten Mal im Jahre 1714 in der Schloßkapelle zu Weimar gesungen worden, und es ist sehr wahrscheinlich, daß er aufgefordert wurde, bevor er an die Prüfung der Orgel in der Paulinerkirche heranging, seine Kantate am Adventssonntag (28. November) beim Hauptgottesdienst in der Thomas- oder Nikolaikirche singen zu lassen.

Im Mai 1718 reiste Fürst Leopold zur Kur nach Karlsbad. Er nahm seinen Weg über Leipzig und Zwickau. Das alte Bad war der beliebte Sammelpunkt der deutschen Aristokratie; wenige Jahre zuvor (1711) hatte man dort in der Nähe des Mühlbrunnens das erste Kurhaus errichtet. Ob der Fürst sich als Musikfreund zeigen oder ob er nur die Langeweile der Kur verkürzen wollte, jedenfalls nahm er sechs Künstler aus seiner Kapelle mit, darunter Bach. Auch sein Clavicembalo mußte unter der Obhut von drei Bedienten die Reise mitmachen. Einzelheiten über den Aufenthalt in Karlsbad sind uns nicht überliefert, aber es unterliegt keinem Zweifel, daß der Fürst seine Gäste mit der Kunst seines hervorragenden Kapellmeisters unterhielt. Im Juni war Leopold wieder in Köthen, und ein paar Monate darauf gab er Bach einen hohen Beweis seiner Freundschaft, indem er mit seinem jüngeren Bruder Augustus Ludwig zusammen bei dem letzten Kinde, das Maria Barbara ihrem Gatten schenkte, Patenstelle vertrat. Am 17. November 1718 wurde das Kind in der Schloßkapelle auf die Namen Leopold Augustus getauft. Außer dem Fürsten und seinem Bruder standen noch die folgenden Persönlichkeiten Pate: Eleonore Wilhelmine, die Schwester des Fürsten, Geheimrat Jost von Zanthir und Juliana Magdalena von Nostiz, die Gattin des fürstlichen Hofministers. Aber der Knabe sollte seinen stolzen Namen nicht lange führen. Schon vor Ablauf eines Jahres erlosch sein schwaches Lebenslicht wieder, und auf diesen Verlust folgte nur zu bald ein weiterer, der eine noch viel schmerzlichere Wunde schlug.

Infolge der Unstimmigkeiten, zu denen es in Weimar zwischen Herzog Wilhelm Ernst und seinem Konzertmeister gekommen war, hatte Bach seine Stellung in Köthen erst verspätet antreten können, so daß es ihm 1717 nicht mehr möglich war, Leopolds Geburtstag mit einer Komposition zu feiern. Die Freundlichkeit, die der Fürst seinem jüngsten Kinde erwiesen hatte, spornte ihn an, das

Versäumte im folgenden Jahr mit doppeltem Eifer nachzuholen. Zehn Tage nach der Taufe des kleinen Leopold Augustus erfreute Bach seinen hohen Herrn mit einer Serenade, ›Durchlaucht'ster Leopold‹. Der Text ist zwar konventionell, aber von schlichter Herzlichkeit und metrisch nicht ungeschickt, so daß man meinen könnte, Bach habe ihn selbst verfaßt. Die Musik ist den bescheidenen Mitteln, die ihm zu Gebote standen, angepaßt. Bach verwendet Streichquartett, Cembalo und zwei Flöten und verteilt die acht Nummern, die das Werk enthält, auf zwei Singstimmen, Sopran und Baß. Der Baß ist sehr hoch hinaufgeführt; der Komponist hatte offenbar die Stimme seines Fürsten, die eher ein Bariton als ein Baß zu nennen war, im Sinne. Das köstliche Duett in Menuettform wird seine Wirkung auf den Fürsten nicht verfehlt haben.

Die Kammerrechnungen der Kapelle aus dem Jahre 1719 zeigen, wie tätig Bach war. Aber das Ereignis, welches das bedeutungsvollste des Jahres hätte werden sollen, wurde durch einen plumpen Zufall vereitelt. Im Februar kam Händel in stolzer Mission aus London nach dem Festlande herüber, um für seine Akademie eine Truppe von Gesangskräften zusammenzustellen. In Düsseldorf verpflichtete er Benedetto Baldassari; dann begab er sich nach Dresden, wo Antonio Lotti und seine italienischen Künstler als helle Sterne am Kunsthimmel strahlten. Hier gewann er eine Anzahl Sänger und spielte bei Hofe, wofür er, wie seinerzeit Marchand, hundert Dukaten ausgezahlt bekam. Die berühmte Begegnung zwischen Bach und Marchand wurde ihm ohne Zweifel ausführlich erzählt, und der Graf von Flemming, der sie in die Wege geleitet hatte, war vielleicht nicht abgeneigt, einen zweiten derartigen Wettkampf herbeizuführen. »Ich gab mir alle Mühe, mich mit ihm ins Einvernehmen zu setzen«, schrieb der Graf in einem Briefe, »und gedachte ihn durch ausgesuchte Höflichkeit zu gewinnen, vermochte aber nichts auszurichten. Er war entweder ausgefahren oder unpäßlich, kurz, nie anzutreffen«, und er fügte hinzu: Il est un peu fou à ce qu'il me semble. Dieser Brief wirft ein helles Licht auf den Kontrast, der zwischen Händels und Bachs Lebensstellung bestand: der eine war der Abgott eines reichen und verwöhnten Publikums und hatte es nicht nötig, auf irgendwelche, selbst hochstehende Persönlichkeiten Rücksicht zu nehmen; der andere war eingesponnen in ein abhängiges Dasein, wie es schon seine Vorfahren geführt hatten. Auf dem Wege nach Dresden machte Händel in Halle Station, um seine alte Mutter aufzusuchen. Er kehrte noch einmal bei ihr ein, ehe er die Rückreise nach London antrat, wo die königliche Musikakademie ihre Pforten am 2. April 1720 wieder auftat. Flemmings Brief war am 6. Oktober 1719 geschrieben, zu einer Zeit, da Händel sich vermutlich noch in Halle aufhielt. Köthen lag nur dreißig Kilometer entfernt, aber weder jetzt noch später legte Händel irgendwelches Interesse an den Tag, mit seinem einzigen ebenbürtigen Zeitgenossen zusammenzutreffen. Bach dagegen folgte sofort dem Impuls, der ihn in seinen jungen Tagen die mühevolle Reise nach Hamburg und Lübeck hatte unternehmen lassen: Händel war ein so berühmter Meister seiner Kunst, daß Bach darauf brannte, seine Bekanntschaft zu machen. Vielleicht hatte ihm sein Gebieter auch aufgetragen, den gefeierten, ins Ausland verschlagenen Meister mit zurückzubringen. Forkel behauptet, Bach habe sich sofort auf den Weg gemacht, nachdem er erfahren hatte, daß Händel in Halle weilte. Aber er kam zu spät; als er dort anlangte, war Händel schon wieder auf dem Wege nach England, und zehn Jahre sollten vergehen, ehe sich wieder die Möglichkeit einer Begegnung bot (zu der es aber niemals gekommen ist).

Im Mai 1720 reiste Fürst Leopold in Begleitung von einigen Mitgliedern seiner Kapelle wieder nach Karlsbad und blieb dort bis in den Juli hinein. Diese Reise nahm für Bach ein tragisches Ende. Er hatte seine Frau in bester Gesundheit verlassen; bei seiner Rückkehr traf ihn die erschütternde Kunde, daß sie am 7. Juli begraben worden war. Seine älteste Tochter, die zwölfjährige Catharina Dorothea, war noch zu jung, um die Mutter im Haushalt zu ersetzen; seine Söhne Wilhelm Friedemann, Carl Philipp und Johann Gottfried Bernhard zählten zehn, sechs und fünf Jahre und konnten die mütterliche Pflege noch nicht entbehren; Bach selbst trauerte der treuen Gefährtin, die dreizehn Jahre lang Freude und Leid, Hoffnungen und Enttäuschungen mit ihm geteilt hatte, aufrichtig nach. In dieser schmerzlichen Stimmung reifte in ihm der Entschluß, von dem Ort wegzugehen, der ihn fortan immer an seinen herben Verlust erinnern würde.

Zwei Monate nach dem traurigen Ereignis bot sich ihm bereits Gelegenheit, Köthen zu verlassen und zu seiner eigentlichen Bestimmung zurückzukehren. Am 12. September 1720 starb Heinrich Friese, der Organist und Küster an der Jakobikirche in Hamburg. Es gingen noch zwei Monate ins Land, ehe Erdmann Neumeister, der Pastor der Kirche, die beiden ›Kirchspiel Herren‹ und die vier ›Herren in der Beede‹ bei der Versammlung in der Sakristei am 21. November den Vorschlag genehmigten, die acht folgenden Bewerber zur Probe einzuladen: Matthias Christoph Wideburg, den ehemaligen Hofkapellmeister in Gera; Heinrich Zinck, den Organisten in Itzehoe; Vincent Lübeck, den Sohn des ausgezeichneten Hamburger Organisten; Johann Hinrich Frenkel, den Organisten in Ratzeburg; Johann Joachim Heitmann; Hans Heinrich Lüders, den Organisten der Nikolaikirche in Flensburg; Johann Sebastian Bach und den Hamburger

Johann Georg Hertzog. Von diesen acht Kandidaten hatten nur Bach und Wideburg einen großen Namen, und die überragenden Fähigkeiten Bachs waren so offenkundig, daß man die Stelle mit gutem Recht ihm allein hätte antragen können. Ein dahingehender Vorschlag wird wohl gemacht, aber auch wieder verworfen worden sein; man kam überein, sämtliche Bewerber zu hören. Der uralte Reinken, Andreas Kniller und Georg Preuß, die Organisten der anderen Hamburger Kirchen, wurden zu Kunstrichtern ernannt. Das Probespiel der Kandidaten sollte am Dienstag, dem 28. November, nach der Betstunde abgehalten werden.

Bach war nicht in der Lage, seinen Aufenthalt in Hamburg bis zu diesem Termin auszudehnen. Er war wohl schon Ende Oktober eingetroffen und hatte Reinken in Erinnerung an frühere Zeiten aufgesucht, um dem musikalischen Nestor seine Ehrfurcht zu bezeugen. Der Nekrolog berichtet, Bach habe sich in der Katharinenkirche ›vor dem Magistrate und vielen andern Vornehmen der Stadt‹ hören lassen. Es ist aber wenig wahrscheinlich, daß ein offizielles Probespiel stattgefunden hat. Weit eher können wir uns vorstellen, daß die beiden Meister allein in der großen Kirche hinter dem vergoldeten Rückpositiv saßen, als Bach sein Können entfaltete. Treppe und Empore sind noch dieselben wie damals. Dem greisen Reinken mögen die steilen Stufen sauer genug geworden sein, die zu der Orgel hinaufführten. Auch das Instrument ist im wesentlichen noch dasselbe wie vor zweihundert Jahren. Hier unter den pausbäckigen Cherubim entfaltete Bach seine Meisterschaft auf dem Gebiete, auf dem der Alte an seiner Seite ein Meister ersten Ranges gewesen war. Er wählte die klagende Melodie aus dem 16. Jahrhundert ›An Wasserflüssen Babylon‹, über die einst auch Reinken phantasiert hatte, und spielte eine Variation nach der anderen, bis Reinken in höchstem Erstaunen erklärte: »Ich dachte, diese Kunst wäre ausgestorben; ich sehe aber, daß sie in Ihnen noch lebt.«

Kurz vor dem Termin, an dem das Probespiel abgehalten werden sollte, reiste Bach aus Hamburg ab. Der Fürst beorderte ihn nach Köthen zurück, um die Geburtstagsfeier zum Ende des Monats vorzubereiten. Vincent Lübeck trat am 25. November, Hertzog am 27. November von seiner Bewerbung zurück; Wideburg hielt es nicht für nötig, auf die Mitteilungen des Komitees überhaupt zu antworten. So kam es, daß sich am festgesetzten Tage nur vier Kandidaten in der Jakobikirche einfanden. Einer nach dem anderen lösten sie die ihnen gestellten Aufgaben. Es galt erstens den Choral O lux beata Trinitas durchzuführen, zweitens den Choral ›Helft mir Gott's Güte preisen‹ zu begleiten und drittens eine Fuge über ein Thema zu extemporieren. Die Kunstrichter zogen sich in die Sakristei zurück, verfaßten ihren Bericht und empfingen den gebührenden Dank dafür. Da keiner der Kandidaten sich ihre volle Zufriedenheit erworben hatte, wurde die Angelegenheit bis zum 12. Dezember vertagt. Dann schlug man vor, dieselben vier Bewerber nochmals spielen zu lassen; dieser Vorschlag wurde aber als ›gantz inconvenabel‹ wieder verworfen. Im Grunde hoffte das Wahlkomitee immer noch, daß Bach die Stellung annehmen würde, sobald man sie ihm antrüge. Bach schlug aber den Posten aus; und so erhielt Heitmann die Stellung, da sich die Majorität bei der mündlichen Abstimmung für ihn entschieden hatte. Am 22. Dezember bestätigte das Kirchenkollegium seine Wahl, und vierzehn Tage darauf (6. Januar 1721) entrichtete er die Summe von viertausend Mark als Zeichen seiner ›Erkäntlichkeit‹. Neumeister war bitter enttäuscht, Bach nicht als seinen Kollegen begrüßen zu können; er äußerte sich in so drastischer

Weise über die Wahl und ihre Begleitumstände, daß seine Beziehungen zu Heitmann sich in der Folge recht unerfreulich gestaltet haben mögen. Weihnachten war herangekommen, und Neumeister benutzte die Gelegenheit, in seine Predigt einfließen zu lassen, »er glaube ganz gewiß, wenn auch einer von den bethlehemitischen Engeln vom Himmel käme, der göttlich spielte und wollte Organist zu St. Jacobi werden, hätte aber kein Geld, so möchte er nur wieder davon fliegen.« Was Bach veranlaßte, den Posten auszuschlagen, wissen wir nicht. Sein Brief ist nicht erhalten. Vielleicht entdeckte er an Ort und Stelle Mängel, die ihm aus der Ferne entgangen waren, oder es lockte ihn nicht, eine Stellung anzunehmen, die es mit mehreren Jahresgehältern zu erkaufen galt. Auch Leopolds Wünsche mögen mitgesprochen haben.

Um diese Zeit vollendete Bach eine Anzahl von Kompositionen auf dem Gebiete der symphonischen Instrumentalmusik, zu denen seine Stellung in Köthen ihn verpflichtete und die bei weitem alles übertrafen, was bis jetzt in dieser Art von Musik geschaffen worden war. Die sechs Brandenburgischen Konzerte waren, wie aus der Widmung auf der Partitur hervorgeht, 1718 oder 1719 auf Wunsch des Markgrafen Christian Ludwig von Brandenburg komponiert worden. Vielleicht hatte der Markgraf mit Leopold und Bach zugleich in Karlsbad geweilt und als leidenschaftlicher Musikfreund den musikalischen Gesellschaften des Fürsten beigewohnt. Bach führte seinen Auftrag in aller Muße aus, und am 24. März 1721 fügte er seinem Werk eine französische Widmung bei, die als Stilprobe von seiner Hand neben zwei anderen ähnlicher Art unser Interesse erweckt:

A son Altesse Royalle, Monseigneur Crêtien Louis, Marggraf de Brandenbourg etc. etc. etc.

Monseigneur
Comme j'eus il y a une couple d'années, le bonheur de me faire entendre à Votre Altesse Royalle, en vertu de ses ordres, & que je remarquai alors, qu'Elle prennoit quelque plaisir aux petits talents que le Ciel m'a donnés pour la Musique, & qu'en prennant Congé de Votre Altesse Royalle, Elle voulut bien me faire l'honneur de me commander de Lui envoyer quelques pieces de ma Composition: j'ai donc selon ses tres gracieux ordres, pris la liberté de rendre mes tres-humbles devoirs à Votre Altesse Royalle, par les presents Concerts, que j'ai accomodés à plusieurs Instruments; La priant tres-humblement de ne vouloir pas juger leur imperfection, à la rigueur du gout fin et delicat, que tout le monde sçait qu'Elle a pour les pièces musicales; mais de tirer plutot en benigne Consideration, le profond respect, la tres-humble obéissance que je tache à Lui témoigner par là. Pour le reste, Monseigneur, je supplie tres humblement Votre Altesse Royalle, d'avoir la bonté de continuer ses bonnes graces envers moi, et d'être persuadée que je n'ai rien tant à coeur, que de pouvoir être employé en des occasions plus dignes d'Elle et de son service, moi qui suis avec un zele sans pareil

Monseigneur
De Votre Altesse Royalle
Le tres humble & tres obeissant serviteur
Jean Sebastien Bach.

Coethen, d. 24. Mars 1721.

Die Sendung sollte zum bevorstehenden Geburtstag des Markgrafen eintreffen. Man hat keine Nachricht von irgendeiner Anerkennung, die Bach dafür ausgesprochen worden wäre, und der Zustand des Autographs läßt vermuten, daß der Empfänger niemals für eine Aufführung gesorgt hat. Dasselbe Schicksal teilten die Stimmen des Kyrie und Gloria aus der h-Moll-Messe in Dresden. Der Katalog der markgräflichen Bibliothek, der viele wertvolle Nummern aufzählt, hält Bachs Partitur nicht für erwähnenswert, und 1734, nach dem Tode des Markgrafen, wurden diese unsterblichen Kompositionen mit anderen Manuskripten zusammen einem Massenverkauf ausgesetzt. Bach hatte sich aber eine Abschrift zurückbehalten und führte die Musik in Köthen auf. Die Partitur des ersten Konzerts verzeichnet zwei Hörner, die damals gerade aufkamen. Bach hat sie sonst in Köthen nicht wieder verwendet. Die Kapelle verfügte über keinen Hornisten, und der Eintrag in den Rechnungsbüchern unter dem 6. Juni 1722, ›an die beyden Waldhornisten, so sich alhier hören lassen, 15 thaler‹, weist mit ziemlicher Sicherheit auf eine Aufführung des Konzertes hin, das wahrscheinlich bei dieser Gelegenheit zum ersten Mal zu Gehör gebracht wurde.

Um diese Zeit sah sich Bach durch häusliche Verhältnisse zu Kompositionen ganz anderer Art angeregt. So beschäftigt er auch war, wollte er doch die musikalische Erziehung seiner Kinder nicht fremden Händen überlassen. Sein Sohn Friedemann hatte nunmehr das Alter von neun Jahren erreicht, in welchem Bach selbst – falls der Bericht des Nekrologs zuverlässig ist – seinen systematischen Klavierunterricht unter der Obhut seines Bruders in Ohrdruf begann. Am 22. Januar 1720 trug Bach die erste Aufgabe für seinen Sohn in ein Übungsbuch ein, das er mit charakteristischer Genauigkeit ›Clavier-Büchlein vor Wilhelm Friedemann Bach. Angefangen in Cöthen den 22. Januar Ao. 1720‹ überschrieb. Wir können darin die Fortschritte des Schülers und die Methode des Vaters verfolgen. Auf der ersten Seite sind mit peinlicher Sorgfalt die verschiedenen Schlüssel aufgezeichnet. Es folgt eine Erklärung der ›Manieren‹ und darauf unter Anrufung des Namens Jesu (I[n] N[omine] J[esu]) eine Applicatio (Anweisung in der Fingerhaltung), die über Bachs System Aufschluß gibt. Bis dahin waren noch keine einheitlichen Regeln für den Anfangsunterricht im Klavierspiel vorhanden. Die Handhaltung war flach, und da die Daumen auf diese Weise von der Tastatur zu weit entfernt waren, so wurden sie beim Spielen nicht verwendet; der Mittelfinger setzte, wenn nötig, über die Nachbarfinger über. Es ist bereits erwähnt worden, daß Bach seinen Schülern seine eigene Handhaltung beibrachte, mit den Fingerspitzen unmittelbar über den Tasten, so daß die Daumen mit in Aktion treten konnten. Friedemanns Applicatio gibt ein Bild von dieser Fingerstellung:

Es folgen eine Anzahl Stücke, die bis auf eine Suite (Nr. 25) von Johann Christoph Richter, dem nachmaligen Hoforganisten in Dresden, eine andere (Nr. 48) von Gottfried Heinrich Stölzel aus Gotha (1690-1749) und eine dritte (Nr. 47) von Telemann sämtlich aus Bachs eigener Feder stammen. Hierin beruht das Geheimnis von Bachs erfolgreicher Lehrmethode: von Anfang bis zu Ende war sie auf seine persönliche Erfahrung gegründet. Carl Philipp Emanuel, Gottfried Bernhard und seine Söhne aus zweiter Ehe, alle lernten sie nach Friedemanns bescheidenem Klavierbüchlein mit seinen einundsiebzig Blättern, und die Fertigkeit, zu der sie es brachten, beweist, daß die Methode gut war. Mehr noch als die musikalische Ausbildung seiner Kinder lag Bach die Pflicht am Herzen, sie zu rechtschaffenen, tüchtigen Menschen zu erziehen. Es läßt sich denken, daß der Mann, der seine Kinder lehrte, Jesu Namen anzurufen, ehe sie ihre Fünffingerübung begannen, in seinen Forderungen fürs tägliche Leben die strengsten Grundsätze hatte. Daher empfand er die Lücke in seinem frauen- und mutterlosen Haushalt so besonders schmerzlich. Die Kinder standen in einem Alter, in dem sie der mütterlichen Aufsicht und Autorität bedurften, und die wachsenden Ansprüche, die von außen an Bach gestellt wurden, hielten ihn oft von seinem Hause fern und ließen den Wunsch nach Abhilfe immer dringender werden. Er war nicht mehr in den jugendlichen Jahren, in welchen äußere Reize ihre große Macht ausüben. Bei seiner zweiten Frau fand er die Charaktereigenschaften, die er zu seinem häuslichen Glück brauchte. Sie hieß Anna Magdalena Wilcken und war die jüngste Tochter Johann Kaspar Wilckens, des ehemaligen Hoftrompeters in Zeitz, der von 1719 ab in Weißenfels die gleiche Stellung bekleidete. Die Trauung fand am 3. Dezember 1721 mit ausdrücklicher Erlaubnis des Fürsten in Bachs eigener Wohnung statt. Wie Bach war auch seine junge Frau aus thüringischem Geschlechte: Stephan Wilcken, ihr Großvater väterlicherseits, war Stadtmusikus in Schwerstedt gewesen. Auch ihre Mutter stammte aus musikalischer Familie; sie war die Tochter des Organisten Liebe in Frießnitz bei Weida im Neustädter Kreis. Anna Magdalena war am 22. September 1701 in Zeitz geboren. Sie hatte kaum ihr zwanzigstes Jahr vollendet, als sie Bach die Hand zum Bunde reichte, und ihre älteste Stieftochter war nur sieben Jahre jünger als sie selber. Sie hatte eine Sopranstimme von besonderem Reiz und war vermutlich von einem Mitglied der Zeitzer Kapelle ausgebildet worden. Diese Kapelle wurde im Jahre 1718 aufgelöst, als das Herzogtum Sachsen-Zeitz an den Kurfürsten fiel. Ihr Vater fand eine neue Anstellung in Weißenfels, während Anna Magdalena ein Engagement an dem kleinen Hof von Anhalt-Zerbst annahm. Die Verwandtschaft der Anhalt-Zerbster und Köthener Linie führte dazu, daß sie im Herbst 1720, ebenfalls als Sängerin, nach Köthen kam. Sie behielt ihre Stelle auch nach ihrer Verheiratung bei, und ihr Gehalt, das genau halb so hoch war wie das ihres Gatten, bildete eine willkommene Beisteuer zum Haushalt. Sie wurde ihrem Gatten eine verständnisvolle Helferin bei seiner Arbeit und schenkte ihm eine Familie von patriarchalischen Ausmaßen. Wie innig Bachs Liebe für sie war, kann man aus dem Notenbuch in grünem Einband ersehen, das er vier Jahre nach ihrer Verheiratung für sie zusammenstellte. Er war ein Vierziger, als er die folgenden Zeilen in das Buch eintrug:

Ihr Diener, werthe Jungfer Braut,
Viel Glücks zur heutgen Freude.
Wer so in ihrem Cräntzchen schaut
Und schönen Hochzeit-Kleide,
Dem lacht das Herz vor lauter Lust
Bei ihrem Wohlergehen,
Was Wunder, wenn mir Mund und Brust
Vor Freuden übergehen.

Um dieselbe Zeit wurde auch Fürst Leopold des Junggesellendaseins überdrüssig, und eine Woche nach seinem Kapellmeister (11. Dezember 1721) vermählte er sich mit seiner Base Friederica Henrietta, der Tochter des Fürsten Carl Friedrich von Anhalt-Bernburg. Ein Menschenalter war vergangen, seit das fürstliche Schloß in Köthen eine Braut willkommen geheißen hatte, und eine Reihe von Festen, Maskeraden, Bällen und Illuminationen folgten in den nächsten fünf Wochen auf den offiziellen Einzug des erlauchten Paares. Stadtmusikus Würdig mit seinen Stadtpfeifern und die fürstliche Kapelle trugen ihr Teil zum Glanz der Festlichkeiten bei. Bach selbst komponierte eine Gratulations-Ode, die aber nicht auf uns gekommen ist. Noch konnte man nicht voraussehen, daß der Einzug einer jungen Herrin im Ludwigsbau ihn bald aus Köthen vertreiben würde. Während des letzten Jahres, das er in Leopolds Dienst verbrachte, vollendete er den ersten Teil des ›Wohltemperierten Klaviers‹. Dieses Werk bildet seinen Beitrag zu dem Streit, der um die Stimmung des Klaviers entbrannt war. Mit seiner Sammlung von Präludien und Fugen in jeder Dur- und Molltonart entschied er sich für die temperierte Stimmung, im Gegensatz zu der bis dahin herrschenden Gewohnheit, nur einige Tonarten rein zu stimmen, während bei allen übrigen eine genaue Intonation nicht zu erzielen war. Es ist seltsam, daß der Kampf um eine eigentlich technische Frage durch eine Sammlung von musikalischen Kleinodien ausgetragen werden sollte, die mit der trockenen Debatte der Fachleute gar nichts zu tun hatten. In dasselbe Jahr gehört das ›Clavierbüchlein vor Anna Magdalena‹, das Bach zur Belehrung seiner jungen Gattin angelegt hatte. Es trug auf dem Titelblatt die schon früher erwähnte Warnung vor dem Kalvinismus. Drei Jahre später (1725) stellten beide ein zweites ›Notenbuch‹ zusammen, das ein anmutiges Bild des kameradschaftlichen Verhältnisses zwischen Lehrer und Schülerin bietet.

Am 21. September 1722 wurde dem Fürsten Leopold eine Tochter geboren, die in der Taufe die Namen ihrer Großmutter Gisela Agnes erhielt. Das frohe Ereignis wurde zweifellos gebührend gefeiert und mag bald darauf auch dem Geburtstage des Fürsten zu besonderem Glanze verholfen haben. Die Rechnungen der Kapelle notieren am 28. November 1722, daß ›zur Cantate wegen des Hochfürstl. Gebuhrts-Tages‹ zwei Taler an Bach ausgezahlt wurden. Hier handelt es sich vielleicht um die unvollendete Kantate ›Mit Gnaden bekröne‹, die Anspielungen auf die Fürstin enthält und somit in dieses Jahr gehören dürfte. Aber seit der Verheiratung des Fürsten hatte der heitere Himmel über Köthen sich allmählich mit Wolken umzogen. Leopold konnte nicht mehr, wie als Junggeselle, frei seinen Neigungen leben. Seine junge Frau mit dem federgeschmückten Haupte, die amusa, wie Bach sie treffend nannte, fand wenig Gefallen an seinen musikalischen Interessen, und es galt, auf ihre Wünsche Rücksicht zu nehmen. Die ernsten Kompositionen des Kapellmeisters waren ihr zuwider; sie war wohl auch ein wenig eifersüchtig auf die Zuneigung, die ihr Gatte seinem älteren Freunde entgegenbrachte, und gab ihrer Unzufriedenheit unverhohlen Ausdruck. Es war ihr allerdings nur ein kurzes Leben an der Seite ihres Gatten beschieden: sie starb, als Bach noch in Köthen weilte. Aber es war zu spät, um ihn noch länger am Hofe des Fürsten zu halten; sein Entschluß, nach Leipzig zu gehen, stand bereits unwiderruflich fest. Praktische Gründe mögen mitgesprochen haben: es fehlte in Köthen an einer geeigneten Schule für seine Kinder, und als strenggläubiger Lutheraner mochte er sie nicht in die reformierte Stadtschule schicken. Auch der Wunsch, seinen Söhnen später die ihm selbst versagt gebliebene Universitätsbildung angedeihen zu lassen, mag ihn bestimmt haben, Köthen den Rücken zu kehren.

Die Folge der Ereignisse, die Bach im Frühling 1723 schließlich von Köthen nach Leipzig führten, nahm mit dem Tode Johann Kuhnaus am 5. Juni 1722 ihren Anfang, ein halbes Jahr, nachdem Bach seine zweite Ehe eingegangen war. Kuhnau hatte seit 1701 das Kantorat an der Thomasschule in Leipzig bekleidet, und obgleich die Stellung, wenigstens nach Bachs Dafürhalten, der eines Kapellmeisters untergeordnet war, bewarben sich doch mehrere bedeutende Männer um das Amt. Sechs Wochen nach Kuhnaus Tode (14. Juli) hatten sich bei dem Rat, der über die Besetzung des Postens entscheiden mußte, sechs Bewerber gemeldet: Johann Friedrich Fasch, Hofkapellmeister in Zerbst, ein Schüler Kuhnaus; Georg Balthasar Schott, Organist an der Neukirche in Leipzig; Christian Friedrich Rolle, der 1716 mit Bach und Kuhnau zusammen die Orgel der Liebfrauenkirche in Halle geprüft hatte; Georg Lembke, Kantor in Taucha bei Leipzig; Johann Martin Steindorff, Kantor in Zwickau, der bereits sechzig Jahre zählte, und Georg Philipp Telemann. Bei weitem der berühmteste unter ihnen war Telemann, der kürzlich (1721) nach Hamburg übergesiedelt war, wo er den Posten innehatte, den nach ihm Carl Philipp Emanuel Bach 1767 einnahm. Sein Name hatte in Leipzig bereits einen guten Klang: hatte er doch eine Zeit lang als Organist an der Neukirche und als Leiter des Collegium Musicum der Universität gewirkt und Opern für das damals blühende Theater komponiert. Als er sich um den Posten bewarb, stellte er von vornherein die Bedingung, daß man ihn von dem wissenschaftlichen Unterricht an der Thomasschule, der neben dem musikalischen zu den Obliegenheiten des Kantors gehörte, befreien müsse. Der Rat, dem viel daran gelegen war, einen so vorzüglichen und in der Stadt bereits bekannten Musiker für den Posten zu bekommen, erklärte sich bereit, in diesem Punkte nachzugeben, und forderte Telemann am 14. Juli auf, die vorschriftsmäßige Probe abzulegen. Telemann kam der

Aufforderung am 9. August nach und wurde einstimmig gewählt. Auf Telemanns Ersuchen wurde ihm auch die Leitung der Kirchenmusik in der Universitätskirche übertragen, und am 13. August erschien er vor dem Rat und erhielt die offizielle Mitteilung, daß er gewählt sei, ›weil er nun, wegen seiner Music in der Welt bekannt wäre‹. Darauf wurde Superintendent Deyling als Vertreter des Konsistoriums von der Wahl verständigt, und tags darauf wurde Ernesti, der Rektor der Thomasschule, beauftragt, dem neuen Kantor seine Stunden ›behörig anzuweisen‹.

Aber es war Telemann nicht recht ernst mit seiner Bewerbung; im Grunde hatte er die Absicht, auf den Leipziger Posten zu verzichten, sobald die Hamburger Behörden seine Besoldung erhöhen würden. So kehrte er denn am 14. August nach Hamburg zurück und drohte, sein Amt niederzulegen, wenn nicht sein Gehalt heraufgesetzt würde. Um der Stadt einen so bedeutenden Künstler zu erhalten, gaben die Hamburger Behörden nach. Nun war das Leipziger Kantorat abermals vakant, und der Rat mußte zu einer neuen Wahl schreiten. Am 23. November hatten sich neben Fasch, Schott, Lembke und Steindorff noch zwei weitere Bewerber gemeldet: Georg Friedrich Kaufmann, Kapellmeister in Merseburg, und Andreas Christoph Tufen aus Braunschweig.

Bach war ohne Zweifel über den Stand der Dinge in Leipzig auf dem laufenden, und die veränderten Verhältnisse in Köthen legten es ihm nahe, seine Kandidatur in Erwägung zu ziehen. Aber Telemanns Erscheinen auf dem Schauplatz hielt ihn davon ab, als Bewerber aufzutreten, und sogar als sein Freund im letzten Augenblick abgesagt hatte, meldete er sich zunächst noch nicht. In der Ratsversammlung vom 23. November wurde sein Name nicht genannt. Aber gewiß verfolgte er den Gang der Verhandlungen voller Spannung. So wird er auch erfahren haben, daß die Leipziger Behörden mit den bisher aufgestellten Kandidaten nicht zufrieden waren. In der Tat machte der Rat unter der Hand den Versuch, Bewerber von größerem Format mit auf die Liste zu setzen. Diese Bemühungen waren von Erfolg gekrönt: als der Rat am 21. Dezember 1722 von neuem zusammentrat, um weitere, endgültige Schritte in der Angelegenheit zu tun, erfuhr man, daß Fasch, von der Verpflichtung der wissenschaftlichen Stunden abgeschreckt, zurückgetreten war, daß sich aber die Kapellmeister Graupner aus Darmstadt und Bach aus Köthen gemeldet hatten. Mit Kaufmann, Schott und Rolle waren es demnach fünf Bewerber. Der Rat hielt an seiner Bedingung fest, daß der Kantor an der Thomasschule neben der Musik noch in anderen Fächern zu unterrichten habe. Damit sahen sich die Musiker, deren humanistische Kenntnisse im Laufe der Zeit etwas eingerostet waren, vor eine äußerst unangenehme Aufgabe gestellt. Von den fünf Bewerbern gab man Graupner den Vorzug. Nächst Telemann war der angesehenste deutsche Musiker der Zeit, ein bedeutender und sehr fruchtbarer Kirchenkomponist. Er fand sich in Leipzig ein und leitete die Musik für den Weihnachtsgottesdienst, und drei Wochen später (17. Januar 1723), am zweiten Sonntag nach Epiphanias, legte er seine Probe ab. Dann kehrte er mit vierzig Talern Reisegeld und einem Brief an seinen hohen Herrn in der Tasche nach Darmstadt zurück. Schon am 15. Januar, noch ehe er seine Probe ablegte, hatten Mitglieder des Rates die Frage aufgeworfen, ob er denn ›seine Dimission so leicht erhalten würde‹. Die Erfahrung mit Telemann hatte sie mißtrauisch gemacht, und obwohl die drei Bürgermeister energisch für ihn eintraten und gute Empfehlungen aus Dresden und von anderer Seite beibrachten, so verlangten doch alle erst zu hören, wie die Dinge in Darmstadt lagen, ehe sie ihm die Stelle anboten. Nur einer (!) aus der Versammlung erwähnte Bach und schlug vor, daß man ihn wenigstens anhören solle. Dieser eine war Baumeister Gottfried Wagner.

Man gab Graupner einen höflichen Brief nach Darmstadt an den Landgrafen mit; darin stand, daß dem Rat viel daran gelegen sei, diesen Künstler, der an der Leipziger Thomasschule seine Ausbildung erhalten hatte, als Thomaskantor anzustellen, ›nach vorhergehender gnädigster Erlassung seiner bisherigen Dienste‹. Am 7. Februar 1723 meldete Graupner aus Darmstadt, daß er seinem Herrn den Brief übergeben habe. Als aber ein Monat verstrich, ohne daß etwas Weiteres erfolgte, sandte Bürgermeister Dr. Lange am 12. März ein Schreiben und forderte einen endgültigen Bescheid. Dieser kam denn auch zehn Tage darauf (23. März). Graupner schrieb, daß der Landgraf sich weigere, ihn freizugeben. Der hohe Herr hatte tatsächlich das ohnehin stattliche Gehalt seines Kapellmeisters noch erhöht. In einem weiteren Brief vom 4. Mai 1723 bedankte sich Graupner schließlich für die ihm zugedachte Auszeichnung, von der er keinen Gebrauch machen könnte; zugleich empfahl er dringend den Kapellmeister Bach, einen ›Musicus ebenso starck auf der Orgel wie erfahren in Kirchensachen und Capell-Stücken‹, von dem man sicher sein dürfte, er werde ›honeste und gebührlich die zugeeignete Function versehen‹. Inzwischen hatte Schott zu Lichtmeß (2. Februar 1723) seine Probe abgelegt, und am folgenden Sonntag Quinquagesima (7. Februar) kam Bach an die Reihe. Er führte seine Kantate (Nr. 22) ›Jesus nahm zu sich die Zwölfe‹ auf, deren Text auf das Evangelium des Tages Bezug nimmt, und kehrte am nächsten Tage mit zwanzig Talern ›vor Reise- und Zehrungskosten‹ nach Köthen zurück, um den Verlauf der Verhandlungen zwischen Graupner und dem Rat abzuwarten. Zum Neujahrstage alten Stiles begrüßte er das fürstliche Paar mit einer ›Poesie‹. Dies war der letzte Tribut, den er der amusa zollte. Sie starb am 4. April 1723 mittags, zehn Tage früher, ehe ihr Gatte seinen Kapellmeister, dessen Kunst sie nicht zu würdigen gewußt hatte, widerstrebend freigab.

Den ganzen März hindurch, während man auf Graupners Entscheidung wartete, kam Bach öfters nach Leipzig herüber, und am Karfreitag (26. März) leitete er in der Thomaskirche die Aufführung eines Werkes, das so recht zeigte, wie geeignet er für die von ihm erstrebte Stellung war. Als er sich im November 1722 meldete, hatte der Leipziger Rat im Hinblick auf die noch immer unbesetzte Stelle seine Maßregeln getroffen, um für die nächsten hohen Feste die Kompositionen, deren Aufführung bevorstand, an der Hand zu haben, nämlich ein lateinisches Magnificat für Weihnachten und eine Passion für den Karfreitag. Graupner sollte das erstere und Bach die letztere liefern. Obgleich Bachs ›Johannespassion‹ an erhabener Schönheit nur der ›Matthäuspassion‹ nachsteht, zeigt sie doch in Text und Musik deutliche Spuren der Unruhe, in der Bach gelebt haben muß, während er den Auftrag des Rates ausführte. Er scheint sich den Text selbst zurechtgelegt zu haben; für die lyrischen Stellen hatte er die volkstümliche Dichtung von Barthold Heinrich Brockes benutzt. Die Art und Weise, wie er seine Vorlage behandelte, verrät eine gewisse Unerfahrenheit, während häufige Wiederholungen die Hast und den Druck erkennen lassen, unter denen er dieses Meisterwerk zustande brachte. Anscheinend hatte Bach schon unter der Hand, vielleicht durch Bürgermeister Lange, erfahren, daß ihm das Kantorat, im Falle Graupner es ausschlagen sollte, sicher sei, und er erklärte sich bereit, auch den wissenschaftlichen Unterricht zu übernehmen. Am 9. April lag Graupners Absage dem Rate vor. Bach bat sofort um seine Entlassung aus Leopolds Dienst, die er am 13. April erhielt.

Da die Leipziger Ratsherren nach den mit Telemann und Graupner gemachten Erfahrungen auf einer dokumentarischen Erklärung bestanden, übergab Bach, gestützt auf seine offizielle Entlassung, eine Woche später in Leipzig das folgende Schriftstück, das die von ihm verlangten Sicherheiten gewährleistete:

Demnach bey E. E. Hochw. Rathe der Stadt Leipzigk ich endesbenanter zu dem bey der Thomas-Schule daselbst vacanten Cantor-Dienste mich gemeldet, und dießfalls auf meine Persohn zu reflectiren geziemend gebeten, Als verspreche ich krafft dieses, daß, daferne mein Suchen statt finden und mir solcher Dienst aufgetragen werden solte, ich nicht nur binnen dato und drei oder höchstens vier Wochen von der bey dem hochfürstl. Anhalt-Cöthischen Hoffe auf mir habenden Bestallung mich losmachen und dieser wegen wohlgedachtem Rathe den Dimission-Schein einhändigen, sondern auch, wenn ich solchen Cantor-Dienst würklich antrete, mich der Schul-Ordnung, so bereits vorhanden, oder noch aufgerichtet werden möchte, mich gemäs verhalten, absonderlich aber die Knaben, so auf der Schule recipiret worden, nicht alleine in denen darzu gehörigen ordentlichen Stunden, sondern auch privatissime im Singen ohne Entgeld informiren, und was mir sonst dabey zu thun oblieget, allenthalben gebührend verrichten, nicht weniger, daferne, iedoch mit Vorbewust und Bewilligung E. E. Hochw. Raths, zu meiner Sublevation beym informiren in der Lateinischen Sprache jemand erfordert werden solte, denselben aus meinen eigenen Mitteln ohne von E. E. Hochw. Rathe, oder sonst etwas zu begehren, davor vergnügen will, treulich und ohne Geschrei; Urkundlich habe ich darüber diesen Revers unter meiner Hand und Petschaft von mir gestellet. Geschehen Leipzigk, den 19ten Aprill 1723.

Johann Sebastian Bach p. t. Hochf. Anhalt-Cöthenscher
Siegel Bachs. Capellmeister.

Endlich war die Bahn frei. Am Donnerstag, dem 22. April 1723, kamen die drei Gruppen des Rates unter dem Vorsitz des Bürgermeisters Dr. Gottfried Lange im Rathaus zusammen. Er erinnerte zunächst daran, wie man Telemann für den Posten in Aussicht genommen habe. Da aber dieser und nach ihm auch Graupner wieder zurückgetreten sei, so habe man zwischen Bach, Kaufmann und Schott zu entscheiden. Auf die letzten beiden ging er nicht näher ein. Aber er versicherte den Ratsmitgliedern, sie würden Telemann nicht nachzutrauern brauchen, wenn sie statt seiner Bach ernennen wollten, der als hervorragender Orgelspieler bekannt sei und sich auch bereit erklärt habe, Unterricht in lateinischer Grammatik und den Colloquiis des Corderius zu erteilen. Bürgermeister Steger pflichtete seinem Amtsgenossen bei: er schätze Bach nicht weniger als Graupner; man müsse nur hoffen, daß er alles ›Theatralische‹ in seiner Musik vermeiden würde. Auch die anderen sprachen sich in diesem Sinne aus, und Lange schloß die Sitzung mit der Aufforderung, sich einen Musiker nicht entgehen zu lassen, dem wegen seiner überragenden Bedeutung auch die Studenten der Universität zuströmen würden, um ihn nach Kräften zu unterstützen. Es erhob sich keine Stimme dagegen.

Am 5. Mai 1723 erschien Bach auf der Ratsstube im Leipziger Rathaus, und Bürgermeister Lange eröffnete ihm, daß man ihn einstimmig gewählt habe, da er der ›capableste‹ unter den Bewerbern sei. Bach gab seiner Dankbarkeit Ausdruck und versprach, seinen Pflichten treulich und fleißig nachzukommen. Hierauf kündigte der Bürgermeister an, daß die Ernennung sogleich dem Superintendenten Deyling zur Bestätigung durch das Konsistorium und ebenso dem Pastor Christian Weiß von der Thomaskirche mitgeteilt werden würde. Bach wiederholte seinen Dank. Dann zog er sich zurück, um den folgenden Revers in doppelter Form zu unterschreiben:

Demnach E. E. Hochw. Rath dieser Stadt Leipzig mich zum Cantorn der Schulen zu St. Thomas angenommen und einen revers in nachgesetzten Puncten von mir zu vollziehen begehret, nehmlich:

1) Daß ich denen Knaben in einem erbarn eingezogenen Leben und Wandel mit gutem Exempel vorleuchten, der Schulen fleißig abwarten und die Knaben treulich informiren.

2) Die Music in beyden Haupt-Kirchen dieser Stadt nach meinen besten Vermögen in gutes Aufnehmen bringen.

3) E. E. Hochw. Rathe allen schuldigen respect und Gehorsam erweisen und deßen Ehre und reputation aller Orten bestermaßen beobachten und befördern, auch so ein Herr des Raths die Knaben zu einer Music begehret ihme dieselben ohnweigerlich folgen laßen, außer diesen aber denselben auf das Land zu Begräbnüßen oder Hochzeiten ohne des regierenden Herrn Bürgermeisters und der Herren Vorsteher der Schule Vorbewust und Einwilligung zu reisen keineswegs verstatten.

4) Denen Herren Inspectoren und Vorstehern der Schule in allen und jeden was in Nahmen E. E. Hochw. Raths dieselbige anordnen werden, gebührende Folge leisten.

5) Keine Knaben, welche nicht bereits in der Music ein Fundament geleget, oder sich doch darzu schicken, daß sie darinnen informiret werden können, auf die Schule nehmen auch solches ohne derer Herren Inspectoren und Vorsteher Vorwißen und Einwilligung nicht thun.

6) Damit die Kirchen nicht mit unnöthigen Unkosten beleget werden mögen, die Knaben nicht allein in der Vocal- sondern auch in der Instrumental-Music fleißig unterweisen.

7) In Beybehaltung guter Ordnung in denen Kirchen, die Music dergestalt einrichten, daß sie nicht zu lang währen, auch also beschaffen seyn möge, damit sie nicht opernhafftig herauskommen, sondern die Zuhöhrer vielmehr zur Andacht aufmuntere.

8) Die Neue Kirche mit guten Schülern versehen.

9) Die Knaben freundlich und mit Behutsamkeit tractiren, daferne sie aber nicht folgen wollen, solche moderat züchtigen oder gehöriges Orts melden.

10) Die Information in der Schule, und was mir sonsten zu thun gebühret, treulich besorgen.

11) Und da ich solche selbst zu verrichten nicht vermöchte, daß es durch ein ander tüchtiges Subjectum ohne E. E. Hochw. Raths oder der Schule Beytrag geschehe, veranstalten.

12) Ohne des regierenden Herrn Bürgermeisters Erlaubnüß mich nicht aus der Stadt begeben.

13) In Leichenbegängnüßen iederzeit, wie gebräuchlich, so viel möglich bey und neben denen Knaben hergehen.

14) Und bei der Universitaet kein Officium ohne E. E. Hochw. Raths Consens annehmen solle und wolle.

Als verreversire und verpflichte ich mich hiermit und in krafft dieses, daß ich diesen allen, wie obsteht, treulich nachkommen und bey Verlust meines Dienstes darwieder nicht handeln wolle, Zu Urkund habe ich diesen revers eigenhändig unterschrieben und mit meinem Petschafft bekräfftiget. So geschehen in Leipzig, den 5. Maii 1723.

Johann Sebastian Bach.

Drei Tage nach dem Besuch auf dem Rathaus erschien Bach vor dem Konsistorium, dessen Amtsräume am Thomaskirchhof lagen. Superintendent Deyling stellte ihn den Mitgliedern vor und unterbreitete ein Zeugnis seines Kollegen Dr. Johannes Schmidt, welches besagte, daß der Kandidat auf Grund eines mündlichen Examens auch in religiöser Hinsicht als tauglich für sein Amt befunden worden sei. Am folgenden Donnerstag (13. Mai) erschien Bach wieder vor dem Konsistorium und wurde in seinem Amte ›confirmiert‹. Am 30. Mai, dem ersten Sonntag nach Trinitatis, leitete er in der hohen und ungeeigneten Empore der Nikolaikirche beim Hauptgottesdienst seine Kantate ›Die Elenden sollen essen‹ (Nr. 75), das erste der mächtigen kirchlichen Werke, die er während seines Leipziger Kantorates schuf. Zwei Tage darauf, am Dienstag, dem 1. Juni früh ein halb neun Uhr, wurde er in sein Amt in der Schule eingewiesen. Zu dieser Stunde erschienen der Vorsteher Gottfried Conrad Lehmann und der Stadtschreiber Carl Friedrich Menser als Vertreter des Rates am Schultor auf dem Thomaskirchhof und wurden in die Aula geführt. Hier gesellten sich Christian Weiß, der Pastor der Thomaskirche, als Vertreter des Konsistoriums, und die Lehrer der Schule zu ihnen, und nachdem alle Platz genommen hatten, sangen die Schüler unter Leitung eines Präfekten vor der Türe ›ein Stück und traten nach deßen Endigung sämtlich in das Auditorium‹. Dann erhob sich der Stadtschreiber zu seiner Ansprache: Nachdem es Gott gefallen habe, den Thomaskantor, Herrn Johann Kuhnau, von dieser Welt abzuberufen, habe der hochweise Rat an seiner Stelle Herrn Johann Sebastian Bach, den ehemaligen Kapellmeister am fürstlichen Hofe zu Anhalt-Köthen, erwählt, in der Überzeugung, daß er seinen ›Obern‹ mit gebührendem Respekt begegnen, mit seinen Kollegen in gutem Einvernehmen leben und die Schüler zur Furcht und Weisheit Gottes erziehen werde. Pastor Weiß sprach ein paar Worte im Namen des Konsistoriums, worauf der neue Kantor seinen Kollegen und der Schule durch den Vorsteher ›praesentiret‹ wurde. Nun war die Reihe an Bach, den Herrn Patronen seinen Dank auszusprechen. Er versicherte, daß er bestrebt sein werde, seinen Pflichten in jeder Weise nachzukommen, daß er seinen Vorgesetzten allen schuldigen Respekt erweisen und sich so aufführen wolle, ›daß man seine devoteste Bezeigung jederzeit spüren solle‹. Seine neuen Kollegen beglückwünschten ihn, und nach einem abermaligen Gesang der Schüler ging die Versammlung auseinander. Niemand, und am allerwenigsten Bachs würdige und selbstbewußte ›Obern und Vorgesetzten‹ hatten eine Ahnung, daß Klio an diesem Tage mit ihrem Griffel ein Kapitel in die Geschichte der Musik einzutragen begann, wie vorher noch nie eins geschrieben worden war.

SIEBENTES KAPITEL
DAS JETZT FLORIERENDE LEIPZIG

Leipzig liegt am Zusammenfluß von Pleiße, Elster und Parthe. Von diesen drei kleinen Flüssen pflegten die einheimischen Dichter vor allem den ersten zu feiern, wenn sie ihre alte Musenstadt besangen. Matthäus Seutters Plan zeigt ›eine florisante auch befestigte Handels-Stadt und weitberühmte Universitäts-Stadt‹. Schon damals war Leipzig ein bedeutendes Zentrum des Buchdrucks und Buchverlags, mit dem seit 1719 der Name Breitkopf eng verknüpft war. Die alte Universität war hochangesehen. Unter ihren Professoren ragte der Dichter und Kritiker Johann Christoph Gottsched hervor, der zweimal Bachs Mitarbeiter war. Auch mit anderen Leipziger Gelehrten trat Bach in Verbindung. Starke, mit Ecktürmen versehene Mauern umschlossen die ›befestigte Stadt‹. Um die Wälle liefen anmutige Promenaden; freundliche Ansiedlungen lagen im Schatten hoher Lindenbäume. In weitem Umkreis erstreckten sich Gärten und Wiesen, besonders nach Westen zu, wo sich die Pleiße in trägem Lauf dahinschlängelte, während sie hinter der Thomaskirche geräuschvolle Mühlräder zu treiben hatte. Dem Besucher, der durch das Ranstädter Tor eintrat, eröffnete sich der Blick auf die alten Befestigungen; zugleich hatte er eine der Hauptstraßen, den Brühl, vor sich, wo eine Anzahl Gastwirtschaften, ›Der schwartz Beer‹, ›Der wilde Mann‹, ›Die drey Schwanen‹, ›Der Strauß‹, ›Der rothe Ochse‹, ›Das schwartze Rad‹ und noch manche andere zur Einkehr einluden, massive Gebäude, die sich bis zu drei und vier Stockwerken erhoben, mit steilen, winkligen Dächern und gelb angestrichenen, mit lustigen Fresken geschmückten Fassaden. Nicht weniger reizvoll nahmen sich die stattlichen Wohnhäuser der wohlhabenden Bürgersleute mit ihren hübschen Erkern und vergoldeten Verzierungen aus. Auf allen Fensterbrettern standen Blumentöpfe, in denen Rosmarin- und Myrtenbäume, Levkojen und Veilchen in bunter Abwechslung blühten, während Nachtigallen und andere Singvögel in ihren kleinen grünen Käfigen ihre Weisen ertönen ließen. In der Mitte der Stadt erhob sich an dem geräumigen Marktplatz das ansehnliche Rathaus mit seinem achteckigen Turm. Dicht beim Rathaus auf dem Marktplatz stand Apels Haus, wo der Kurfürst bei seinen häufigen Besuchen einzukehren pflegte. Aus den Fenstern konnte er auf den mit Fackeln erleuchteten Platz hinabblicken und dem Collegium Musicum lauschen, das ihm unter Bachs Leitung mit Musik aufwartete. Bei Einbruch der Dunkelheit wurden siebenhundert von eichenen Pfeilern getragene Öllampen angezündet, während in jedem Stadtviertel die mit Klappern ausgestatteten Nachtwächter die Stunden abriefen und die schlummernden Einwohner vor Dieben und Vagabunden schützten.

Als Bach nach Leipzig kam, zählte die Stadt ungefähr dreißigtausend Einwohner und war in vier Bezirke eingeteilt: im Osten befand sich das ›Grimmaische Viertel‹, durch dessen Tor jeder Bürger seinen letzten Gang zu dem rings um die Johanniskirche außerhalb der Mauern gelegenen Friedhof antrat. Im Süden erstreckte sich das ›Peters Viertel‹; dort führte die Windmühlgasse ins Freie zu mehreren Windmühlen, die von Gärten umgeben waren. Während des Sommers pflegte Bach hier die Proben des Collegium Musicum abzuhalten. Im Nordwesten ging der Weg vom ›Ranschen Viertel‹ durch das Ranstädter

Tor nach Lindenau. Den Schluß bildete das ›Hallische Viertel‹, dessen Tor durch die Gerbergasse nach der Parthe führte. Ein Ratskollegium von drei Bürgermeistern (oder Konsuln) und dreißig Assessoren lenkte die Geschicke der Stadt. Diese Behörde bildete drei Körperschaften, die sich alljährlich am Bartholomäustage (24. August) in ihrem Amt ablösten. In der Pleißenburg, einem befestigten Gebäude in der Südwestecke der Stadtmauer, kam die militärische Gewalt des Kurfürsten zum Ausdruck, die durch den ›Gouverneur der Stadt Leipzig und Vestung Pleißenburg‹, einen Leutnant und Adjutanten, einen Kommandanten und andere Offiziere verkörpert wurde. Dem Gouverneur war die Stadtwache untergeben, zu der jedes Viertel einen Hauptmann, Stadt-Leutnant, Stadt-Fähndrich, Muster-Schreiber und eine Anzahl Mannschaften stellen mußte.

Leipzig war zugleich der Sitz eines Ober-Hof-Gerichtes, das sich aus dem Ober-Hof-Richter, dreizehn Assessoren adligen, fünfzehn Assessoren bürgerlichen Standes und einer großen Schar von Advokaten (advocati ordinarii und extraordinarii), Aktuaren, Anwälten, Boten und niederen Beamten zusammensetzte. Kirchliche Angelegenheiten wurden von dem Konsistorium entschieden; in ihm verkörperte sich die Macht der früheren Bischöfe; auch besaß es richterliche Befugnisse. Seine Amtsräume lagen am Thomaskirchhof, dicht bei der Thomasschule. Vier ordentliche und eine größere Anzahl von außerordentlichen Advokaten standen dem Konsistorium zur Verfügung. Unter den außerordentlichen ist ein Dr. August Florens Rivinus zu nennen, dessen Vater (?) Johann Florens Rivinus durch die Widmung von Bachs Kantate ›Die Freude reget sich‹ geehrt wurde. Als Kreishauptstadt war Leipzig der Sitz eines Schatzamtes und Steuergerichtes, das im ›Amt-Haus‹ untergebracht war. An seiner

Spitze stand der Kammerjunker und Kreishauptmann Carl Heinrich von Dieskau, der Bach 1742 den Auftrag erteilte, die ›Bauernkantate‹ zu komponieren. Ein lebhafter Postdienst ging von Leipzig aus nach allen Himmelsrichtungen. Unter seinen Beamten finden wir den Ober-Post-Commissarius Christian Friedrich Henrici, der in Frau Mayes Haus in der Burgstraße wohnte und unter dem Schriftstellernamen ›Picander‹ Bach eine große Anzahl Texte lieferte. Die Postkutschen vermittelten den Verkehr nach Dresden, Berlin, Jena, Koburg, Braunschweig, Hannover und Hamburg. Der ›Post-Stall‹, der sie beherbergte und von dem aus sie ihre Fahrten antraten, lag in der Nähe des Grimmaischen Tores. Briefkästen in Säulenform aus Sandstein (die ›Postsäulen‹), mit dem königlichen Wappen und Monogramm verziert, waren zur allgemeinen Benutzung an den Stadttoren aufgestellt, wo auch der Zoll von den Passanten erhoben wurde.

Am östlichen Ende der Stadt, in der Nähe des Grimmaischen Tores, standen die schlichten Gebäude der Universität im Schatten der Paulinerkirche, dem zur Universität gehörigen Gotteshaus. An der Spitze der Universität stand der Rector Magnificus, dessen Wahl zweimal im Jahre, am St. Georgstag (23. April) und St. Gallustag (16. Oktober) erfolgte. Mit ihm zusammen bildeten nebst anderen die vier Assessoren, welche die vier ›Nationen‹ (Sachsen, Meißen, Bayern und Polen) vertraten und an den Mittwochen nach Trinitatis und nach dem ersten Adventssonntag gewählt wurden, das Concilium perpetuum. Der Lehrkörper der Universität bestand aus neunundzwanzig Professoribus ordinariis, von denen fünf zur theologischen, acht zur juristischen, fünf zur medizinischen und elf zur philosophischen Fakultät gehörten. Außerhalb der Hörsäle waren im Zusammenhang mit der Universität viele gelehrte Gesellschaften tätig; da gab es ein Collegium Anthologicum, ein Collegium Philobiblicum, ein Collegium Exegetico-Practicum, ein Collegium Poeticum Gorlicense, eine ›Teutsch-übende Gesellschaft‹, eine ›vertraute Redner-Gesellschaft‹ und zwei Collegia Musica. Das eine der letzten beiden, das Bach von 1729 ab leitete, kam im Sommer mittwochs von vier bis sechs Uhr nachmittags in Gottfried Zimmermanns Garten in der Windmühlgasse und im Winter freitags von acht bis zehn Uhr abends in seinem Kaffeehaus in der Katharinenstraße zusammen. Das andere stand unter der Leitung Johann Gottlieb Görners und vereinigte sich im Sommer an Donnerstagen von acht bis zehn Uhr abends in der Klostergasse und im Winter an Montagen um dieselbe Stunde in Enoch Richters Kaffeehaus auf dem Marktplatz. Die Beziehungen zur Universität waren für Bach von hohem Wert. Sie versetzten ihn in die Lage, sein Orchester bei festlichen Gelegenheiten zu verstärken, und lieferten ihm die Mittel zur Wiedergabe von weltlicher Chor- und Instrumentalmusik. Damit gewann er zugleich Fühlung mit der Stimmung des Publikums bei feierlichen Anlässen.

Zu ihrer Erholung suchten die Leipziger die Gärten und Kaffeehäuser außerhalb der Stadtmauern auf. Solche Vergnügungsstätten gab es in großer Auswahl. Die meisten lagen nach Westen zu an den gewundenen, vielfach überbrückten Flußläufen der Pleiße und Elster. Zu den bekanntesten gehörte Apels Garten, der dreißig Jahre nach Bachs Tode mit den folgenden Worten besungen wurde:

Das unscheinbare Thor, das dort halb offen steht,
Ist das, durch welches man in Apels Garten geht ...
Längst an der Wasserkunst, und weiter noch hinaus
Glänzt noch manch Lustrevier, strahlt noch manch Gartenhaus ...

Was stehn Sie so erstaunt vor diesem Hause da?
›Das ist ja ein Pallast, ein prächtig Lustschloß!‹ Ja!

Leipzig war durch seine alljährlich abgehaltenen Messen ein Sammelpunkt für Ausländer, namentlich Franzosen und Italiener. So nimmt es nicht wunder, daß schon dreißig Jahre vor Bachs Ankunft eine Oper ins Leben gerufen wurde. 1693 führte Nikolaus Adam Strungk in dem neuerrichteten Opernhaus auf dem Brühl seine ›Alceste‹ auf und eröffnete damit ein Unternehmen, das während Bachs ersten Leipziger Jahren mit Unterbrechungen fortbestand, aber bereits 1729 sein Ende fand. In der Ritterstraße gab eine andere Truppe ausgezeichnete Komödien zum besten; 1725 erklärte ein Besucher, daß diese nirgends ihresgleichen hätten. Was die weltliche Musik anlangte, so war Leipzig einzig auf die Kollegien der Universität angewiesen, bis sich 1743 eine Anzahl von Musikenthusiasten zu einer Vereinigung zusammentaten, deren Konzerte sich bald einer solchen Beliebtheit erfreuten, daß sie im Jahre 1747 vom 1. Juni bis Michaelis alle zwei Wochen, und zwar an Donnerstagen um fünf Uhr nachmittags im ›Concert-Saal‹ der ›Drey Schwanen‹ auf dem Brühl und von Michaelis bis Ostern allwöchentlich abgehalten wurden. Ihr Sinnbild war eine Lyra spielende Frauengestalt, und ihr Wahlspruch lautete: vetat tristari. Bachs Leben neigte sich schon damals seinem Ausgang zu; er kann nicht zu den Gründern dieser Bewegung gezählt werden, aus der zu Ende des Jahrhunderts die berühmten Gewandhauskonzerte hervorgehen sollten.

Leipzig war dafür bekannt, daß es in geradezu verschwenderischer Weise für das Seelenheil seiner Bevölkerung sorgte. »Hier«, äußerte sich 1732 ein Schriftsteller, »giebt der Herr das Wort mit großen Schaaren Evangelisten.« Außer der Paulinerkirche luden noch fünf weitere Kirchen die Gemeinde zum Besuch des Gottesdienstes ein. Mit Ausnahme der Johanniskirche lagen sie alle innerhalb der Stadtmauern. Die älteste war die in der Ritterstraße gelegene Nikolaikirche, ein massives, unregelmäßiges Gebäude, dessen jetziger mittlerer Turm 1730 bis 31 unter Bachs Augen errichtet wurde. Obgleich die Kirche äußerlich viele Veränderungen durchzumachen hatte, sind einzelne wesentliche Züge, die ihm vertraut waren, dieselben geblieben: die mächtigen Pfeiler, welche die hohe Decke tragen, das breite, viereckige Schiff mit der zurücktretenden Kanzel und an der Westseite die kleine, für die Aufführungen von konzertierender Musik sehr wenig geeignete Chorempore mit der Orgel. Während Bachs ganzer Leipziger Zeit war Superintendent Salomo Deyling Pastor an der Kirche. Bis 1730 wirkte Johann Gottlieb Görner als Organist, und als dieser an die Thomaskirche versetzt wurde, bekam Johann Schneider seinen Posten, den er bis 1787 innehatte. Bach war in Köthen Schneiders Lehrer gewesen; er schätzte ihn als tüchtigen Orgel- und Klavierspieler und vertraute ihm, wie es scheint, den Klavierunterricht seiner jüngsten Söhne an.

Zwischen der Thomaskirche und dem Ranstädter Tor stand, mit dem Blick auf die von der Pleiße getriebene Mühle, die Neukirche, jetzt das Gotteshaus der Matthäigemeinde. Sie war eine Gründung der Barfüßer aus dem 15. Jahrhundert und lange Zeit außer Gebrauch, bis sie erneuert wurde und am 24. September 1699 ihre Pforten wieder auftat. Georg Balthasar Schott, der 1723 Organist war und in diesem Jahr als Bewerber für das Thomaskantorat auftrat, übernahm als Nachfolger Telemanns die Leitung des Collegium Musicum, bis Bach ihn 1729 ablöste. 1736 wird Bachs Schüler Carl Gotthelf Gerlach als Organist genannt. Er versah sein Amt in der althergebrachten, einfachen Weise, die keine kunstvolle Figuralmusik kannte.

Dreizehn Jahre nach der Wiedereröffnung der Neukirche wurde noch ein anderes Gotteshaus seiner Bestimmung zurückgegeben: die nahe dem südlichen Tor gelegene Peterskirche hatte seit 1543 ihre Würde eingebüßt und diente schließlich als Schuppen zum Abladen von Kalk, bis 1712 in ihr der Gottesdienst wieder eingerichtet wurde. Sie hatte weder eine Orgel noch eine Chorgalerie; nur schlichter Gemeindegesang ertönte in ihren Mauern, und ihr Chor setzte sich aus den minderwertigsten von Bachs Sängern zusammen.

Außerhalb der Stadtmauern erhob sich gegenüber dem Grimmaischen Tor die Johannis- und Hospitalkirche. Ihr Name deutet auf ihre Bestimmung hin. Die Hospitalgebäude stehen nicht mehr; selbst die heutige Kirche ist bis auf den Turm neueren Datums. Zu Bachs Zeiten fanden hier an Sonntagen, Dienstagen und Donnerstagen Gottesdienste statt. Mit der dazugehörigen Kirchenmusik hatte Bach nichts zu tun. 1736 versah Johann Gottlieb Reinicke das Amt des Organisten.

Die Paulinerkirche war die Kirche der Universität und stand daher unter dem besonderen Schutz der theologischen Fakultät, die ihr auch die Geistlichen zu stellen hatte. Vor kurzem war der sogenannte ›neue Gottesdienst‹ sonntags früh um neun und nachmittags um drei Uhr eingerichtet worden, und zu der Zeit, da Bach nach Leipzig kam, war es eine Streitfrage zwischen der Universität und dem Thomaskantor, wer bei dieser Gelegenheit musizieren sollte. Schon lange pflegten an den drei hohen Festen, am Reformationstage und bei den vierteljährlich stattfindenden ›Orationes‹ und ›Promotiones doctorales‹ Gottesdienste abgehalten zu werden, die zusammen den sogenannten ›alten Gottesdienst‹ bildeten und zu denen

Johann Gottlieb Görner unter Mitwirkung ›von Studiosis und andern Musicis solenne Musicen‹ aufzuführen hatte. An musikalischen Kräften waren neben dem ›Chori Musici Director‹ ein ›Cantor choralis‹ und ein Organist angestellt.

In der Neu- und Peterskirche war Bach nicht beschäftigt; in der Paulinerkirche wurden seine Dienste nur selten verlangt. Seine Wirksamkeit erstreckte sich auf die Nikolai- und Thomaskirche; aber wenn er auch in beiden dieselben Pflichten zu erfüllen hatte, so ist doch die letztere am engsten mit seinem Andenken verbunden, denn er war Kantor der alten Thomasschule und führte in dieser Eigenschaft die musikalische Aufsicht über die vier städtischen Kirchen. Die Thomaskirche stand am westlichen Rande der alten Stadt, gerade noch innerhalb der schützenden Befestigung. Der gewaltige Bau hat im großen und ganzen seit vier Jahrhunderten seine äußere Gestalt bewahrt. Über dem mächtigen Schiff mit den hohen Fenstern erhebt sich das charakteristische ungeheure Schieferdach, dessen steile Flächen nur von einer Anzahl Dachluken unterbrochen werden. Von der Burgstraße aus gesehen, wird der unproportioniert angelegte Altarplatz vom Schiff durch den plumpen Turm getrennt, den eine hohe Kuppel krönt. Das Augustinerkloster zu St. Thomas und die dazugehörige Kirche waren um 1212 vom Markgrafen Dietrich gestiftet worden. Die Kirche stand auf dem nämlichen Fleck wie das heutige Gotteshaus, mit dem Blick auf den Thomaskirchhof, der bis ins 16. Jahrhundert hinein als Hauptbegräbnisstätte diente und eine Quelle beständiger Reibereien zwischen den Klosterherren und dem Rat bildete, bis 1536 die Beerdigung innerhalb der Stadt verboten und der entfernt gelegene Johannisfriedhof zum Begräbnisplatz bestimmt wurde. Vierundfünfzig Jahre zuvor (1482) war Markgraf

Dietrichs Kirchlein abgerissen worden; am Sonntag Quasimodogeniti 1496 wurde das neue Gebäude durch Thilo von Trotha, den Bischof von Merseburg, eingeweiht, und um 1553 erhielt es die äußere Gestalt, die wir noch heute an ihm kennen. Seit dem 16. August 1539 war die Kirche lutherisch. 1540 wurden die Nebenaltäre und Bilder aus ihr entfernt, und von 1543 an unterstand sie als städtisches Gotteshaus der Aufsicht des Rates. Von der westlichen Empore aus gesehen, unterschied sich das Innere der Kirche zu Bachs Zeiten von dem heutigen hauptsächlich durch eine Anzahl von unschönen Galerieen, die in die Seitenschiffe hineinragten und diese sowie die Mauern des Turmes verengten. Der Altar war bedeutend neueren Datums; der Kurfürst hatte ihn Weihnachten 1721 gestiftet und Kuhnau diese Gelegenheit mit einer seiner letzten Kompositionen gefeiert. Die Kanzel war seit 1575 in Gebrauch. 1640 wurde sie mit einer geschnitzten Schnupftabakdose, einem sogenannten ›Würtz-Topff‹, ausgestattet. Die westliche Empore war nicht so geräumig wie heutzutage, obgleich sie damals zwei Orgeln faßte; auch ragte sie nicht so weit in das Schiff vor. Darunter befand sich ein massives, steinernes Taufbecken aus dem Jahre 1615. Im Schiff standen die Kirchenstühle in dichten Reihen mit dem Blick auf den Altar; die Frauen saßen in der Mitte, die Männer zu beiden Seiten. Bis 1729 versah Christian Gräbner das Amt des Organisten; auf ihn folgte 1730 Johann Gottlieb Görner, ein Musiker von mittelmäßigen Fähigkeiten, aber von unbegrenztem Eigendünkel.

Man sieht, wie nachdrücklich dem religiösen Bedürfnis der frommen Einwohner Rechnung getragen wurde. Nur fand dabei die ›Musik‹, wie sie Bachs Generation zu verstehen fähig war, keinen rechten Platz. Die Wochentagsgottesdienste schlossen nur einige Kirchenlieder ein, die von einem kleinen Chor gesungen wurden. Der Sonntagsgottesdienst in der Peters- und Neukirche war von derselben Einfachheit. Die dortigen Chöre, die unter der Leitung eines Chorpräfekten standen, setzten sich aus Bachs schwächsten Sängern zusammen. Die Johannis- und Paulinerkirche hatten keinen Anspruch auf musikalische Unterstützung durch die Thomasschule. Daher war Bach als Kantor nur in den beiden Hauptkirchen, der Thomas- und Nikolaikirche, tätig, während seine Thomaner, wie schon erwähnt, noch weitere Verpflichtungen zu erfüllen hatten. In beiden Kirchen wurden vier Sonntagsgottesdienste abgehalten: der Frühgottesdienst, dem die Mette voranging, verlangte keine Beteiligung des Chores; er bestand aus Chorälen und einer Predigt und war für die Angehörigen der dienenden Klasse bestimmt, die am späten Vormittag die Kirche nicht besuchen konnten. Einem ähnlichen Zweck diente die Mittagspredigt, die in den beiden Kirchen abwechselnd abgehalten wurde; sie begann um 11.30 und endete gegen 1.15 Auch bei dieser Gelegenheit wurden nur Choräle gesungen. Die kirchlichen Handlungen des Tages fanden am Nachmittag mit der Vesperpredigt ihren Abschluß. Im allgemeinen umfaßte auch diese nur Choralgesang, aber an den drei hohen Festen pflegte der Chor unter Begleitung des Orchesters ein lateinisches Magnificat vorzutragen. An gewöhnlichen Sonntagen wurde demnach eine ›Music‹ nur beim Hauptgottesdienst aufgeführt, der um sieben Uhr morgens begann und bis gegen Mittag dauerte.

Während die Liturgie in den beiden Hauptkirchen übereinstimmte, waren die musikalischen Darbietungen verschieden, je nachdem der chorus primus oder chorus secundus seinen Dienst tat. Dem chorus primus lag es ob, die Kantate zu singen, die abwechselnd in der Nikolai- und Thomaskirche mit Orgel- und Orchesterbegleitung vorgetragen wurde. Wenn der chorus secundus an der

Reihe war, wurde die Kantate durch einen Choral ersetzt, und die Missa sowie die einzelnen Strophen und Responsorien waren in einfacheren Formen gehalten. Das Einstudieren der Sonntagskantate bildete die wöchentliche Hauptaufgabe der Thomaner. Bach war dafür verantwortlich und komponierte, seiner Verpflichtung entsprechend, im Durchschnitt alle vier Wochen eine neue. Mit Ausnahme der Fastenzeit und des zweiten, dritten und vierten Adventssonntages mußte jeden Sonntag eine Kantate geboten werden. Dazu kamen die Feste der Jungfrau Maria, ferner Michaelis und Johannistag, Neujahr, Himmelfahrt, Epiphanias und das Reformationsfest. Auch zu der jährlichen Einsetzung des Rates gehörte die Aufführung einer Kantate. Die Feier der drei hohen Feste, Weihnachten, Ostern und Pfingsten, dauerte je drei Tage; am ersten und dritten wurde beim Hauptgottesdienst in der Nikolaikirche eine Kantate gesungen, die zur Vesper in der Thomaskirche wiederholt wurde, während für den Hauptgottesdienst des zweiten Feiertages eine Kantate in der Thomaskirche vorgeschrieben war. So sah sich Bach vor die Aufgabe gestellt, für neunundfünfzig Kantaten im Jahr zu sorgen. Auch war er verpflichtet, die jährliche Passionsmusik, die abwechselnd in den beiden Hauptkirchen zur Karfreitagsvesper mit Orchesterbegleitung aufgeführt wurde, und außerdem das Magnificat zu beschaffen oder zu komponieren. Wenn es galt, angesehene Bürger der Stadt zur letzten Ruhe zu geleiten, wurde gelegentlich eine feierliche Trauermusik verlangt; zu diesem Zweck schrieb Bach eine Anzahl Motetten. Wohlhabende Bürger wünschten wohl auch ihre Trauungen durch musikalische Darbietungen zu verschönern; in diesem Falle wurden Bachs chorus primus und die Stadtmusikanten herangezogen. Aber dies waren unregelmäßige Verpflichtungen. Mit Ausnahme der Donnerstage, an denen das heilige Abendmahl gespendet wurde, war der Chor an Wochentagen nicht in der Kirche beschäftigt; sein Dienst beschränkte sich auf die Sonntage, an denen er, in vier Kantoreien eingeteilt, in den vier städtischen Kirchen zu singen hatte. Bach selbst leitete seinen chorum primum in derjenigen der beiden Hauptkirchen, die an der Reihe war, die ›Music‹ zu hören.

So verschwenderisch Leipzig mit Kirchen ausgestattet war, so wenig ausreichend waren seine Schulen. Mehr als fünfzig Jahre nach Bachs Tode wurde die Klage laut, daß außer der Thomas- und Nikolaischule nur ›Winkelschulen‹ (Privatschulen) und Privatlehrer vorhanden wären. Zu Bachs Zeiten lagen die Verhältnisse ähnlich. Die jüngere der beiden Stadtschulen war die auf dem Nikolaikirchhof gelegene Nikolaischule. Sie wurde 1395 von Papst Bonifaz IX. gegründet und verdankte ihre Entstehung den fortgesetzten Streitigkeiten zwischen der Stadt und der älteren Thomasschule. Während Bachs Kantorat stellten ihre Stipendiaten einen Chor von zehn Sängern für die Wochentagsgottesdienste in ihrer eigenen Kirche. Im übrigen wurde sie von Bürgerkindern besucht; ihr Lehrkörper setzte sich aus einem Rektor, Konrektor, Tertius und drei jüngeren Lehrern zusammen. Zur Einstudierung der einfachen Musik für die Wochentage brauchte sie einen Kantor; 1736 wurde dieses Amt von Hieronymus Homilius verwaltet.

Die Thomasschule, die im September 1912 die Feier ihres siebenhundertjährigen Bestehens beging, wurde 1212 in Verbindung mit dem Augustinerkloster gegründet, um das Christentum und die deutsche Kultur in einem von Heiden bedrängten Grenzgebiet aufrecht zu erhalten und zu verbreiten; zugleich trug sie die Verantwortung für die Erziehung ihrer eigenen Gemeinde. Von den Tagen der Gründung an wurden die Alumnen, die

Vorgänger der heutigen grünbemützten Thomaner, dort erzogen und unterrichtet. Als Gegenleistung sorgten sie für die Kirchenmusik in ihrem Gotteshaus, sangen bei Leichenbegängnissen und verdienten sich, wie es auch in anderen Städten der Fall war, ihren Unterhalt durch regelmäßige Kurrenden. Nach Einführung der Reformation wurde ihr Pflichtenkreis erweitert. »Es haben unsere Vorfahren angeordnet«, schrieb Rektor Gesner 1733, »daß die Musik auf der Thomas-Schule getrieben, und von den dasigen Alumnis in allen Stadt-Kirchen besorget werden soll.« Das Alumneum wuchs mit den größeren Ansprüchen, die an seine Leistungsfähigkeit gestellt wurden, sowie durch wohltätige Stiftungen, die sein unsicheres Einkommen erhöhten; unter Bach zählte es 55 Alumnen. Am 1. Mai 1543 übernahm der Rat die Oberaufsicht, und zehn Jahre darauf sorgte er für die Unterbringung der Anstalt in geeigneten Gebäuden. Am Sonntag Kantate 1553 wurde der Neubau begonnen und am 13. Dezember desselben Jahres beendet. Das ursprüngliche Schulhaus lag der westlichen Kirchentüre gerade gegenüber, aber die soliden Mauern des neuen Gebäudes dehnten sich nach Süden bis zum Thomaskirchhof aus und waren noch unverändert, als Bach dort seinen Einzug hielt. 1732 wurde die Schule erweitert und um zwei Stockwerke erhöht; nunmehr genügte sie ihren Zwecken, bis 1877 die Übersiedlung in die Schreberstraße erfolgte; ein Menschenalter darauf, am 7. April 1902, wurde mit dem Abbruch des alten Hauses begonnen.

Während der unheilvolle Dreißigjährige Krieg wütete und Leipzig in den Händen der Schweden war, stellte der Rat im März 1634 die ›Vornewerte [erneuerte] Schul-Ordnung‹ auf, deren zehn Artikel noch bis zu Bachs Amtsantritt Geltung hatten. Von jenem Zeitpunkt ab setzte sich der Lehrkörper aus dem Rektor und sechs

Kollegen (collegae ordinarii) mit der folgenden Rangordnung zusammen: Konrektor, Kantor, Tertius, Quartus, Baccalaureus, funerum und Baccalaureus nosocomii; zu ihnen gesellten sich zwei collaboratores für die untersten Klassen. Mit Ausnahme des Rektors und Konrektors hatte jeder von ihnen täglich vier Stunden zu geben. Ein Glockenzeichen verkündete den Beginn und Schluß des Unterrichts. Keiner der Lehrer durfte die Stadt ohne Erlaubnis des regierenden Bürgermeisters verlassen, und einmal im Monat kam das ganze Kollegium in der Wohnung des Rektors zusammen, um über die Fortschritte der Klassen Bericht zu erstatten. Jeder der Senioren versah abwechselnd eine Woche lang das Amt des Inspektors. Während dieser Zeit war er Tag und Nacht für die Disziplin verantwortlich; er nahm an den Mahlzeiten der Schule teil und schlief im Schulgebäude, wo Wohnräume für ihn bereit waren.

Die Chorsänger, die im Alumneum wohnten und erzogen wurden, hatten sich vor ihrer Aufnahme einer Prüfung in den allgemeinen Schulfächern zu unterziehen und erhielten vom Kantor ein Zeugnis über ihre musikalische Verwendbarkeit ausgestellt. Auch mußten sie sich verpflichten, eine Reihe von Jahren auf der Schule zu bleiben: denn der Chor setzte sich nicht, wie es etwa bei den englischen Kirchenchören der Fall ist, aus Schulknaben und Berufssängern zusammen. Im Alumnat wurden vielmehr und werden bis auf den heutigen Tag alle vier Stimmen besetzt. Die Zahl der Alumnen hatte sich seit dem 17. Jahrhundert nicht geändert: 1634 wies der Chor, wie zu Bachs Zeiten, fünfundfünfzig Sänger auf.

Jede Klasse hatte ihren Schlafraum und ihre besonderen Bestimmungen. Die Ordnung für die Sexta verzeichnet eine Reihe von Vergehen und meldet, wie diese geahndet wurden:

1. Wer den Schlüssel verliert oder stecken läßt . zahlt 4 gr.
2. Wer die Tür offenläßt, wenn er als letzter aus dem Zimmer geht . . . . zahlt 2 gr.
3. Wer sich überessen hat (qui vomitat) . . . . . zahlt 2 gr.
4. Wer flucht oder laut und ungehörig spricht . zahlt 6 pf.
5. Wer lästerliche Reden führt, lateinisch oder deutsch . . . . zahlt 6 pf.
6. Wer zu spät aufsteht und das Gebet versäumt . . . . zahlt 3 pf.
7. Wer seine Schlafgelegenheit im Sommer bis um 10 Uhr und im Winter bis um 12 noch nicht aufgeräumt hat . . . . zahlt 6 pf.

Die Geldstrafen richteten sich nach dem Alter des Übeltäters. Diebstahl wurde in Quarta mit 4, in Quinta mit 2 und in Septima mit 3 Groschen bestraft. Lärmendes Betragen zog in Tertia den Verlust von 3 Pfennigen nach sich, während Deutschreden zwischen dem Morgengebet und dem Mittagessen und nach dem Abendgebet einen Quintaner 3 und einen Sextaner 2 Pfennige kostete. Kleine Zänkereien wurden mit 6 Pfennigen, ernste Händel mit 2 Groschen gebüßt.

Das Gebäude, das dieses historische Institut beherbergte, steht nicht mehr. Noch bis vor einem Vierteljahrhundert erhob sich der ehrwürdige Bau neben der Thomaskirche, während ringsum die alten Häuser eins nach dem andern verschwanden, um neuen Platz zu machen. Der Brunnen (der ›steinerne Waßer-Kasten‹), der in der Mitte des Thomaskirchhofs stand, war von 1722 bis 1816 in Gebrauch und wurde dann als Verkehrshindernis beseitigt. Von den rückwärtigen Fenstern der Schule blickte man auf die Pleiße mit der Thomasmühle, auf Apels Garten und die Promenade hinaus. Schon längst ist all diese altväterliche Anmut von der modernen Großstadt verschlungen worden. Während der ersten Jahre, in denen Bach hier wohnte, hatte die Schule außer dem Erdgeschoß noch zwei Stockwerke, und im Dachstuhl unter dem steilen Dach befanden sich weitere drei Geschosse. Vom Thomaskirchhof aus führten zwei Türen nach den verschiedenen Teilen des Hauses. Nächst der Kirche befand sich die Rektorwohnung; in der Mitte lagen die Klassenzimmer und Schlafräume, und im südlichen Flügel hauste der Kantor. Aber das Gebäude reichte für den Bedarf schon lange nicht mehr aus, und eine Erweiterung machte sich dringend nötig. Als Gesner zum Rektor ernannt wurde, wies er auf die verschiedenen Übelstände hin. Unter dem 6. Juni 1730 steht im Protokollbuch des Rates vermerkt, daß die Schule in ›großer Unordnung‹ wäre; die Schlafräume genügten nicht mehr; oft müßten zwei Knaben in einem Bett schlafen, und drei Klassen müßten gleichzeitig in dem Raum unterrichtet werden, der auch als coenaculum diente. Man beschloß daher, das Schulhaus um zwei Stockwerke zu erhöhen; Ostern 1731 wurde der Umbau in Angriff genommen; Rektor, Kantor und Schüler mußten in der Zwischenzeit anderswo untergebracht werden. Das Dach wurde abgetragen; auf das zweite Stockwerk wurden ein weiteres steinernes und ein ›Mezanin-Geschoß‹ aufgesetzt; ein ›Mansard-Dach‹ krönte den ansehnlichen Bau. In einem reichlichen Jahr war die Arbeit fertiggestellt, und am 5. Juni 1732 fand die feierliche Einweihung statt. Bis 1829 erfolgten keine weiteren baulichen Veränderungen; erst in diesem Jahre erfuhren die Räume der Quarta und Quinta eine Umgestaltung.

Ehe Bach im Jahre 1723 den südlichen Flügel beziehen konnte, waren umfassende Reparaturen nötig. Sein Vorgänger Johann Kuhnau hatte die Räume mehr als zwanzig Jahre benutzt und acht Kinder darin großgezogen, von denen noch vier unverheiratete Töchter an seinem

Sterbelager standen. Bach brachte eine Familie von fünf Köpfen mit; die älteste und einzige Tochter war noch nicht fünfzehn Jahre alt. Ehe der Einzug erfolgen konnte, mußten die abgewohnten Räume gründlich aufgefrischt werden. Kuhnau starb am 5. Juni 1722, und den ganzen September, Oktober und November hindurch waren die Handwerker mit den Ausbesserungsarbeiten beschäftigt. Der Rat ließ sich die Instandsetzung ein gutes Stück Geld kosten. Von diesem Zeitpunkte an bis zum Abbruch des Gebäudes blieb die Kantorwohnung ziemlich unverändert.

Die Türe, die in Bachs neue Behausung führte, befand sich rechts von dem Eckfenster im Erdgeschoß und war vom Kirchhof aus über ein paar Stufen zu erreichen. Durch einen schmalen Vorraum gelangte man zu einer Treppe, die ins nächste Stockwerk hinaufging. Im ersten Stock hatte die Kantorwohnung drei Fenster nach vorn heraus, ebenso viele nach rückwärts und zwei nach dem Thomaspförtchen zu. Von den letzten beiden gehörte eins zum Speisezimmer und eins zur Mädchenkammer, während die drei vorderen ein großes und ein kleines Schlafzimmer erhellten. Die beiden Räume mit dem Blick nach der Promenade erwecken unser besonderes Interesse. Vom Eßzimmer aus gelangte man in die zweifenstrige ›gute Stube‹, die auch unter Bachs Nachfolgern bis zur Zeit von Moritz Hauptmann denselben Namen führte. Hier wurden die behaglichen Hausmusiken abgehalten, an denen Bach soviel Freude fand. Daneben lag ein langgestreckter Raum, dessen einziges Fenster ebenfalls nach der Promenade sah. Das war Bachs Arbeitszimmer, die ›Componierstube‹. Nur eine dünne Wand trennte diese geheiligte Stätte von den kleinen Sextanern, die schwerlich eine Ahnung davon hatten, daß neben ihnen ein Genius seine unsterblichen Werke schuf.

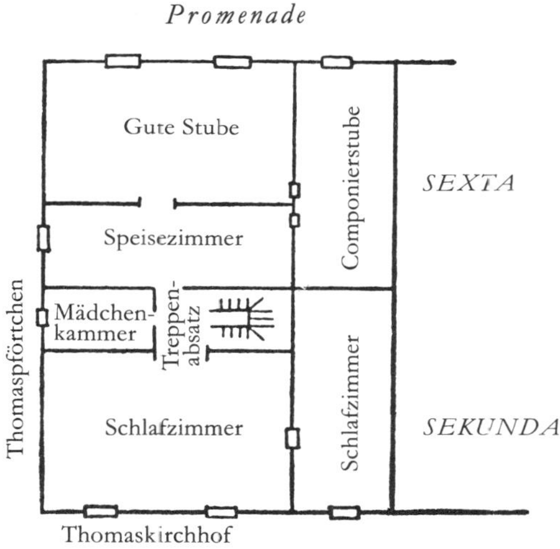

Plan der Kantorwohnung, erster Stock

Über eine winklige Treppe erreichte man den zweiten Stock, wo drei weitere Schlafzimmer lagen, zwei nach vorn heraus mit zusammen drei Fenstern und ein Eckzimmer mit zwei Fenstern nach der Promenade und einem nach dem Thomaspförtchen. Vom Treppenabsatz aus führte eine Tür nach dem langen Korridor und dem Musiksaal im Schulgebäude. In den obersten Stockwerken standen dem Kantor keine Räume zur Verfügung.

Die Ordnung der Thomasschule zur Zeit von Bachs Kantorat ist in zwei alten Drucken niedergelegt. Der erste erschien am 13. November 1723 in vierzehn Kapiteln unter dem Titel: ›E. E. Hochw. Raths der Stadt Leipzig Ordnung der Schule zu S. Thomae.‹ Ein kurzer Auszug davon wird ein klares Bild der Verhältnisse geben, unter denen die letzten Jahrzehnte von Bachs Dasein verflossen.

Caput I.
Vom Amt des Rectoris.

Neben seinen allgemeinen und pädagogischen Pflichten soll der Rektor des Abends den clavem communem (den ›Haupt-Schlüssel‹) in Verwahrung nehmen und nicht erlauben, daß ohne besondere Ursache jemand aus- und eingelassen werde. Auch hat er sich zu vergewissern, ob die Alumnen alle im Hause und in ihren Betten sind. Beim Verlassen der Schule zahlt ihm jeder Schüler, der vitam academicam anzutreten fähig ist, ein Honorarium, ›so wohl pro Testimonio als pro Oratiuncula‹; doch darf die Summe zwei Taler nicht überschreiten.

Caput II.
Von dem Amt derer Praeceptorum insgemein.

Der Baccalaureus funerum heißt von nun an Quartus, der Baccalaureus nosocomii Quintus und die beiden Collaboratores Sextus beziehungsweise Septimus. Mit Ausnahme des Rektors und des Kantors hat jeder Praeceptor vier Stunden am Tag zu geben, ›wenn nicht gantze oder halbe Ferien einfallen‹.

Caput III.
Von dem Examine und Progressibus.

Die Examina werden halbjährlich und zwar in der Woche nach Quasimodogeniti und in der Woche vor Michaelis von 7-9 vormittags und von 1-3 nachmittags in Anwesenheit von etlichen Rats-Deputierten, dem Herrn Superintendenten und dem Pastor der Thomaskirche abgehalten.

Caput IV.
Von dem Amt des Wöchentlichen Inspectoris.

Rektor, Konrektor, Kantor und Tertius haben abwechselnd die wöchentliche Inspektion zu übernehmen. Der Inspektor wohnt den Morgen- und Abendgebeten bei, die in Zukunft nicht mehr in lateinischer, sondern ›zu Erweckung mehrerer Attention und Andacht‹ in deutscher Sprache verrichtet werden sollen. Er muß dafür sorgen, daß die Knaben im Winter um sechs und im Sommer um fünf Uhr früh geweckt werden und eine Viertelstunde darauf zum Gebet ›in das Auditorium hinunter gehen‹; daß alle Schüler pünktlich um acht Uhr abends zum Gebet versammelt sind, sich danach gleich zu Bett begeben und kein brennendes Licht mit in die Schlafkammern nehmen; daß bei den Mahlzeiten ›kein Zechen in dem Vaporario‹ stattfinde; daß vor und nach dem Essen in deutscher Sprache gebetet und während der Mahlzeit aus der Heiligen Schrift oder einem Historico deutlich und langsam vorgelesen wird. Ferner soll er darüber wachen, daß die Knaben vollzählig und zur rechten Zeit wieder auf die Schule kommen, wenn sie bei Begräbnissen, Hochzeiten und besonders bei den Abendkurrenden im Winter vor den Häusern gesungen haben, und daß sie nicht ›mit dem Trunck überladen‹ heimkehren. Wenn der ›gantze Coetus‹ in die Kirche oder zu Begräbnissen geht, so hat der Inspektor sie zu begleiten. Bei den Sonntagsgottesdiensten führt der Kantor die Aufsicht über den ersten Coetum Musicum und der Konrektor über den Chorum secundum, der in der anderen Hauptkirche singt, während der Sextus mit dem dritten Chor in die Neukirche geht. Bei den Wochenpredigten übernimmt der Kantor Freitags die Inspektion, der Rektor Dienstags, der Quintus Donnerstags, und der Quartus überwacht die Betstunden.

Ferner hat der Inspektor den Schlüssel zum Krankenzimmer und besucht dort die Patienten. Versäumt er im Laufe des Tages eine seiner Pflichten, so muß er vier Groschen, bleibt er nachts der Schule fern, sechs Groschen Strafe zahlen.

Caput V.
Vom Amt des Cantoris, so viel die Music betrifft.

Der Kantor unterrichtet den Coetum superiorem; neben den ›ordinar-Singstunden‹ soll er besonders begabte Schüler gelegentlich auch einzeln vornehmen. Die Incipienten (Anfänger) sind dem Septimo zur Information überlassen. Wenn der Coetus superior geteilt wird, so übernimmt der Kantor den Chorum primum und der Konrektor den Chorum secundum. An Sonntagen hat der Chorus primus abwechselnd in den beiden Hauptkirchen zu singen; ein Präfekt und acht Sänger werden in die Neukirche, ein Präfekt und vier Sänger in die Peterskirche geschickt. Beim Gottesdienst und bei Begräbnissen stimmt der Kantor die ›teutschen Lieder‹ an; wenn er abwesend ist, muß es statt seiner der Praecentor der Kirche tun. Der Kantor wählt die Lieder oder Motetten für die Leichenbegängnisse. Eine ›Brautmesse‹ wird ihm mit einem Reichstaler honoriert; mehr hat er nicht zu verlangen. Er hat die Noten und Musikinstrumente in Verwahrung und führt die Oberaufsicht über die Organisten und Musikanten der Hauptkirchen. Die ›Praeparationen‹ für Weihnachten und die Frühlings-Kurrenden dürfen den Schulunterricht nicht in ungebührlicher Weise unterbrechen.

Caput VI.
Von Aufnehmung derer Knaben und deren Dimission.

Der Rektor ist befugt, Bürgerkinder in die untersten Klassen aufzunehmen, wo sie Lesen, Schreiben, Deklinieren und Konjugieren lernen. Wenn aber ein Knabe dem Chor der Alumnen beitreten will, so kann dies nur mit Erlaubnis des Vorstehers geschehen; dieselbe Erlaubnis ist nötig, wenn ein Alumne entlassen werden oder eines Beneficii verlustig gehen soll. Wünscht einer von den Externis in die oberen Klassen aufgenommen zu werden, so ist dem Vorsteher davon Mitteilung zu machen; falls er musikalische Begabung zeigt, erhält er vor anderen Bewerbern den Vorzug. Ein als Diskantist eingetretener Alumne muß sich verpflichten, fünf oder sechs Jahre auf der Schule zu bleiben.

Caput VII.
Vom Amt des Praeceptoris Quarti.

Der Quartus, der vormalige Baccalaureus funerum, begleitet die ›kleine halbe‹ oder die ›Viertels-Schule‹ zu den Leichenbegängnissen. Er unterrichtet die Unterklassen in biblischer Geschichte, Katechismus, Lesen und Schreiben, begleitet sie zu den Wochen-Betstunden in die Kirche und bereitet sie auf das sonntägliche Katechismus-Examen vor.

Caput VIII.
Von denen Leichen-Begängnissen und Schul-Accidentien.

Da nach alter Sitte die Schule zu Leichenbegängnissen hinzugezogen wird, so sollen die Bestattungen, bei denen die Anwesenheit des ganzen Coetus scholastici erfordert wird, nach Möglichkeit nicht vor drei Uhr nachmittags stattfinden, damit der Unterricht nicht darunter zu leiden hat. Wird die ›halbe Schule‹ verlangt, so gehen die drei oberen Klassen und die Quintaner mit; ist die ›kleine halbe Schule‹ bestellt, wechseln sich Prima und Tertia mit Sekunda und Quarta ab. Schüler und Praeceptores sollen sich eine Viertelstunde vor Beginn der Trauerfeier vor dem ›Leichen-Hauß‹ einfinden und sofort mit dem Gesang beginnen. Hierauf folgt die ›Abdanckung‹ des Verstorbenen durch den ›Leichen-Bitter‹. Dann versammeln sich die ›Leichen-Begleiter‹ um den Sarg und bringen ihn nach der Beerdigungsstätte.

Caput IX.
Von der Schuldigkeit derer Schüler insgemein.

Die drei oberen Klassen sollen untereinander und mit ihren Lehrern lateinisch reden. Nach altem Brauch haben die Quintaner den Betstunden des Montags, Dienstags, Mittwochs und Freitags, die Primaner der Morgenpredigt am Dienstag und sämtliche Klassen der Donnerstags- und Freitagspredigt beizuwohnen.

Caput X.
Wie die Schüler sonderlich in ihren auf der Schule befindlichen Cammern sich zu verhalten haben.

Sobald im Sommer früh um fünf, im Winter um sechs Uhr die Glocke läutet, muß jeder Schüler aufstehen, sich waschen, sich kämmen und binnen einer Viertelstunde fertig sein, zum Gebet herunterzugehen; er hat dazu die Bibel mitzubringen. Kleider, Schuhe, Strümpfe und Wäsche müssen sauber gehalten werden; schadhafte Sachen sind auszubessern. Es ist untersagt, des Nachts in den Schlafkammern Licht zu brennen. Die ›Nacht-Geschürre‹ dürfen nicht zerbrochen oder umgestoßen oder gar zu den Fenstern ausgeschüttet werden. Vor dem Schlafengehen muß der Lehrstoff des Tages wiederholt und dem Höchsten für das Gelernte gedankt werden. Es ist verboten, die Wände mit Kohle zu bemalen oder zu beschmieren. Wer an den Schlössern, Schlüsseln oder Fenstern etwas zerbrochen hat, muß für den Schaden aufkommen. Die Türen sollen im Sommer offengehalten werden; Lärm und Unordnung sind zu vermeiden. Niemand darf ohne ausdrückliche Erlaubnis eine Nacht außerhalb der Schule zubringen. Wer zwei oder drei Tage fortbleibt, soll bei seiner Wiederkehr ›8 Tage des Tisches mangeln‹. Abwesenheit während einer ganzen Woche zieht den dauernden Verlust des ›freyen Tisches‹ nach sich. Wer sich einen Monat oder länger ›absentirt‹, wird von der Schule ausgestoßen, es sei denn, er könne eine befriedigende Ursache für sein Verhalten angeben. Wenn ein Schüler die Schule verlassen will, so hat er dem Rektor sein Vorhaben schriftlich anzuzeigen, den Schlüssel seines Cubiculi abzuliefern und nichts mit sich zu nehmen, was nicht sein Eigentum ist. Wenn einer ohne Abmeldung heimlich davonläuft, so wird sein Name ans schwarze Brett geschlagen und er selbst mit Schimpf aus der Schule gewiesen.

Caput XI.
Wie die Alumni sich bey Tische zu bezeigen haben.

Vor und nach der Mittags- und Abendmahlzeit sagt der Knabe, der an der Reihe ist, das Tischgebet, und die anderen sprechen es ihm nach. Während des Essens wird ein Psalm oder ein Kapitel aus der Bibel oder einem anderen erbaulichen Buche vorgelesen. Ohne Erlaubnis des Inspektors darf kein Alumne außerhalb der Schule speisen.

Caput XII.
Was sie bey Leichen-Begängnüssen zu beobachten haben.

Die Schüler haben in ehrbarem schwarzen Rock und Mantel zu gehen. Bei Leichenbegängnissen ist diese Tracht unerläßlich. Sie müssen dem Zuge in der Ordnung folgen, in der sie während der Schulstunden zu sitzen pflegen, und beim Gesang ›eine richtige Consonanz beobachten‹.

Caput XIII.
Ordnung des Chori Musici bey dem Gottes-Dienst.

An Sonntagen haben sich die Alumnen ruhig im Coenaculo zu versammeln und sich eine Viertelstunde vor Beginn des Gottesdienstes in die Kirche zu begeben, wo sie so lange auf ihren Bänken im Hintergrund der Empore stillsitzen müssen, bis sie an ihre Pulte vorgerufen werden. Nach Beendigung der Kantate dürfen Praecentor, Tenöre und Bässe vorn am Geländer der Galerie stehen bleiben; die übrigen müssen sich wieder auf ihre Bänke zurückziehen und der Predigt und den anschließenden Gebeten lauschen, um endlich wieder zum Gesang vorzutreten. Es ist streng verboten, in der Kirche zu essen. Wer ohne Erlaubnis vor Ende des Gottesdienstes die Kirche verläßt, wird mit der Rute bestraft; wer einen Monat lang dem Chor fernbleibt, wird von dem Catalogo der Currend-Schüler gestrichen.

Der Coetus Musicus ist in vier Cantoreyen eingeteilt. Die erste singt zu Hochzeiten und ›Ehren-Gelagen‹; ihre Einnahmen werden in die ›verschlossene Büchse‹ getan. Bei Hochzeiten und anderen solennen Conviviis ist es üblich, die sogenannten ›Köstgen‹ in die Schule zu schicken und den Chor damit zu speisen. Statt dessen kann auch Geld gegeben werden.

Caput XIV.
Von der Schuldigkeit derer Praefectorum.

Der Praefectus Inquilinorum oder General-Praefectus führt die allgemeine Aufsicht über die ganze Schule, über Alumnen und Externe. Zu diesem Amte wird der älteste Alumne, oder wenn dieser ›in musicis nicht geschickt genug‹, der nächstfolgende ausersehen.

Die Praefecti-Cubiculorum sind acht an der Zahl, für jede ›Schul-Cammer‹ einer. Sie sorgen für Ruhe und Ordnung in den Schlafräumen.

Die Praefecti Coetuum leiten die Kurrenden und liefern das eingesammelte Geld an den Rektor ab.

Die vier Praefecti Chororum werden alljährlich vom Kantor mit Genehmigung des Vorstehers ernannt. Sie haben bei Leichenbegängnissen den Chor zu beaufsichtigen und den Kantor zu vertreten, falls dieser abwesend ist.

Die Quaestores müssen, jeder in seiner Klasse, den Catalogum führen, auf ›Sand-Seiger‹, Kreide und sonstige Geräte achthaben, für Ordnung sorgen und Übeltäter dem Inspektor zur Bestrafung übergeben.

Die Leichen-Famuli machen die bei der Schule angemeldeten Trauerfälle durch ›Anschreibung an die Tafel‹ bekannt und führen Buch über das dafür eingehende Geld. Sie geben acht, daß die Schüler sich in der vorgeschriebenen Ordnung zum Trauerhaus und wieder zurück begeben, und daß das Kreuz dem Zuge vorangetragen wird.

Der Calefactor muß sich als erster von allen erheben, die ›Stuben einheitzen‹, die Glocke läuten, damit die Schüler aufstehen, und eine Viertelstunde darauf das zweite Zeichen geben, das sie zum Gebet ruft. Er zündet die Laternen an den Wänden und auf den Treppen an und hat sie auch wieder auszulöschen. Ferner sorgt er dafür, daß Türen, Fenster und Läden geschlossen und verriegelt werden; er hält die Purganten zur Arbeit an und hat die Vorräte an Brennholz und Sägespänen in Verwahrung. Nach den Mahlzeiten räumt er Tischtücher und Teller weg und läßt den Speisesaal auskehren. Dabei darf er aber von seinen Lektionen und Singstunden keine versäumen [!].

Die Purganten haben das Schulgebäude reinzuhalten und Schmutz und Kehricht vor das Thomaspförtchen zu tragen. In ihrer Verwahrung befinden sich die zur Züchtigung nötigen Ruten und Stecken.

Dieser Schilderung der inneren Schulverhältnisse fügen Gesners ›Gesetze‹ einige Einzelheiten hinzu, die uns stellenweise fast humoristisch anmuten. Es ist selbstverständlich, daß junge Leute von siebzehn, achtzehn, ja zwanzig Jahren, die unter einem derartigen Zwang leben mußten und denen es an jeglicher Zerstreuung fehlte, zum Widerstande aufgestachelt wurden und Lust verspürten, über die Stränge zu schlagen. Die Tatsache, daß Strafen für wochenlange Abwesenheit angesetzt waren, läßt darauf schließen, daß solche Fälle vorkamen. Ebenso zeigt die strenge Ermahnung, sich der Unmäßigkeit und des Tabakrauchens zu enthalten, daß man es nicht nur mit Kindern zu tun hatte. Die Gefahren, welche die allzu lang ausgedehnten Gottesdienste mit sich bringen, werden gestreift: falls die Kälte in der Kirche nach Ansicht des Inspektors zu groß sein sollte, dürfen die jüngeren unter den Schülern in die Schule zurückkehren, wo ihnen eine Predigt vorgelesen wird. In Krankheitsfällen soll der Arzt erst geholt werden, wenn Hausmittel ohne Wirkung geblieben sind. Der Patient wird dann in die Krankenstube gebracht, wohin ihm ein Tertianer eine besser zubereitete

Kost bringt. Im Falle einer hartnäckigen Krankheit wird auf Kosten des Rates eine Frau zur Pflege bestellt.

Gesners ›Gesetze‹ vermitteln uns ein Bild vom Verlauf eines normalen Schultages. Im Sommer läutet der Calefactor – der als erster auf den Beinen sein muß und als letzter zur Ruhe geht – früh um fünf Uhr die Glocke. Eine halbe Stunde darauf versammelt sich die ganze Schule im Coenaculo zum Gebet. Nach der Andacht begeben sich einige Klassen in ihre Arbeits- oder Schlafräume, wo sie bis halb sieben Uhr bleiben; andere besuchen den Frühgottesdienst in der Kirche und kehren um sieben zur ersten Schulstunde zurück. Jede Klasse beginnt ihre Lectiones mit einem Liede, und zwar wird eins gewählt, das am folgenden Sonn- oder Feiertag beim Gottesdienst an die Reihe kommt. Dann wird ein Kapitel aus der Bibel und ein Stück aus dem Compendio theologico vorgelesen. Um elf Uhr wird das Mittagessen aufgetragen. Um zwölf Uhr versammeln sich die oberen Klassen beim Kantor im Übungssaal und die übrigen bei seinem Assistenten. Wie Gesner bemerkt, ist diese Stunde der Verdauung wegen schlecht gewählt; man müsse sich aber damit abfinden. Andere Lektionen folgen, und nachmittags wird häufig die Mitwirkung der Schüler bei Leichenbegängnissen verlangt. Um sechs Uhr wird zu Abend gegessen; um sieben sitzen alle in ihren Kammern oder aber, um Licht zu sparen, im Winter an ihren Tischen im Coenaculo, um zu lesen, zu schreiben und die Aufgaben für den nächsten Tag durchzugehen, wobei sie vom Inspektor beaufsichtigt werden. Um acht Uhr wird gebetet, und um neun begeben sich alle zur Ruhe, nachdem sie sich gewaschen und ihre Kleider ausgebürstet haben. Gesner ermahnt seine Schüler, vor dem Einschlafen dem Beispiel des Pythagoras zu folgen: sie sollen über die Ereignisse und Lehren des Tages nachdenken und sich bemühen, die

Pfade der Klugheit und Frömmigkeit zu wandeln. Das neue Gebäude verlangte eine neue Ordnung; Gesner schließt mit dem ›vornehmsten Gesetz‹:

Befördere das Wohl der Schule.

ACHTES KAPITEL
DIRECTOR MUSICES

Bach durchbrach in gewisser Hinsicht die Traditionen, die sich an das ihm anvertraute Amt des Kantors knüpften. Er sah sein Amt als das eines Kapellmeisters an; die unerquicklichen Reibereien und fortgesetzten Zusammenstöße mit dem Rat der Stadt gehen im Grunde alle darauf zurück, daß er entschlossen war, seine Tätigkeit in diesem Sinne aufzufassen. Im Lauf der Jahre wälzte er seine pädagogischen Obliegenheiten immer mehr von sich ab und überließ die Leitung des Chores, soviel es irgend ging, untergeordneten, wenngleich fähigen Kräften. Die musikalischen Formen des Oratoriums, der Passion und der Kantate, die sich seit der Reformation in der deutschen Kunst zu entwickeln begannen, mußten der Vollendung entgegengeführt werden. Dies war das Ziel, das Bachs Genius vorschwebte und dem er alle Zeit und Kraft widmete. Daher nannte er sich fast ausschließlich Director Musices und betonte auf diese Art die Verantwortung, die er zu tragen geneigt war.

Bachs wohlerwogene Auffassung seiner Pflichten bürdete ihm eine schwere Last auf. Es entspricht zweifellos den Tatsachen, wenn seine ersten Biographen berichten, daß er neben seinen Passionen, Oratorien, Motetten und weltlichen konzertierenden Kompositionen fünf Serien geistlicher Kantaten geschaffen habe, die das ganze Kirchenjahr umspannten. Von den zweihundertfünfundneunzig Kantaten, die er demnach geschrieben haben muß, brachte er etwa dreißig nach Leipzig mit und verwandte sie dort beim Gottesdienst. Er hat während seines siebenundzwanzigjährigen Kantorats wenigstens zweihundertfünfundsechzig Kantaten komponiert, und da er seit etwa 1744 aufhörte, sich dieser Form zu bedienen, so muß die schier unerhörte Fülle von Kantaten in wenig mehr als zwanzig Jahren vollendet worden sein; das wäre durchschnittlich eine Kantate im Monat. Die Berechnung wird stimmen; war ihm doch schon seinerzeit in Weimar die gleiche Verpflichtung auferlegt worden. Die Arbeitslast war notwendigerweise zu Beginn seines Kantorats besonders schwer; während der ersten beiden Leipziger Jahre scheint er sich ganz in seine kompositorische Tätigkeit vergraben zu haben. Er war noch nicht lange im Amt, als er zum ersten Mal den Auftrag bekam, eine Trauermusik zu komponieren: die Gattin des Oberpostmeisters Käse hatte das Zeitliche gesegnet, und am 18. Juli 1723 (8. Sonntag nach Trinitatis) hielt Superintendent Salomon Deyling zur Nachmittagsvesper ihre Leichenpredigt. Er wählte dazu den Text Römer 8,11, aus der Epistel des Tages. Die Tatsache, daß Bach Johann Francks Begräbnislied in seine Komposition aufnahm, machte es fast sicher, daß seine Motette ›Jesu, meine Freude‹, für diese Gelegenheit komponiert war. Auch für einige der vorausgehenden Sonntage (2., 4. und 7. Sonntag nach Trinitatis) scheint er neue Kantaten gesetzt zu haben, und am Dienstag, dem 2. November 1723, kam er auf die Einladung von Statz Hilmar von Fullen mit seinem Chor nach Störmthal, um die kürzlich von Zacharias Hildebrand gebaute Orgel einzuweihen. Der Orgelbauer war selbst zugegen, und bei der Feier wurde Bachs Kantate ›Höchsterwünschtes Freudenfest‹ (Nr. 194) aufgeführt. Wenige Wochen darauf brachte er zur Christvesper in der Thomaskirche sein lateinisches ›Magnificat‹ zu Gehör; wie üblich hatte er eine Anzahl Weihnachtslieder in seine

Partitur eingeflochten. Es war seine erste Weihnachtsfeier in Leipzig; aber dies glänzende Werk war nicht das einzige, das er zum Feste beisteuerte. An jedem der drei Feiertage bot er eine neue Kantate: am ersten Feiertag wurde ›Christen, ätzet diesen Tag‹ (Nr. 63) in der Nikolaikirche, am zweiten ›Dazu ist erschienen der Sohn Gottes‹ (Nr. 40) in der Thomaskirche, und am dritten ›Sehet, welch eine Liebe‹ (Nr. 64) in der Nikolaikirche gesungen. Auch am Neujahrstag wartete er mit einem neuen Werk auf, ›Herr Gott, dich loben wir‹ (Nr. 16).

Nicht weniger fruchtbar erwies sich das Jahr 1724. Bach führte an den folgenden Tagen neue Kantaten auf: Zu Epiphanias, am ersten und vierten Sonntag nach Epiphanias, zu Lichtmeß, Quinquagesima, Ostern, Trinitatis und vielleicht auch zu Jubilate und zu Pfingsten. Am zweiten Sonntag nach Trinitatis weilte er in Gera. Hier weihte ›der berühmte Cantor und Capellmeister Bach‹ die neue Orgel in der St. Johannes- und St. Salvatorkirche ein; dafür bekam er 30 Gulden Honorar, 10 Gulden Reisegeld, 17 Gulden 8 Groschen 8 Pfennige für Beköstigung und eine Extravergütung von 7 Gulden 8 Groschen für Wein. Seine Leipziger Vorgesetzten brauchten nicht lange zu warten, bis er ihnen einen Beweis seiner Eigenwilligkeit und seines selbständigen Vorgehens gab. Seit Einführung der ›musicirten Passion‹ war es üblich, diese an Karfreitagen abwechselnd in den beiden Hauptkirchen aufzuführen. Da Bachs ›Johannespassion‹ 1723 in der Thomaskirche erklungen war, kam 1724 die Nikolaikirche an die Reihe, deren Behörden dem Ereignis um so erwartungsvoller entgegensahen, als 1722 die Aufführung ausgefallen war. Die Kirche verfügte über eine gute Orgel; aber die Chorgalerie war unzureichend und das Klavier reparaturbedürftig; deshalb kümmerte sich Bach nicht um die Bestimmung und kündigte eine Aufführung in der Thomaskirche an. Die Geistlichen der Schwesterkirche erhoben Widerspruch, und da der Rat sich bereit erklärte, die Chorgalerie den Bedürfnissen anzupassen und das Klavier instandsetzen zu lassen, so nahm Bach seine Ankündigung zurück und brachte die Passion erstmalig in der Nikolaikirche zu Gehör. Aber er war entschlossen, von nun an nie mehr eine Erstaufführung seiner Werke in dieser Kirche zu veranstalten.

Länger als ein Jahr verlief Bachs Leben in Leipzig ohne Mißhelligkeiten. Seine ältesten Söhne genossen bereits den guten Schulunterricht, und am 22. Dezember 1723 ließ er Wilhelm Friedemann – vorzeitig – in der Universität immatrikulieren. Die Familie vergrößerte sich von Jahr zu Jahr, und die Kantorwohnung erwies sich als viel zu eng für den kinderreichen Haushalt. Es kamen zur Welt: 1723 eine Tochter, die nur drei Jahre lebte; 1724 Gottfried Heinrich, der geistig nicht normal war und 1763 starb; 1725 Christian Gottlieb, der nicht über das Kindesalter hinauskam; 1726 Elisabeth Juliane Friederica, die einzige von Bachs Töchtern, die sich vermählte; auf sie folgten vier Geschwister, deren Dasein schon im frühen Kindesalter erlosch. Wie es bereits bei den Kindern erster Ehe der Fall war, so zeigt auch hier wieder die Wahl der Paten, welch hohes Ansehen Bach in der Stadt genoß. Unter ihnen befanden sich Bürgermeister Gottfried Lange, der Vorsteher der Thomasschule, unter dem Bach angestellt worden war; die Gattin Johann Heinrich Ernestis, des Rektors der Thomasschule; Christian Wilhelm Ludwig, ›Churf. Sächß. Geleitsmann‹; Rechtsanwalt Johann Fr. Falckner; Johann Ernst Kregel, Richter am Oberhofgericht; eine Tochter des Archidiakonus Carpzov, und andere mehr. Daß acht Kinder aus Bachs zweiter Ehe nicht lebensfähig waren, muß dem Umstand zugeschrieben werden, daß sie in der allzu engen und ungesunden Kantorwohnung nicht gedeihen konnten. Von den fünf Kindern, die nach dem Umbau der Schule geboren wurden, ist nur eins jung gestorben, während zwei von ihnen den Ruhm des Namens Bach noch vergrößern halfen.

Es ist sehr wahrscheinlich, daß Bach seinem Textdichter Picander zuliebe als Passionsmusik am Karfreitag 1725 dessen ›Erbauliche Gedancken auf den Grünen Donnerstag und Charfreytag über den Leidenden Jesum‹ in Musik setzte. Das Libretto ist nach Brockes' Muster zurechtgemacht, ist aber kürzer und weniger bedeutend als sein Vorbild. Es endete mit einem ›Chor der Gläubigen Seelen‹, den Picander drei Jahre später in die ›Matthäuspassion‹ herübernahm. Der Text ist entschieden geschickter zusammengestellt als in der ›Johannespassion‹; aber er wird Bach schwerlich befriedigt haben: die Passionsgeschichte ist zu dürftig umrissen; es fehlt an frommer Eingebung, und Passions-Choräle finden sich fast gar nicht. Man sollte meinen, daß die Umwandlung der Bibelworte in gereimte Verse dem Komponisten als eine Entstellung der Heiligen Schrift vorgekommen wäre, wenn er nicht 1731 eine weitere ebenso gestaltete Passion von Picander vertont hätte. Die Musik der ›Erbaulichen Gedancken‹ ist nicht erhalten, aber es darf als sicher angenommen werden, daß Bach den Beifall seiner Zuhörer im Jahre 1725 mit einer Passion nach der beliebten Brockesschen Art zu erringen trachtete, um so mehr, als die Thomaskirche diesmal an die Reihe kam und man dort schwerlich gesonnen war, zu warten, bis ihr Kantor im Jahre 1729 seine erste Passionsmusik zur Aufführung bringen würde.

Es sollte nicht lange dauern, so sah sich Bach in einen Streit mit der Universität verwickelt, der schon unter Kuhnau begonnen hatte und der in engstem Zusammenhang mit Bachs bereits erwähnter Auffassung seiner Wirksamkeit stand. Es ist weiter oben darauf hingewiesen worden, daß die Universität über wertvolle musikalische Kräfte verfügte, auf deren Mitwirkung man bei Bachs Ernennung zum Kantor große Hoffnungen setzte. Kuhnau hatte den Vorteil dieser Verbindung als Director Chori Musici der Universität ausgekostet und das bescheidene Gehalt von zwölf Gulden dafür eingestrichen. In dieser Eigenschaft hatte er den ›alten Gottesdienst‹ in der Paulinerkirche an den drei hohen Festen, am Reformationstag und bei gewissen akademischen Feiern zu leiten. Aber im Jahre 1710 richtete die theologische Fakultät einen regelmäßigen Sonntagsgottesdienst, den sogenannten ›neuen Gottesdienst‹, ein und legte die musikalische Leitung in andere Hände. Kuhnau erhob Einspruch (1. September 1710). Die Universität ging darauf nicht ein und übertrug den Posten einem Rechtsstudenten mit Namen Johann Friedrich Fasch. Als aber Kuhnau versprach, den alten und neuen Gottesdienst zu leiten, ohne eine Gehaltszulage dafür zu fordern, gab man ihm schließlich doch den Vorzug. Die Universität tat diesen Schritt nicht nur aus Gründen der Sparsamkeit; sie wollte auch zeigen, daß die Leitung ihrer Kirchenmusik nicht ex officio mit den Pflichten des Stadtkantors zusammenfiel. Als Telemann seinerzeit zum Kantor berufen wurde, hatte man ihm zugleich den Gottesdienst in der Universitätskirche übertragen, mit der ausdrücklichen Bemerkung, daß es in Anerkennung seiner Verdienste geschähe und er als Kantor sonst keinen Anspruch darauf hätte. Er sollte seine Tätigkeit zu Michaelis beginnen; für die Zwischenzeit war Görner zum Stellvertreter ernannt worden. Nachdem Telemann den Posten ausgeschlagen hatte, folgte das Intermezzo mit Graupner, und als auch dieser zurückgetreten war, beanspruchte Görner, der Bach wenig schätzte, das von ihm aushilfsweise versehene Amt dauernd für sich. Görners Bewerbung lief am 3. April 1723 ein, drei Wochen, ehe Bach Kantor wurde; und da er den Posten zur Zufriedenheit und ohne Entgelt bekleidet hatte, so wurde er zum ständigen Leiter beider Gottesdienste ernannt.

Indem die theologische Fakultät auf diese Weise den alten Gottesdienst vom Stadtkantorat trennte, hatte sie sich eine Ungesetzmäßigkeit zuschulden kommen lassen. Der Abmachung mit Telemann entsprechend, begann Görner seine Tätigkeit als Direktor im September. Aber Bach war nicht der Mann, eine Kränkung stillschweigend hinzunehmen. Er wandte sich an die Universität und erhob Anspruch auf das Gehalt, das ihm als Leiter des alten Gottesdienstes zustand. Als das Concilium der Universität zu Michaelis 1723 zusammentrat, mußte es sich mit Bachs Forderung auseinandersetzen. Man wußte noch nicht, mit welch einem Starrkopf man es zu tun hatte, und gab zur Antwort, Bach habe die Stellung nicht zu beanspruchen; man habe sie Görner zugleich mit der Leitung des neuen Gottesdienstes übertragen, und ein jus prohibendi stände dem Kantor Bach nicht zu. Bach ließ sich nicht einschüchtern; er wiederholte, daß der alte Gottesdienst samt der Bezahlung dem Stadtkantor zukäme, und brachte es schließlich dahin, daß das Concilium das Ungesetzmäßige seiner Handlungsweise zugeben mußte. Grollend überließ man ihm daher die Leitung des alten Gottesdienstes, ohne ihm jedoch das Gehalt von zwölf Gulden zu zahlen, das man Görner zugewendet hatte. Bach ließ sich das nicht gefallen, und es glückte ihm, die Hälfte der ihm zukommenden Summe herauszudrücken. Der Streit dauerte bereits zwei Jahre, und da Bach merkte, daß er von der Universität keine weiteren Zugeständnisse zu erwarten habe, brachte er seine Sache bei der höchsten Instanz vor. Am 14. September 1725 unterbreitete er den Streitfall seinem Kurfürsten:

Aller Durchlauchtigster,
Großmächtigster König und Chur Fürst,
Allergnädigster Herr.
Eure Königliche Majestät und Chur Fürstliche Durchlaucht wollen allergnädigst geruhen, Sich in allerunterthänigster Submission vorstellen zu laßen, welcher gestalt das Directorium der Music des alten und neüen Gottesdienstes bey Einer Löblichen Universität zu Leipzig, nebst der Besoldung und gewöhnlichen Accidentien mit hiesigem Cantorat zu S. Thomas iedesmahl auch bey Lebzeiten meines Antecessoris, verknüpft gewesen, nach deßen Absterben aber in währender Vacanz solches dem Organisten zu S. Nicolai, Görnern, gegeben, und mir bey Antretung meines Amtes das Directorium des so genandten alten Gottesdienstes zwar wiederum überlaßen, die Besoldung aber hernachmals abgeschlagen, und solche nebst dem Directorio des neüen Gottesdienstes vorgedachtem Organisten zu S. Nicolai zugeeignet worden; und ob wohl bey Einer Löblichen Universität ich mich geziemend gemeldet, und daß es bey der vormahligen Verfaßung gelaßen werden möchte, Ansuchung gethan, dennoch mehr nicht erhalten können, als daß man mir von dem Salario, welches sonst in zwölf Gülden bestehet, die Helffte desselben angeboten. Alldieweil aber, Allergnädigster König und Chur Fürst, Eine Löbliche Universität mich zur Bestellung der Music bey dem alten Gottesdienste ausdrücklich erfordert und angenommen hat, ich solches Amt bißher auch verrichtet, das Salarium, welches man zu dem Directorio des neüen Gottesdienstes geschlagen mit demselben vormahls gar nicht, sondern eigentlich mit dem alten Gottesdienst verbunden, auch das Directo-

rium des neüen, zugleich auch beym Anfang des neüen Gottesdienstes mit dem alten verknüpffet worden, und wenn ich auch schon das Directorium des neüen, dem Organisten zu S. Nicolai nicht streitig machen wolte, mir doch die Entziehung des Salarii, so allerdings iederzeit, ehe noch der neüe Cultus angestellet worden, zu dem vormahligen gehöret hat, höchst betrübt und nachtheilig ist, auch Kirchen Patroni, was einmahl zu der ordentlichen Besoldung eines Kirchendieners angesezt und bestimmet ist, anders zu disponiren, und entweder gäntzlich zu entziehen, oder auch zu verkürzen, sonst nicht gewohnet sind, und ich doch mein Amt bey obbemeldeten alten Gottesdienst schon über zwey Jahre ümsonst verrichten müßen. Als ergehet an Eure Königliche Mayestät und Churfürstliche Durchlaucht mein allerunterthänigstes Suchen und Bitten, es wollen Dieselben an die Löbliche Universität zu Leipzig, damit Sie bey der vormahligen Einrichtung es bewenden, und nebst dem Directorio des alten Gottesdienstes mir auch das Directorium des neüen, insonderheit aber die völlige Besoldung des alten Gottesdienstes und beyderseits vorfallende Accidentien fernerweit angedeyen laßen möge, allergnädigsten Befehl ertheilen. Vor solche Allerhöchste Königliche Gnade werde lebenslang beharren

Euerer Königlichen Mayestät
und Churfürstlichen Durchlaucht
allerunterthänigst-gehorsamster
Leipzig: den 14. Sept: 1726. Johann Sebastian Bach.

Der sächsische Salomo entschied die Streitigkeit gerecht. Ein Schreiben vom 21. Januar 1726 verkündete den Urteilsspruch des hohen Herrn: da der alte Gottesdienst von jeher mit dem Stadtkantorat verknüpft gewesen war, sollte es auch ferner dabei bleiben. Über den neuen Gottesdienst, der sich an keinen überkommenen Brauch band, sollten die Behörden der Universität nach eigenem Ermessen verfügen. Bach hatte also in bezug auf den alten Gottesdienst und das dafür bestimmte Honorar seinen Willen durchgesetzt; es war ihm aber nicht, wie seinem Vorgänger Kuhnau, gelungen, die musikalische Leitung beider Gottesdienste in die Hand zu bekommen. Görner behielt demnach den Sonntagsgottesdienst in der Paulinerkirche. Was aber die gelegentlichen actus solemnes anbetraf, auf die Bach in seinem zweiten Brief an den Kurfürsten angespielt hatte, so ließ die Antwort des hohen Herrn die Frage offen, wer von beiden sie zu leiten hätte, und 1727, als für die verstorbene Kurfürstin eine Trauerfeier veranstaltet werden sollte, brach der Zwist von neuem aus.

Die außergewöhnliche Fruchtbarkeit, die Bachs Schaffen in den ersten beiden Jahren seines Kantorats kennzeichnet, ließ in der Folgezeit nach. Auf die Jahre 1725 bis 1727 kommen ungefähr einundzwanzig Kantaten. Dies ist nur etwa die Hälfte von dem, was er sonst in einem solchen Zeitraum zu schaffen pflegte. Dagegen war er auf anderen Gebieten tätig. Am 4. Februar 1726 hielt Salomon Deyling für die verstorbene Gattin des Stadthauptmanns Winckler die Leichenpredigt, der er die Verse Jesaja XLIII, 1 und 5, zugrunde legte. Denselben Text hat Bach in seiner Motette ›Fürchte dich nicht, denn ich habe dich erlöset‹, verwendet, so daß die Vermutung naheliegt, die Motette sei bei dem Trauergottesdienst gesungen worden. Im selben Jahr begann Bach mit der Komposition der Partiten oder deutschen Suiten, die 1731 als I. Teil seiner ›Clavierübung‹ erschienen. Die erste von ihnen kam 1726 in Leipzig ›in Verlegung des Autoris‹ heraus; es war dies überhaupt seine erste Instrumentalkomposition, die gestochen wurde. Seit fast zwanzig Jahren war nichts von ihm gedruckt worden. Ein günstiges Zusammentreffen wollte, daß er mit diesem neuen Werk eine alte Freundschaft besiegeln konnte. Nachdem Fürst Leopold von Anhalt-Köthen länger als zwei Jahre Witwer geblieben war, hatte er am 2. Juni 1725 die Tochter des Fürsten Wilhelm von Nassau-Siegen, Charlotte Friederica Wilhelmine, in zweiter Ehe heimgeführt. Am 12. September 1726 gab sie einem Sohn, Emanuel Ludwig, das Leben, der nach knapp zwei Jahren noch vor seinem Vater starb. Da Bach zufällig um dieselbe Zeit (1726) die erste Partita der ›Clavierübung‹ als Opus 1 herausgab, sah er sich veranlaßt, dem Erbprinzen das Werk mit dem nachstehenden Widmungsgedicht in die Wiege zu legen:

Dem Durchlauchtigsten Fürsten und Herrn Emanuel Ludewig, Erb-Printzen zu Anhalt, Hertzogen zu Sachßen, Engern und Westphalen, Grafen zu Ascanien, Herrn zu Bernburg und Zerbst u. s. w. Widmete diese geringe Musicalische Erstlinge aus unterthänigster Devotion Johann Sebastian Bach.

Durchlauchtigst
Zarter Printz
den zwar die Windeln decken
Doch den sein Fürsten-Blick mehr als erwachsen zeigt,
Verzeihe, wenn ich Dich im Schlaffe sollte wecken,
Indem mein spielend Blatt vor Dir sich nieder beugt.
Es ist die erste Frucht, die meine Saiten bringen,
Du bist der erste Printz, den Deine Fürstin küßt,
Dir soll sie auch zuerst zu Deinen Ehren singen,
Weil Du, wie dieses Blatt, der Welt ein Erstling bist.
Die Weisen dieser Zeit erschrecken uns und sagen,
Wir kämen auf die Welt mit Wünzeln und Geschrey,

Gleichsam als wollten wir vorauß schon beklagen,
 Daß dieses kurtze Ziel betrübt und kläglich sey.
Doch dieses kehr ich um, und sage, das Gethöne,
 Das Deine Kindheit macht, ist lieblich, klar und rein,
Drum wird Dein Lebens-Lauff vergnügt, beglückt und schöne,
 Und eine Harmonie voll eitel Freude seyn.
So Hoffnungs-voller Printz will ich Dir ferner spielen,
 Wenn Dein Ergözungen noch mehr als tausendfach.
Nur fleh ich, allezeit, wie jetzt den Trieb zu fühlen,
Ich sey
Durchlauchter Printz,
Dein
tieffster Diener
Bach.

Einen Monat darauf (30. November 1726) begab sich Bach mit einer Anzahl seiner Sänger nach Köthen, um der Mutter des kleinen Prinzen zu ihrem Geburtstage mit Musik aufzuwarten. Er führte seine Kantate ›Steigt freudig in die Luft‹ auf, die er in späteren Jahren wiederholt anderweitig benutzte. Vermutlich hat Anna Magdalena ihren Gatten begleitet und wieder einmal in den vertrauten Räumen des Ludwigsbaus gesungen. Bach war noch nicht lange aus Köthen zurückgekehrt, als er um seine Mitwirkung bei einer studentischen Veranstaltung gebeten wurde. Am 11. Dezember 1726 hielt Dr. Gottlieb Kortte, der Professor des römischen Rechtes, seine Antrittsvorlesung. Daraufhin feierte man ihn mit der Gratulationskantate ›Vereinigte Zwietracht der wechselnden Saiten‹, deren Textdichter unbekannt ist. Als Director Musices hätte Bach keine Veranlassung gehabt, sich bei dieser Gelegenheit zu betätigen; aber die an ihn ergangene Aufforderung zeigt deutlich, daß die Studenten, unabhängig von ihren Vorgesetzten, seine Mitwirkung der von Görner vorzogen. Im Frühjahr 1727 durfte Bach zum ersten Mal seinem Landesherrn eine musikalische Huldigung darbringen. Am 12. Mai kam Kurfürst August II. nach Leipzig und wohnte in Apels Hause auf dem Marktplatz. Von seinen Fenstern aus lauschte er einer Geburtstagskantate, die Christian Friedrich Haupt gedichtet und Bach in Musik gesetzt hatte. Bach leitete die Aufführung in eigener Person. August nahm huldvoll ein Exemplar des Librettos, ›Entfernet euch, ihr heitern Sterne‹, entgegen. Den faden Schwulst würden wir gern für Bachs Musik eintauschen, die leider verlorengegangen ist, wenn sie nicht vielleicht, einem anderen Text angepaßt, noch sonstige Verwendung gefunden hat.

August, seiner riesenhaften Körperkraft wegen ›der Starke‹ genannt, hatte sich das Mißfallen seiner lutherischen Untertanen zugezogen, weil er um der polnischen Königskrone willen 1697 zum Katholizismus übergetreten war. Seine Gemahlin Christiane Eberhardine von Brandenburg-Kulmbach hatte ihn wegen dieses Glaubenswechsels verlassen und lebte seitdem zurückgezogen in Pretzsch bei Wittenberg, wo sie am 6. September 1727 starb. Sie genoß besondere Liebe und Verehrung bei ihren Untertanen, und ihr Tod versenkte Sachsen in tiefe, bis Epiphanias 1728 ausgedehnte Trauer. Am 23. September, vierzehn Tage nach ihrem Hinscheiden, trat ein adliger Student, Hans Carl von Kirchbach, der mit Vorliebe Feierlichkeiten zu Ehren des regierenden Fürstenhauses veranstaltete, an die Behörden der Universität mit dem Ersuchen heran, in der Paulinerkirche eine Gedächtnisrede für die verstorbene Kurfürstin halten zu dürfen. Da die Dekane der Fakultäten wegen einer offiziellen Feier auf Anweisung aus Dresden warteten, rieten sie Kirchbach, sich in Geduld zu fassen. Der junge Mann nahm keine

Notiz davon, sondern wandte sich direkt an den König und Kurfürsten, mit der Bitte, ihm zu seiner Gedächtnisrede, die von der üblichen Trauermusik begleitet werden sollte, die Bewilligung zu erteilen. Am selben Tage (3. Oktober) empfing die Universität aus Dresden eine zustimmende Order, und da Kirchbach es in seinem Eifer nicht für nötig hielt, den nur spärlich gefüllten akademischen Säckel in Anspruch zu nehmen, gestattete man ihm, seine Anstalten zu treffen. Er wandte sich sofort an Professor Gottsched wegen der Verse zu einer Trauerode und an Bach wegen der dazugehörigen Musik. Ob Bach auf Gottscheds oder, was wahrscheinlicher ist, auf Kirchbachs Vorschlag damit betraut wurde, – jedenfalls war die Trauerfeier nunmehr zu einer Angelegenheit der Universität geworden, und daher beeilte sich Görner, mit den Forderungen hervorzutreten, zu denen ihn seine Stellung berechtigte. Er betonte, daß er sich durch die Hinzuziehung Bachs benachteiligt fühle, zumal ihm dadurch ein Honorar entginge, auf das er als Director Musices Anspruch habe, und er verlangte, man solle ihm entweder die Komposition der Ode übertragen oder ihm die Summe zahlen, die er dabei verdient haben würde. Unter allen Umständen wünschte er vor der Wiederholung eines solchen Vorkommnisses geschützt zu sein. Da Kirchbach keine weiteren Schritte tat und die Feier in sechs Tagen bevorstand, erschien Görner am 11. Oktober vor dem Concilium der Universität und drängte um Entscheidung; er wolle wissen, woran er sei. Der Pedell wurde mit dem endgültigen Bescheid zu Kirchbach geschickt, daß entweder Görner die Aufführung leiten oder Bachs Musik unaufgeführt bleiben würde. Dem geärgerten Kirchbach riß die Geduld; er entgegnete, er habe mit Bach eine Abmachung getroffen, an der er festzuhalten wünsche; wenn man fortfahre, ihn zu behelligen, werde er die ganze

Feier im Stiche lassen. Durch diese Drohung eingeschüchtert, bat ihn das Concilium, sich an Ort und Stelle mit Görner auseinanderzusetzen. Er ließ sich dazu bewegen, weigerte sich aber hartnäckig, seine Vereinbarung mit Bach zu brechen; doch erklärte er sich bereit, Görner mit einer Summe von 12 Talern zu entschädigen. Görner ging darauf ein; aber er verlangte Bachs Unterschrift unter ein bereits fertig abgefaßtes Dokument, das Bach verpflichtete, nie mehr in Görners Befugnisse einzugreifen.

Der Universitätsschreiber wurde am 12. Oktober zu Bach geschickt, um ihm das Dokument zur Unterschrift vorzulegen. In der Thomasschule war man gerade mit dem Mittagessen fertig, als er die Kantorwohnung betrat. Aber er mußte unverrichteter Dinge wieder umkehren: Bach wies ihm zornig die Türe und sah ihn niedergeschlagen über den Kirchhof abziehen. Der Abgewiesene verständigte den Syndikus der Universität von seinem Mißerfolg und wurde beauftragt, das noch nicht unterzeichnete Dokument Kirchbach auszuhändigen, der vielleicht mehr Glück damit haben würde. Tags darauf (13. Oktober) wurde es Kirchbachs italienischem Diener übergeben, und seitdem war und blieb es verschwunden. Sicher hat es Bach nie unterschrieben. Am 15. Oktober beendete er seine Komposition, und bereits zwei Tage darauf fand die Aufführung statt. Von nah und fern strömten die Trauernden zusammen. In der hohen Kirche stand ein großer Katafalk mit den Emblemen der verblichenen Königin. Als die bürgerlichen und akademischen Behörden in feierlichem Zuge zur Kirche schritten, ließen die Glocken sämtlicher Gotteshäuser ein weihevolles Trauergeläut erschallen; der Organist auf der westlichen Empore ›präambulirte‹, und die Pedellen verteilten die Texte zu Gottscheds Trauerode, ›so dießmal der Herr Capellmeister Johann Sebastian Bach nach Italiänischer Art componiret hatte‹, wie das Programm verkündete. Bach leitete die Aufführung selbst und saß auf der Empore am Klavizimbel unter den Mitwirkenden. Sein Sieg war vollkommen.

Wer Bachs Lebensgeschichte schreiben will, der wird unwillkürlich auf kirchliche Pfade gedrängt und gewinnt auf diese Weise Einblick in die Verhältnisse, unter denen der Meister gezwungen war, seine Kunst auszuüben. Ursprünglich waren die Gesangbücher nicht für den Gebrauch der Gemeinde gedacht, sondern sie befanden sich nur in den Händen des Geistlichen, des Kantors und des Chores. So besaß Bach zum Beispiel Paul Wagners achtbändige, mehr als fünftausend Lieder umfassende Leipziger Sammlung, die infolge ihres großen Umfanges unhandlich und für die Verwendung beim Gottesdienst ungeeignet war. Zur Zeit seines Kantorats verfügten die Leipziger Gotteshäuser über passendere Sammlungen, denen die meisten Choräle entnommen wurden. Ein Teil der Gesänge war durch die Gottesdienstordnung festgelegt: so wurde das sogenannte ›Detemporelied‹ zwischen Epistel und Evangelium gesungen, und das ›Kanzellied‹ erklang, während der Geistliche die Kanzel betrat. Die übrigen Lieder hatte der Kantor auszuwählen; für gewöhnlich besprach er sich vorher mit dem Geistlichen, denn die Lieder mußten sich dem Inhalt der Predigt anpassen, und die Predigt wiederum wurde durch das Evangelium des Tages bestimmt. Bei der Wahl der beim heiligen Abendmahl gesungenen Choräle durfte der Kantor freier vorgehen. Kuhnau hatte sein Privilegium ungestört ausgeübt, und Bach suchte ihm darin zu folgen, bis im September 1728 sein Recht angefochten wurde.

Bis zu diesem Zeitpunkt hatte der Kantor die Choräle den Sammlungen von Gottfried Vopelius (1682) und Paul

Wagner (1697) entnommen, soweit sie mit dem offiziellen ›Neu auffgelegten Dreßdnischen Gesangbuch‹ übereinstimmten. Dieses enthielt 440 Lieder nebst 374 Melodien; es war 1694 herausgekommen und 1707 in zweiter Auflage erschienen. In Leipzig und auch an anderen Orten wurde jedoch in kirchlich gesinnten Kreisen die Forderung laut, daß Gesänge im Gottesdienst eingeführt werden möchten, die in den älteren Sammlungen fehlten, und 1729 wurde diesem Verlangen durch die Veröffentlichung des ›vollständigen und vermehrten Leipziger Gesangbuchs‹ Rechnung getragen, das 530 Seiten Liedertexte, ohne Melodien, umfaßte. Bach fand darin, von acht Nummern abgesehen, sämtliche Choräle, die er in seine Kantaten einflocht. Das Buch wurde 1740 und 1744 neu aufgelegt; es bot ein reiches Material an Kirchenliedern, und noch ehe es in Umlauf war, wünschten verschiedene Leipziger Geistliche, für ihre Gottesdienste von seinem Inhalt Gebrauch zu machen. Die von Bach in seinen Kantaten benutzten Choräle geben Zeugnis für seine konservative und orthodoxe Gesinnung; und seine Weigerung, sich das Recht der Auswahl schmälern oder Lieder singen zu lassen, die ihm mißfielen, brachte ihn in Konflikt mit dem Konsistorium. Im Herbst 1728 (7. September) beschwerte sich Gottlieb Gaudlitz, der stellvertretende Diakonus an der Nikolaikirche und spätere Subdiakonus an der Thomaskirche, daß Bach gegen die von ihm (Gaudlitz) für die Sonntagsvesper angeordneten Choräle Einspruch erhoben habe. Das Konsistorium trat für Gaudlitz ein, und Superintendent Deyling bekam die Weisung (8. September), Bach mitzuteilen, daß er sich in Zukunft an die vorgeschlagenen Lieder halten müsse. Hierauf wandte sich Bach in einem Schreiben an den Rat der Stadt mit der untertänigen Bitte, ihn ›bey denen bißherigen üblichen Gebräuchen derer Lieder und derer Anordnung hochgeneigt zu schützen‹. Ob die hochweisen Väter der Stadt Bachs Bitte erfüllten, ist nicht bekannt. Aber beim Konsistorium fand sein Einspruch gegen ihm aufgedrängte Lieder Gehör. Ohne Zweifel durch das Erscheinen des neuen ›Leipziger Gesangbuchs‹ veranlaßt, richtete das Konsistorium am 16. Februar 1730 an Deyling ein Schreiben, in welchem es seine Mißbilligung aussprach und ihn anwies, von der Wahl ›nicht üblich gewesener Lieder‹ in Zukunft abzusehen.

Zu der Zeit, da Bach mit Gaudlitz aneinandergeriet, war er schon mit der Komposition der Karfreitagsmusik für 1729 beschäftigt. Dies Jahr kam die Thomaskirche an die Reihe. Picander, jetzt Bachs anerkannter Mitarbeiter, schrieb ihm einen ›Text zur Passions-Music nach dem Evangelisten Matthäo‹ und überließ es Bach, die Choräle zu wählen und einzufügen. Die Partitur war noch nicht fertiggestellt, als Fürst Leopold am 19. November 1728 starb und Bach sich bewogen sah, seinem hohen Freunde in Köthen die letzte Ehre zu erweisen. Es mag ihm an Zeit und Stimmung gefehlt haben, ein neues Werk für die Trauerfeier zu komponieren, und so bat er Picander, ihm für bereits vollendete Nummern aus der ›Matthäuspassion‹ passende Worte zu verfassen. Picander unterzog sich der Aufgabe mit großem Geschick; dennoch berührt es uns eigentümlich, daß diese von heiligster Inbrunst erfüllte Musik anderen, wenn auch ernsten Zwecken dienstbar gemacht wurde. Am 23. März 1729 nahm die Fürstengruft in der St. Jakobskirche in Köthen Leopolds sterbliche Überreste auf. Am folgenden Tag wurde die Leichenpredigt gehalten und Bachs ›Trauer-Music‹ aufgeführt. Seine Leipziger Sänger – unter ihnen werden seine Frau und sein ältester Sohn genannt – müssen schon mit der Komposition vertraut gewesen sein; denn der Karfreitag stand in drei Wochen bevor. Die Instrumentalisten wurden aus Halle, Merseburg, Zerbst, Dessau und Güsten herangezogen. Forkel hat 1802 die Partitur gesehen; seitdem ist sie aber verschwunden; sie enthielt neun Nummern aus der ›Matthäuspassion‹, den Eingangschor der ›Trauer-Ode‹ aus dem Jahre 1727 und eine neue Vertonung des 20. Verses von Psalm LXVIII, der vermutlich den Text der Leichenrede bildete. Dies war der Ausklang einer Freundschaft, auf die Bach mit den angenehmsten Erinnerungen zurückblicken konnte. Damit büßte er den Ehrentitel eines Kapellmeisters ein, an dem ihm soviel lag und der ihm baldigst von anderer Seite wieder verliehen wurde.

Johann Gottfried Walther gibt in seinem ›Musicalischen Lexikon‹ (1732) an, Bach sei im Jahre 1723 zum Kapellmeister ›von Haus aus‹ des Herzogs von Sachsen-Weißenfels ernannt worden. Der kurze Abschnitt in der Genealogie, der Bachs Laufbahn betrifft, kann ebenfalls in diesem Sinne gedeutet werden. Andererseits sind aber keine Belege dafür vorhanden, daß Bach den Titel während seiner ersten Leipziger Jahre geführt habe, und es ist kaum anzunehmen, daß er ihn zu einer Zeit erhielt, als er noch Kapellmeister des Hofes zu Anhalt-Köthen war. Da aber mit dem Tode des Fürsten Leopold im November 1728 die ältere Würde erlosch, so könnte man Bachs Anwesenheit in Weißenfels am 23. Februar 1729 damit in Verbindung bringen. An diesem Tage feierte Herzog Christian seinen Geburtstag, und einundvierzig hochgeborene Gäste versammelten sich, um ihm ihre Aufwartung zu machen. Während der Festlichkeiten wohnte ›Herr Capell Meister Bach‹ beim ›Cammerdiener Ritter‹. Sein Aufenthalt in Weißenfels bei dieser Gelegenheit und die Tatsache, daß er dort einen Titel bekam, der ihm kurz vorher verlorengegangen war, läßt darauf schließen, daß er aufgefordert wurde, sich durch eine musikalische Darbietung für die Ehre erkenntlich zu zeigen. Er weilte nie wieder aus ähnlicher Veranlassung in Weißenfels, und sein Titularamt endete mit dem Tode des Herzogs Christian am 28. Juni 1736, als die Kapelle aufgelöst wurde. Wie im Jahre 1716, so führte Bach auch 1729 wieder seine Kantate ›Was mir behagt‹ auf; entweder hatte der Herzog den Wunsch geäußert, sie nochmals zu hören, oder Bach war überzeugt, daß der hohe Herr sie inzwischen vergessen hatte.

Am Karfreitag des Jahres 1729 (15. April) brachte Bach die letzte und größte seiner Passionen heraus. Die ›Matthäuspassion‹ behandelt den erhabenen Gegenstand in so edler und einzigartiger Weise, wie nie ein ähnliches Werk vor oder nach ihr. Sie gibt Zeugnis von Bachs ehrfurchtsvollem, tiefem und eingehendem Studium der biblischen Vorgänge. Der ungeheure Umfang der Partitur ist auch insofern bemerkenswert, als Bach sich fast um dieselbe Zeit über die Unzulänglichkeit der ihm zu Gebote stehenden Mittel beklagte. Für die beiden Chöre, die das Werk verlangt, verwandte er seinen chorum primum und chorum secundum; so hatten die Angaben Coro primo und Coro secondo in seiner Partitur noch ihre besondere und lokale Bedeutung. Während der erste die ganze Bibelerzählung und die meisten biblischen Charaktere zu übernehmen hatte, sind dem zweiten nur die beiden falschen Zeugen zugewiesen, und seine Aufgabe ist verhältnismäßig einfach und den Fähigkeiten von Sängern angepaßt, die für gewöhnlich keine Figuralmusik zu singen haben. Die Thomaskirche besaß die zwei Orgeln, die Bachs Partitur vorschrieb. Die größere, in der westlichen Empore, hatte drei Manuale und war 1525 in der Thomaskirche aufgestellt, 1670 erweitert und 1721 aufs neue umgebaut worden; die kleinere und ältere Orgel stand zunächst neben der anderen; 1639 wurde sie an die Ostwand der

Kirche verlegt und 1740 ganz entfernt. Obgleich sie einen ungünstigen Platz hatte, wurde sie doch 1736 bei der Wiederholung der ›Matthäuspassion‹ bestimmt gespielt; sie muß wohl auch 1729 benutzt worden sein, wenn sie nicht etwa vorübergehend in unbrauchbarem Zustande war. Die beiden Orchester setzten sich aus den Stadtmusikanten, aus Instrumentalisten der Thomasschule, Studiosis der Universität und Mitgliedern von Bachs Collegium Musicum zusammen. Dessen Leitung war ihm gerade in diesem Jahre übertragen worden. Wenige unter denen, die der Aufführung beiwohnten, hatten das richtige Verständnis für die inbrünstige Frömmigkeit und technische Vollendung des Riesenwerkes. Gewiß handelt es sich um die ›Matthäuspassion‹, wenn Gerber drei Jahre später schreibt: »Auf einer Adelichen Kirch-Stube waren viel Hohe Ministri und Adeliche Damen beysammen, die das erste Passionslied aus ihren Büchern mit großer Devotion sungen. Als nun diese theatralische Music angieng, so geriethen alle diese Personen in die größte Verwunderung, sahen einander an und sagten: Was soll daraus werden? Eine alte Adeliche Wittwe sagte: Behüte Gott, ihr Kinder! Ist es doch, als ob man in einer Opera-Comödie wäre.«

Es überrascht immer wieder von neuem, daß Bach trotz aller Kämpfe, die er auszufechten hatte, nie erlahmte; mit ungebrochener Schwungkraft trug ihn sein Genius über ein Meer von Schwierigkeiten hinweg, das ihn verschlungen haben würde, wenn ihn nicht die innere Stimme unwiderstehlich vorwärts gedrängt hätte. Bald nach der Aufführung der ›Matthäuspassion‹ brachte ihm ein Vorfall recht deutlich die hemmenden Bedingungen zum Bewußtsein, unter denen er zu wirken gezwungen war. Das Schulwesen befand sich damals in einem Stadium des Übergangs; es war nicht länger möglich, wie in früheren Jahren, die Aufnahme eines Schülers in die höheren Klassen ausschließlich von seiner musikalischen Befähigung abhängig zu machen. Anderseits war es Bachs Pflicht, darauf zu achten, daß die Alumnen ein bestimmtes Maß von Musikalität aufwiesen, damit die Schule den auf ihr ruhenden Verpflichtungen nachkommen konnte. Diese Gegensätze prallten ein paar Wochen nach der Aufführung der ›Matthäuspassion‹ aufeinander, als nach den Osterprüfungen neun Alumnen die Schule verließen. Für die freien Stellen hatten sich dreiundzwanzig Anwärter gemeldet. Bach gab in einem schriftlichen Gutachten sein Urteil über ihre Befähigung ab. Der hohe Rat empfing den Bericht und – ließ ihn unbeachtet. Nachdem noch eine weitere Stelle im Alumnat frei geworden war, wurden zehn junge Leute aufgenommen – vier Soprane und ein Alt aus der Zahl derer, die Bach als brauchbar, vier, die er als untauglich bezeichnet hatte, und einer, der sich überhaupt nicht von ihm hatte prüfen lassen. Mit Recht äußerte sich Bach ein Jahr darauf in einem Brief an seinen alten Freund Erdmann über die ›wunderliche und der Music wenig ergebene Obrigkeit‹ in Leipzig. Vielleicht beneidete er die anscheinend sorgenfreie Existenz Händels, der im Juni 1729 wieder in Halle abgestiegen war, um seine alte kranke Mutter zu besuchen. Bach, der selbst unpäßlich war, schickte seinen ältesten Sohn Wilhelm Friedemann nach Halle, um Händel nach Leipzig einzuladen; aber Händel konnte oder wollte der Aufforderung nicht nachkommen. Entweder erwiderte er die Hochachtung nicht, die Bach ihm entgegenbrachte, oder er witterte hinter der Einladung die Absicht, daß man ihn zu einem ungelegenen Wettstreit mit seinem einzigen ebenbürtigen Zeitgenossen veranlassen wollte.

Während die allgemeinen Übelstände, die Bachs künstlerisches Wirken in beklagenswerter Weise beeinträchtigten, nicht behoben werden konnten, versprach der Rektorwechsel, der mit Ernestis Tode (16. Oktober 1729) eintrat, eine Besserung in der Schuldisziplin herbeizuführen. Ernesti, ein bedeutender Gelehrter, hatte seit 1684 das Amt des Rektors und seit 1691 das eines Professors der Poesie (Professor poeseos) an der Universität versehen. In späteren Jahren zeigte er sich mehr und mehr ungeeignet zur Leitung der Unterrichtsanstalt, an deren Spitze er stand: die Disziplin war schlaff, die Lehrerschaft uneinig, das beratende Kollegium nachlässig und mit seinen Pflichten nicht genügend vertraut, so daß die Schule zusehends verfiel. Bach hatte allerdings immer herzliche Beziehungen zu dem alten Rektor und dessen Familie unterhalten: Frau Ernesti stand 1724 bei Gottfried Heinrich Bach und Fräulein Ernesti 1728 bei Regine Johanne Bach Pate. So war es Pflichtgefühl und Freundschaft zugleich, die Bach veranlaßten, die Motette ›Der Geist hilft unsrer Schwachheit auf‹ zu komponieren, die bei der Leichenpredigt für den Rektor in der Thomaskirche a cappella gesungen und in der Paulinerkirche mit Orchesterbegleitung wiederholt wurde, um Ernestis Andenken als das eines Universitätsprofessors zu ehren. Nach langem Zögern ernannte der Rat (8. Juni 1730) Johann Matthias Gesner, Bachs Weimarer Freund und aufrichtigen Bewunderer, zu Ernestis Nachfolger. Dies war eine günstige Fügung für Bach, der gerade wieder im Begriff stand, mit seinen Behörden aneinander zu geraten. Gesner wußte taktvoll zwischen den feindlichen Parteien zu vermitteln; auch die Mißstände in der Schule besserten sich unter seiner umsichtigen Leitung. Die Disziplin wurde durch die neuen ›Gesetze‹ gestrafft, die Notwendigkeit eines Umbaus dem Rat vor Augen geführt, und 1731 schritt man endlich zur Erweiterung des alten Gebäudes, das seit zweihundert Jahren beinahe unverändert stand.

Sieben Jahre waren ins Land gezogen, seitdem Bach den Kantorposten bekleidete. Während dieses Zeitraums hatte er die Musik in den Leipziger Kirchen zum mindesten auf ihrer gewohnten Höhe erhalten, mehr als fünfzig eigene Kantaten aufgeführt und bei öffentlichen Feiern weltlicher und geistlicher Art seine Kunst in den Dienst der Gemeinde gestellt. Er hatte seinen Mitbürgern zwei Passionen von überragender Größe und ein ebenso mächtiges Magnificat geschenkt. Sein Ruhm als Orgelspieler war ihm ungeschwächt geblieben, obgleich seine Amtspflichten ihn nicht mehr an die Orgel banden, und in seinem Kampf mit den Universitätsbehörden hatte er das Ansehen des Stadtkantors zu wahren gewußt. Aber dies alles galt nur wenig in den Augen seiner Dienstherren, deren Horizont zu eng und deren Musikverständnis zu gering war, um den Genius in ihm zu erkennen. Sie schätzten den Kantor nach ihren beschränkten Begriffen vom Schul- und Kirchendienst ein und fanden, daß seine Leistungen zu wünschen übrig ließen. Von Anfang an hatte Bach, mit amtlicher Genehmigung, den wissenschaftlichen Unterricht nicht selbst erteilt, sondern einem Stellvertreter übertragen. Aber auch die Singübungen mit seinen Thomanern scheint er sich etwas leicht gemacht zu haben. Die Aufforderungen, die aus anderen Städten an ihn ergingen, Orgeln einzuweihen oder zu prüfen, führten ihn öfter von Leipzig fort, als seinen Vorgesetzten lieb war. Dazu kam, um die Mißstimmung gegen ihn zu erhöhen, daß er sich, seiner Gewohnheit gemäß, aus der Stadt entfernte, ohne um Urlaub nachzusuchen. In der Ratssitzung vom 2. August 1730 wurden heftige Beschwerden gegen den Kantor laut. Hofrat Adrian Steger machte seiner Entrüstung Luft, indem er sagte, ›es thue der Cantor nicht allein nichts, sondern wolle sich auch diesfalls nicht erklären, halte die Singstunden nicht, es kämen auch andere Beschwerden dazu‹. Man war sich darüber einig, daß die Selbständigkeit und Eigenmächtigkeit des Kantors gedämpft werden müsse; auch sei sein Stellvertreter Petzold mit Arbeit überbürdet. Die Gemäßigteren schlugen vor, den Übeltäter zu ›admoniren‹ und den wissenschaftlichen Unterricht von Petzold auf Abraham Krügel zu übertragen. Der Vorschlag fand wenig Anklang. Syndikus Job betonte, daß der Kantor ›incorrigibel‹ sei, und mit einer Mehrheit von sieben Stimmen gegen vier wurde beschlossen, ihm ›die Besoldung zu verkümmern‹. Zweifellos verstand er schlecht, Disziplin zu halten; sein hitziges Temperament ging immer wieder mit ihm durch und riß ihn zu zornigen Ausbrüchen hin, die das Verhältnis zu seinen Sängern trübten; auch fehlte es ihm seinen Vorgesetzten gegenüber an der nötigen Unterwürfigkeit. Es lag Bach nichts daran, sich gegen irgendeine dieser Beschwerden zu verteidigen; aber die Beschuldigung, daß die mangelhaften Leistungen seines Chores auf ihn zurückzuführen seien, konnte er nicht ohne eine scharfe Entgegnung hinnehmen. Unverzüglich (23. Aug. 1730) setzte er ein Schriftstück auf, um die Verhältnisse klarzustellen, unter denen er wirken mußte, und leuchtete damit in das Dunkel, das in den Köpfen des Rates herrschte.

Bachs Darlegungen blieben unberücksichtigt, und ebenso wirkungslos verhallte der Donner des Rates über seinem Haupte. Am 25. August 1730 berichtete Bürgermeister Dr. Born dem Rate, er habe mit dem Kantor eine Unterredung gehabt. Wahrscheinlich handelte es sich dabei um die drei Wochen vorher gegen Bach vorgebrachten Beschwerden. Der einzige Beschluß, den man faßte, lautete dahin, daß man den wissenschaftlichen Unterricht, den Petzold bis jetzt in Vertretung Bachs erteilt hatte, auf Abraham Krügel übertragen wolle. Damit ließ man die

Angelegenheit fallen. Aber in Bachs reizbarem Gemüt nagte der Verdruß; er trug sich mit dem Gedanken, seinen Kantorposten aufzugeben, und als er erwog, wohin er sich wenden könnte, fiel ihm sein Jugendfreund Erdmann ein, den er in Weimar kurz vor seiner Ernennung zum Kapellmeister des Fürsten Leopold getroffen und der sich in Danzig als kaiserlich russischer Agent niedergelassen hatte. Am 28. Oktober 1730 richtete Bach an ihn einen der wenigen vertraulichen Briefe, die von ihm erhalten sind:

Hochwohlgebohrner Herr.
Er: Hochwohlgeb. werden einem alten treuen Diener bestens exusieren, daß er sich die Freyheit nimmet Ihnen mit diesen zu incommodiren. Es werden nunmehr fast 4 Jahre verfloßen seyn, da E: Hochwohlgeb. auf mein an Ihnen abgelaßenes mit einer gütigen Antwort mich beglückten; wenn mich dann entsinne, daß Ihnen wegen meiner Fatalitäten einige Nachricht zu geben, hochgeneigt verlanget wurde, als soll solches hiermit gehorsamst erstattet werden. Von Jugend auf sind Ihnen meine Fata bestens bewust, biß auf die mutation, so mich als Capellmeister nach Cöthen zohe. Daselbst hatte einen gnädigen und Music so wohl liebenden als kennenden Fürsten, bey welchem auch vermeinete meine Lebens zeit zu beschließen. Es mußte sich aber fügen, daß erwehnter Serenissimus sich mit einer Berenburgischen Prinzeßin vermählte, da es denn das Ansehen gewinnen wolte, als ob die musicalische Inclination bey gesagtem Fürsten in etwas laulicht werden wolte, zumahle da die neüe Fürstin schiene eine amusa zu seyn: so fügte es Gott, daß zu hiesigem Director Musices u. Cantore an der Thomas Schule vociret wurde. Ob es mir nunzwar anfänglich gar nicht anständig seyn wolte, aus einem Capellmeister ein Cantor zu werden, Weßweg auch meine resolution auf ein vierthel

Jahr trainirete, jedoch wurde mir diese Station dermaßen favorable beschrieben, daß endlich (zumahle da meine Söhne denen studiis zu incliniren schienen) es in des Höchsten Nahmen wagete, u. mich nacher Leipzig begabe, meine Proben ablegete, u. so dann die mutation vornahme. Hirselbst bin nun nach Gottes Willen annoch beständig. Da aber nun 1) finde, daß dieser Dienst bey weiten nicht so erklecklich, als man mir ihn beschrieben, 2) viele accidentia dieser Station entgangen, 3) ein sehr theurer Orth u. 4) eine wunderliche und der Music wenig ergebene Obrigkeit ist, mithin fast in stetem Verdruß, Neid und Verfolgung leben muß, als werde genöthiget werden mit des Höchsten Beystand meine Fortun anderweitig zu suchen. Solten Er: Hochwohlgeb. vor einen alten treuen Diener dasiges Orthes eine convenable station wißen oder finden, so ersuche gantz gehorsamst vor mich eine hochgeneigte Recommendation einzulegen; an mir soll es nicht manquiren, daß dem hochgeneigten Vorspruch und interceßion einige satisfaction zu geben, mich bestens beflißen seyn werde. Meine itzige station belaufet sich etwa auf 700 Cr., und wenn es etwas mehrere, als ordinairement, Leichen gibt, so steigen auch nach proportion die accidentia; ist aber eine gesunde Lufft, so fallen hingegen auch solche, wie denn voriges Jahr an ordinairen Leichen accidentia über 100 Cr. Einbuße gehabt. In Thüring kann ich mit 400 Cr. weiter kommen als hiesigen Orthes mit noch ein mahl so vielen hunderten, weg der excessiven kostbahren Lebensarth. Nunmehro muß doch auch mit noch wenigen von meinem häußlichen Zustande etwas erwehnen. Ich bin zum 2ten Mahl verheurathet und ist meine erstere Frau seel. in Cöthen gestorben. Aus ersterer Ehe sind am Leben 3 Söhne u. eine Tochter, wie solche Er: Hochwohlgeb. annoch in Weimar gesehen zu haben, sich hochgeneigt erinnern werden. Aus 2ter Ehe sind am Leben 1 Sohn u. 2 Töchter. Mein ältester Sohn ist ein studiosus Juris, die andern beyde frequentiren noch einer primam und der andere 2dam classem, u. die älteste Tochter ist auch noch unverheurathet. Die Kinder anderer Ehe sind noch klein, u. der Knabe erstgeb. 6 Jahr alt. Ingesamt aber sind sie gebohrne Musici, u. kan versichern, daß schon ein Concert vocaliter u. instrumentaliter mit meiner Familie formiren kan, zumahle da meine itzige Frau gar einen saubern Soprano singet, auch meine älteste Tochter nicht schlimm einschläget. Ich überschreite fast das Maaß der Höflichkeit wenn Er: Hochwohlgeb. mit mehrern incommodire, deroweg eile zum Schluß mit aller ergebensten respect zeit Lebens verharrend

Er: Hochwohlgeb.

gantz gehorsamst ergebenster Diener
Joh: Sebast. Bach.

Leipzig, d. 28. Octobr. 1730.J

Der Unmut, der aus diesen Zeilen spricht, legte sich. Vielleicht war es Bach mit den Gedanken, eine andere Stellung zu suchen, doch nicht ernst gewesen. Gesner hatte sich bereits in der Rektorwohnung häuslich eingerichtet und ging Bach mit seinem freundschaftlichen Rat zur Hand. Vom Fortgehen war nicht mehr die Rede.

Matthias Gesners Rektorat eröffnete ein neues Kapitel in der Geschichte der Thomasschule und dämpfte die hitzigen Streitigkeiten, die immer wieder zwischen dem Kantor und den Behörden der Stadt entbrannten. Der neue Rektor war sechs Jahre jünger als Bach; er besaß große pädagogische Erfahrung und verfügte über ein reiches Wissen, das sich bei ihm mit edlen menschlichen Eigenschaften verband. Er war ganz der rechte Mann, Ernestis schlappe Amtsführung in kurzer Zeit vergessen zu machen, die Zwiste unter der Lehrerschaft auszugleichen und die gelockerte Schuldisziplin mit weicher und doch energischer Hand zu festigen. Am 8. September 1730 wurde er als Ernestis Nachfolger nach Leipzig berufen. Es hätte nahe gelegen, ihm als einem hervorragenden Kenner der klassischen Sprachen, wie seinem Vorgänger und Nachfolger, neben dem Schulrektorat zugleich eine Universitätsprofessur anzutragen. Aber in Gesners Fall wünschte der Rat von einer Vereinigung der beiden Ämter abzusehen, in der Überzeugung, daß die zerrütteten Verhältnisse an der Schule die ungeteilte Arbeitskraft des Rektors erforderten. So geschah es, daß Gesner, den seine Begabung auf die Universitätslaufbahn hindrängte, Leipzig schon nach vier Jahren wieder verließ, um einem Ruf an die Universität Göttingen zu folgen. Aber während seiner kurzen Wirksamkeit in Leipzig hatte er der Thomasschule in jeder Beziehung seinen Stempel aufgedrückt. Den Alumnen gegenüber zeigte er sich freundlich und zugänglich; zugleich hielt er aber auf strenge Zucht und Sitte. Sein liebenswürdiger Charakter machte auf jeden, der mit ihm zu tun hatte, einen tiefen Eindruck. Einer seiner Schüler entwarf in späteren Jahren das folgende sympathische Bild seiner Persönlichkeit: wenn er strafen mußte, so tat er es vorsichtig und bedächtig; er war herablassend und liebreich, immer bemüht, seine Schüler zu fördern und auf ihre Neigungen einzugehen. Allwöchentlich ließ er sich ihre Diaria geben, die er aufmerksam durchlas. Auch für die Singstunden bezeigte er lebhaftes Interesse, und im Gegensatz zu seinem Vorgänger und Nachfolger hörte er gern zu, wenn geprobt wurde. In der Tat war er sehr empfänglich für Musik; er anerkannte ihre Stellung im Lehrplan der Schule und unterstützte die Bestrebungen des Kantors, soviel er irgend konnte. Die beiden Männer brachten einander die größte Hochachtung und Bewunderung entgegen.

Gesner machte es sich zur Aufgabe, in den gespannten Beziehungen zwischen Bach und dem Rat eine Besserung herbeizuführen. Dank seiner Vermittlung wurde der Kantor von der Verpflichtung des wissenschaftlichen Unterrichts, die nominell noch bestand, gänzlich befreit. Statt dessen sollte er die Schüler frühmorgens beim Besuch aller Wochentagsgottesdienste beaufsichtigen, eine Obliegenheit, die sich bis dahin auf die Freitage beschränkt hatte; auch wurden seine Übungsstunden um einige vermehrt. Der Tod des Konrektors Carl Friedrich Petzold am 30. Mai 1731 gab Gesner Gelegenheit, einen anderen Stein des Anstoßes aus dem Wege zu räumen. Wie schon erwähnt, hatte man den Kantor seinerzeit bei der Verteilung der Gelder übergangen, die nach dem Ableben des letzten Rektors noch zusammengekommen waren. Gesner setzte sich für die volle Wiederherstellung von Bachs Akzidenzien ein, und so kam es, daß sich der Kantor mit dem Rektor, Tertius und Quartus gleichmäßig in die Summe teilte, die in den acht Monaten von Petzolds Tode bis zur Ernennung seines Nachfolgers (Johann August Ernesti) eingegangen war.

Gesners Energie setzte ferner die dringend nötig gewordene Vergrößerung des überfüllten Schulgebäudes durch, welche die laue Amtsführung seines Vorgängers so lange hinausgezögert hatte. Am 6. Juni 1730, drei Monate vor seiner Ernennung, wurde der Beschluß gefaßt, den Bau um zwei Stockwerke zu erhöhen, aber erst nach dem Osterfest des folgenden Jahres, am 18. April 1731, sorgte der Rat für das Unterkommen der Insassen in anderen Wohnungen. Bis Michaelis war die Schule ›in dem ehemals Görischen iezo Kochischen Haußе‹ auf dem Marktplatz untergebracht. Michael Koch war ein Mitglied des

Rates; der Mietzins betrug 60 Taler. Bis Neujahr 1732 kamen andere Räume für Bach in Frage, ›entweder bey H. D. Dondorffen à 60 Thlr., oder bey den Herrn Appellations-Rath Packbuschen à 75 Thlr.‹ Dr. Salomon Friedrich Packbusch wohnte in der Petersstraße. Der hier genannte Dondorff kann nur Dr. Christoph Dondorff, ›Facult. Jurid. Assessor‹, sein, der am 23. Juni 1732 bei Johann Christoph Friedrich, dem ›Bückeburger Bach‹, Patenstelle vertrat. Er wohnte in der Hainstraße, wo er eine Brauerei hatte. Hier scheint Bach mit seiner Familie vorübergehend untergekommen zu sein.

Die Umquartierung und die damit verbundene Unruhe übte begreiflicherweise auf Bach und seine Sängerschar einen ungünstigen Einfluß aus und beeinträchtigte ihre berufliche Tätigkeit. Am Karfreitag 1731 war in der Thomaskirche wieder eine Passion fällig, und Picander, Bachs Librettist für die ›Matthäuspassion‹ von 1729, versah ihn jetzt mit einem Text, der sich an das Markus-Evangelium anschloß. Er verwob eine große Anzahl von Chorälen mit dem Bibeltext und fügte nur acht eigene poetische Nummern hinzu; zugleich bemühte er sich, möglichst geringe Anforderungen an die Schaffenskraft und -lust des Komponisten zu stellen. Sein Libretto enthielt sogar noch weniger lyrische Strophen als die ›Johannespassion‹, und obwohl der heilige Markus in seinem Evangelium dieselbe Fülle von Ereignissen aufzählt wie Matthäus, zeigte sich Picander doch in diesem Text ebenso zurückhaltend, wie er in dem früheren redselig gewesen war. Er begnügte sich diesmal, irgendeinen Choral einzuflechten, an Stelle der Verse zu einer Arie, die er sonst zu liefern pflegte. Außerdem bietet das Markusevangelium viel weniger Gelegenheit zu kunstvollem Chorsatz als das Matthäus-Evangelium: angenommen, Bach habe die betreffenden Stellen in derselben Weise ausgearbeitet wie in seiner

›Matthäuspassion‹, so hätte er nur etwa neunzig Takte zu komponieren gehabt. Die wenigen Strophen, die Picander einstreute, waren so abgefaßt, daß Bach sie nach Form und Rhythmus früheren Kompositionen unterlegen konnte: für fünf dieser Nummern benutzte er die ›Trauer-Ode‹ vom Jahre 1727, und auch für die drei übrigen scheint er auf ältere Sachen zurückgegriffen zu haben. Das Textbuch sowie Bachs Vertonung geben in gleicher Weise davon Kunde, daß Bach keine Neigung verspürte, Leipzig wieder mit einer Passion von der Größe und Erhabenheit der beiden früheren aus den Jahren 1723 und 1729 zu beschenken. Das ungemütliche Verhältnis zu seinen Behörden mag ihn wohl verstimmt haben, aber der Hauptgrund für diese unfruchtbare Periode ist doch in der gänzlich gestörten Schuldisziplin zu suchen. Auch in bezug auf die Karfreitags-Aufführung 1732 sah er sich noch denselben Schwierigkeiten gegenüber. Es war nicht seine Gewohnheit, mit eigenen größeren Werken erstmalig in der Nikolaikirche herauszukommen. Während seines Aufenthaltes in Dondorffs Hause scheint er den ersten Teil der ›Passion nach dem Evangelisten Lucas‹ für sich abgeschrieben zu haben, die von der Bachgesellschaft 1898 als ein Bachsches Werk veröffentlicht worden ist, deren Echtheit aber seither von Kennern in Frage gestellt wird.

Im Jahre 1731 betätigte sich Bach auf einem Gebiet, auf dem auch sein Vorgänger Kuhnau Lorbeeren geerntet hatte. Seit 1726 hatte er alljährlich eine Klaviersuite komponiert und in Kupfer gestochen, die er, in Anlehnung an Kuhnau, Partita oder Partie nannte. Zu diesen fünf Suiten fügte er eine sechste hinzu und gab sie 1731 in einem Bande als ›Opus I‹ heraus. Für den Titel wählte er eine Bezeichnung, die auch Kuhnau 1689 bei einer ähnlichen Veröffentlichung gebraucht hatte; er überschrieb sein

Werk: ›Clavir Übung bestehend in Praeludien, Allemanden, Couranten, Sarabanden, Giguen, Menuetten, und anderen Galanterien; Denen Liebhabern zur Gemüths Ergoezung verfertiget . . . Opus I In Verlegung des Autoris. 1731.‹ Auf Gesners Anregung hin und vielleicht auch in der Absicht, den stets erneuten Belästigungen von seiten seiner Dienstherren entgegenzutreten, entschloß sich Bach, sich mit diesen Klavierwerken an ein breiteres Publikum als bisher zu wenden. Der Erfolg ließ nicht auf sich warten. Wie Forkel von Bachs Söhnen hörte, zogen die Partiten die allgemeine Aufmerksamkeit auf sich und wurden überall verlangt: ›Man hatte noch nie so vortreffliche Clavierkompositionen gesehen und gehört. Wer einige Stücke daraus recht gut vortragen lernte, konnte sein Glück in der Welt damit machen.‹ Auch in Dresden wurde das Werk schnell berühmt. Bach hatte dort viele Freunde, unter ihnen den Hofkapellmeister Johann Adolph Hasse und seine Gattin, die gefeierte Sängerin Faustina, die beide auch öfter nach Leipzig herüberkamen. In Begleitung seines ältesten Sohnes Friedemann besuchte Bach wiederholt die Dresdener Oper; so wohnte er am 13. September 1731 der Erstaufführung von Hasses ›Cleofide‹ bei; ohne Zweifel hatte der Komponist ihn dazu eingeladen. Am Nachmittag des 14. September veranstaltete Bach ein Orgelkonzert in der Sophienkirche. Hasse und andere Sterne des Dresdener Kunsthimmels befanden sich unter den Zuhörern und lauschten in staunender Ehrfurcht den machtvollen Kundgebungen seines Genius. Ein Lokaldichter mit dem Pseudonym Micrander besang Bach in den ›Dresdner Merkwürdigkeiten‹ mit folgenden Versen:

Ein angenehmer Bach kann zwar das Ohr ergötzen,
Wenn er in Sträuchern hin, durch hohe Felsen läuft,

Allein den Bach muß man gewiß viel höher schätzen,
Der mit so hurtger Hand gantz wunderbarlich greifft.
Man sagt, daß, wenn Orpheus die Laute sanft
geschlagen,
Hab alle Thiere er in Wäldern zu sich bracht,
Gewiß, man muß dies mehr von unserm Bache sagen,
Weil er, sobald er spielt, ja alles staunen macht.

Nach einer Pause von sieben Jahren hatte sich Bach bei diesem Dresdner Orgelvortrag zum ersten Mal wieder auf seinem eigensten Gebiet betätigt. Fünf Monate darauf, im Februar 1732, begab er sich nach dem etwa dreißig Kilometer südlich von Leipzig gelegenen Stöntzsch, um die dortige Orgel zu prüfen, die an das westliche Ende der Kirche verlegt und um sechs Register bereichert worden war. Im September desselben Jahres (1732) finden wir ihn in Kassel, wo er 1714 mit seinen Darbietungen auf der Schloßorgel den Prinzen Friedrich zur Bewunderung hingerissen hatte. Diesmal sollte er in der St. Martinskirche die große Orgel prüfen, die zwischen 1610 und 1614 von den Hamburger Orgelbauern Hans und Friedrich Scherer gebaut und kurz danach von dem Mühlhäuser Orgelbauer Nikolaus Becker vergrößert worden war. In Begleitung von Frau Anna Magdalena traf Bach am Sonntag, dem 21. September 1732, in Kassel ein; er wurde im Gasthaus ›Stadt Stockholm‹ untergebracht. An den folgenden Tagen wurde das Instrument einer eingehenden Prüfung unterzogen, wobei der Stadt- und Hoforganist Carl Möller Bach zur Hand ging. Am Sonntag, dem 28. September, weihte Bach die Orgel in einem öffentlichen Konzert ein, das die ›Casselische Polizey- und Commerzienzeitung‹ schon am 22. September als ein großes und erfreuliches Ereignis angekündigt hatte. Bach bekam eine stattliche Summe ausgezahlt: sechsundzwanzig Taler Reisegeld, fünfzig Taler Honorar, zwei Taler für die ›Porteurs‹, die ihn von seiner Behausung zur Kirche und wieder zurück trugen, und einen Taler für den Bedienten, den man ihm gestellt hatte.

In der Pfingstwoche des Jahres 1732, am Donnerstag, dem 5. Juni, taten sich die Pforten der Thomasschule wieder auf. Die Einweihung erfolgte in der neuen Aula im dritten Stock unter festlichen Reden und der Aufführung einer Kantate (›Froher Tag, verlangte Stunden‹). Der Quartus Johann Heinrich Winckler hatte das konventionelle Libretto gedichtet, und aus der Titelseite des bei Bernhard Christoph Breitkopf gedruckten Programms geht hervor, daß die Musik dazu von Bach komponiert war. Die Partitur ist verlorengegangen.

Mit der Wiedereröffnung der Schule machten sich neue Statuten nötig, die Gesner auf lateinisch und deutsch ausarbeitete und 1733 bei Bernhard Christoph Breitkopf herausgab. Die Überschriften der Kapitel zeigen, daß sich die Leges oder Gesetze aus dem Jahre 1733 von der Schulordnung aus dem Jahre 1723 unterscheiden. Die letztere war vom Rat herausgegeben worden; sie befaßte sich mit der Verwaltung der Anstalt sowie mit den Pflichten der Lehrer und schrieb den Lehrplan vor. Gesner hatte das Wohl seiner Schüler im Auge; er war bestrebt, den esprit de corps wieder zu beleben, der unter der schlaffen Amtsführung seines Vorgängers verlorengegangen war. Daß er es für nötig hielt, Vergehen zu rügen, die normalerweise unter jungen Leuten nicht hätten vorkommen sollen, zeigt, wie nötig es war, daß die Leitung der Schule in feste Hände kam. Im Hinblick auf die unangenehmen Erfahrungen, die Bach noch bevorstanden, ist es von Interesse, zu sehen, wie Gesner sich zu dem Teil des Lehrplans stellte, für den der Kantor verantwortlich war. Im sechsten Kapitel erinnert er seine Leser daran, daß es die historische Aufgabe der Schule sei, die Stadtkirchen mit Musik zu versorgen, und bittet sie, zu bedenken, daß sich ›selbst die himmlischen Heerscharen mit dem größten Vergnügen‹ der Kunst des Gesanges hingeben. Er ermahnt seine Schüler dringend, ja keine Gelegenheit zu versäumen, um sich für eine so ehrenvolle Pflicht vorzubereiten, und wäre es selbst auf Kosten der freien Zeit. Auch warnt er sie davor, ihre Kunst, ›die nur zu dem öffentlichen Gottesdienste und einer vergnügten Gemüths-Ruhe dienen soll‹, bei unwürdigen Anlässen zu mißbrauchen. Auf den ›Wink und Takt‹ des Praecentoris ist gut achtzugeben; etwa vorkommende Fehler werden mit verschiedenen Strafen belegt, je nachdem sie absichtlich oder versehentlich begangen sind. Wieder an anderer Stelle erinnert er sie an die Engel, deren Freude es ist, Gottes Lob zu singen; den echten Thomasschüler dürfe kein geringerer Ehrgeiz beseelen.

Um diese Zeit trafen öffentliche Ereignisse ein, die auch für Bachs Wirken bedeutungsvoll wurden. Am 1. Februar 1733 starb August II. (der Starke). Sein Sohn August III. wurde nach ihm Kurfürst von Sachsen; um seine Anerkennung in Polen mußte er jedoch jahrelang kämpfen, bis er sie 1736 durchsetzte. Der neue Herrscher, der im siebenunddreißigsten Lebensjahre stand, war 1712 zum katholischen Glauben übergetreten und hatte sich sieben Jahre darauf mit der Erzherzogin Maria Josepha, der Tochter Kaiser Josephs I., vermählt. Im Gegensatz zu seinem Vater zeigte er weder Begabung noch Interesse für die Staatskunst; dafür gefiel er sich in der Rolle eines Kunstmäzens. Bis zum Juli 1733 war allgemeine Trauer für den verstorbenen Landesherrn angeordnet, und solange sie währte, durfte in den Kirchen keine Figuralmusik aufgeführt werden. Bach ließ diese Mußezeit nicht ungenützt verstreichen, und da er auf die Musikliebe des jungen Fürsten große Hoffnungen setzte, so verfolgte er mit zäher Energie einen ehrgeizigen Plan, der sich allerdings erst bedeutend später verwirklichen sollte. Der Pflicht enthoben, die sonntäglichen Kantaten und die Karfreitagspassion zu liefern, benutzte er die ersten Monate des Jahres 1733, um ein Werk auszuarbeiten, das er seinem Herrscher als Zeichen seiner Ergebenheit und Beweis seiner hohen Fähigkeiten vorzulegen gedachte, in der Erwartung, dafür zum Hofkomponisten ernannt zu werden. Es ist schon angedeutet worden, welchen Wert Bach auf einen höfischen Titel legte. Gleichzeitig ließ er sich von praktischen Erwägungen leiten. Die augenblickliche Lage der Dinge verbot ihm, mit einer weltlichen Komposition hervorzutreten; auch eine Kantate hielt er für ungeeignet; so beschloß er, seine Huldigung in einer den Protestanten und Katholiken gemeinsamen liturgischen Form zum Ausdruck zu bringen, nämlich in der Form der lutherischen Missa oder des Kyrie und Gloria in excelsis.

Bach vollendete die Partitur der h-Moll-Messe im Anfang des Sommers 1733, und es dauerte nicht lange, so bot sich eine Gelegenheit, sie nach Dresden zu befördern. Infolge der Erkrankung Christian Petzolds († 2. Juli) mußte der Organistenposten an der Sophienkirche, in der Bach zwei Jahre zuvor seine Zuhörer begeistert hatte, neu besetzt werden. Bachs ältester Sohn, Wilhelm Friedemann, zählte jetzt dreiundzwanzig Jahre und hatte sich des großen Namens, den er trug, als Orgelspieler bereits würdig gezeigt. Wie es scheint, durch Dresdner Freunde bewogen, schlug Bach seinen Sohn für die Stellung vor, und am 7. Juni 1733 schrieb er ein Gesuch für ihn. Es hatten sich noch andere Bewerber gemeldet; Friedemann legte jedoch am 22. Juni seine Probe mit solchem Glanze ab, daß er am folgenden Tage den Posten erhielt. Am

11. Juli wurde ihm der Schlüssel der Orgel ausgehändigt, und nachdem er sein Instrument geprüft und darüber berichtet hatte, trat er am 1. August sein Amt an. Väterliche Fürsorge führte Bach mit seinem Sohn nach Dresden; vermutlich wohnten beide im Hause des Hofrats Alius in der Wilsdruffer Gasse. Friedemann war von Natur träge und gleichgültig; es war ihm zuwider, seine Gedanken, ja selbst seine Kompositionen zu Papier zu bringen, und seine Briefe vom 7. Juni und 1. August verraten deutlich, daß sein Vater sie aufgesetzt hat. Auch bei der Prüfung der Orgel in der Sophienkirche stand Bach seinem Sohn zweifellos zur Seite. Dadurch ließ er sich aber nicht abhalten, die Vokal- und Instrumentalstimmen der h-Moll-Messe fertigzustellen. Am 27. Juli sandte er sie mit dem nachstehenden Brief aufs kurfürstliche Schloß:

Dem Durchlauchtigsten Fürsten und Herrn,
Herrn Friedrich Augusto, Königlichen Prinzen in Pohlen und Litthauen, Herzogen zu Sachsen [u. s. w.]
Meinem gnädigsten Herrn.

Durchlauchtigster Churfürst,
Gnädigster Herr.
Ew. Königlichen Hoheit überreiche in tieffster Devotion gegenwärtige geringe Arbeit von derjenigen Wissenschaft, welche ich in der Musique erlanget, mit ganz unterthänigster Bitte, Sie wollen dieselbe nicht nach der schlechten Composition, sondern nach Dero Welt berühmten Clemenz mit gnädigsten Augen anzusehen und mich darbey in Dero mächtigste Protection zu nehmen geruhen. Ich habe einige Jahre und bis daher bey denen beyden Haupt-Kirchen in Leipzig das Directorium in der Music gehabt, darbey aber ein und andere Bekränckung

unverschuldeterweise auch iezuweilen eine Verminderung derer mit dieser Function verknüpfften Accidentien empfinden müssen, welches aber gänzlich nachbleiben möchte, daferne Ew. Königliche Hoheit mir die Gnade erweisen und ein Praedicat von Dero Hoff-Capelle conferiren, und deswegen zur Ertheilung eines Decrets, gehörigen Orts hohen Befehl ergehen lassen würden; Solche gnädigste Gewehrung meines demüthigsten Bittens wird mich zu unendlicher Verehrung verbinden und ich offerire mich in schuldigsten Gehorsam, iedesmal auf Ew. Königlichen Hoheit gnädigstes Verlangen, in Componirung der Kirchen Musique sowohl als zum Orchestre meinen unermüdeten Fleiß zu erweisen, und meine ganzen Kraffte zu Dero Dienste zu widmen. In unaufhörlicher Treue verharrend Ew. Königlichen Hoheit unterthänigst-gehorsamster Knecht

Dreßden, den 27. July 1733. Johann Sebastian Bach.

Bach hatte zu seinem Gesuch einen ungünstigen Zeitpunkt gewählt. Kurfürst August war durch die Ereignisse in Polen völlig in Anspruch genommen. Dort hatte sich ein paar Wochen zuvor (Mai 1733) eine starke antisächsische Partei gegen jeden Herrscher erklärt, der nicht von Geburt ein Pole wäre. Während August noch versuchte, mit dem österreichischen und russischen Hofe in Fühlung zu kommen, wurde am 10. September 1733 sein Rivale Stanislaus Leszczynski in Warschau zum König ausgerufen. Da Frankreich diesen jedoch nur schwach unterstützte, wurde er bald aus Polen vertrieben, und nachdem Danzig, seine letzte Zufluchtsstätte, sich im Juni ergeben hatte, trat er vom Schauplatz ab. Im Wirbel der Geschehnisse blieb Bachs Huldigung unbeachtet. Dafür gaben ihm in den Jahren 1733 und 1734 eine Reihe öffentlicher Feiern Gelegenheit, sein Können zu entfalten. Am 3. August 1733 wurde Augusts Namenstag in Leipzig mit der Aufführung von Bachs Kantate (Drama) ›Frohes Volck, vergnügte Sachsen‹ begangen, wozu der gewandte Picander das Libretto geliefert hatte. Bach muß aus Dresden herbeigeeilt sein, um die von seinem Collegium Musicum dargebotene Aufführung zu leiten; er hatte sich nicht die Mühe gemacht, eine neue Musik für die Feier zu komponieren: mit Ausnahme der Rezitative verwandte er die Kantate, die 1732 zur Wiedereröffnung der Thomasschule gesungen worden war. Einen Monat darauf (5. September 1733) feierten seine Sänger und Instrumentalisten den Geburtstag von Augusts lahmem und schwächlichem Erben, dem Prinzen Friedrich Christian, mit einem kunstvolleren Werk, ›Hercules auf dem Scheidewege‹, dessen Text wiederum aus der Feder des unermüdlichen Picander stammte. Bis auf die Rezitative und den Schlußchor finden sich alle Nummern dieser Komposition in dem ein Jahr später (1734) aufgeführten ›Weihnachtsoratorium‹ wieder.

Die Ausdauer, mit der Bachs Collegium Musicum August III. und seiner Familie in den Jahren 1733 und 1734 musikalische Huldigungen darbrachte, kommt in weitem Umfang auf Bachs eigene Rechnung. Bach scheint den Druck der Texte zu diesen Gratulationskantaten aus seiner Tasche bezahlt oder sie wenigstens selbst in Kommission genommen zu haben. (In Bernhard Christoph Breitkopfs Hauptbuch erscheint sein Name bereits in Verbindung mit dem Libretto von Picanders Kantate ›Es lebe der König‹, die sein Collegium am 3. August 1732 zum Namenstag Augusts II. aufführte.) Nachdem er den neuen Herrscher und dessen Erben musikalisch verherrlicht hatte, feierte er (8. Dez. 1733), ungeachtet des bevorstehenden Weihnachtsfestes, das seine Kräfte in erhöhtem Maße in Anspruch nahm, den Geburtstag der Königin und Kurfürstin Maria Josepha durch eine Aufführung seiner Kantate ›Tönet, ihr Pauken‹. Die Titelseite des Librettos nennt nur Bachs Namen; vielleicht stammte auch die Dichtung von ihm, die manchen launigen Einfall enthält und es nicht verschmäht, die Niederlage von Stanislaus und seiner französischen Partei mit Glückwünschen zu begleiten. Es dauerte nicht lange, bis die Krönung Augusts III. und seiner Gemahlin in Krakau am 17. Januar 1734 Bach und seine musikalischen Kräfte zu neuer Tätigkeit anspornte. Diesmal benutzte Bach ein früheres Leipziger Werk, den ›zufriedengestellten Aeolus‹, dessen Text er vermutlich selbst unter dem Titel ›Blast Lärmen, ihr Feinde‹ der Gelegenheit anpaßte. Sieben Monate darauf, am 3. August 1734, feierte er Augusts Namenstag, auch wieder unter Verwertung älteren Materials: der Jubelchor ›Auf, schmetternde Töne‹ erklang zu den Weisen der acht Jahre vorher komponierten ›Vereinigten Zwietracht‹. Nur die Rezitative wurden neu hinzugefügt.

Im Herbst 1734 hatte sich in Polen das Blatt zu Augusts Gunsten gewendet; er begab sich nunmehr nach Sachsen zurück und kehrte Anfang Oktober mit seiner Gemahlin in Leipzig ein, damit die Stadt Gelegenheit hatte, den Jahrestag seiner Wahl zum König von Polen (5. Oktober) festlich zu begehen. Um die Mittagszeit donnerten die Freudenschüsse der Kanonen, und abends gaben die illuminierten Straßen und Plätze Kunde von der patriotischen Gesinnung der Bürger. Um neun Uhr zogen sechshundert Studenten der Universität mit Fackeln nach dem Marktplatz, wo Bachs Collegium Musicum ›eine allerunterthänigste Abend-Music mit Trompeten und Pauken‹ darbot, während die Festordner, die Grafen von Vitzthum, Hochberg, Flemming und Dietrichstein, ›von Ihren Majestäten Allergnädigst zum Handkuß zugelassen wurden‹. Die Veranstaltung kostete 299 Taler 22 Groschen, wovon der größere Teil auf die Fackeln kam. Bach und seine Musiker empfingen 50 Taler, und Johann Christian Clauder, der im übrigen unbekannte Verfasser des Textes ›Preise dein Glücke, gesegnetes Sachsen‹, erhielt 12 Taler.

Wiederum hatte sich Bach vor dem hohen Herrn, von dem er bisher vernachlässigt worden war, glänzend bewährt. Für den Geburtstag des Kurfürsten (7. Oktober) hatte er schon ein Werk in Bereitschaft, aber die Feier der Wahl kam gänzlich unerwartet. Bach sah sich daher genötigt, zu früheren Kompositionen seine Zuflucht zu nehmen. Das ›Weihnachtsoratorium‹ lieferte die Musik zu einer der drei Arien ›Preise dein Glücke‹; von den beiden Chören kennen wir den einen als das ›Osanna‹ aus der h-Moll-Messe. Bach wäre wohl imstande gewesen, ein so hervorragendes Stück, wenn es sein mußte, in drei Tagen fertigzustellen, aber in diesem Fall dürfte er es schwerlich getan haben. Man kann vielmehr annehmen, daß das ›Osanna‹ bereits vorhanden war und von Bach zu diesem weltlichen Zweck herangezogen wurde. Die Feier hatte ein tragisches Nachspiel: tags darauf erlitt Gottfried Reiche, der älteste Stadtpfeifer, ein Trompeter von außergewöhnlicher Geschicklichkeit, im Stadtpfeifergäßchen einen tödlichen Schlaganfall, der auf die Überanstrengung bei der Veranstaltung des Abends vorher und die Wirkung des ›Fackelrauches‹ zurückgeführt wurde. Am folgenden Abend (7. Oktober) wurde der Geburtstag des hohen Herrn von Bachs Collegium Musicum mit einer Aufführung der Kantate ›Schleicht, spielende Wellen‹ begangen; die Verse dazu, die vermutlich von Picander stammten, enthielten huldigende Anspielungen auf die österreichische Gemahlin des Königs. Die hohen Herrschaften waren beide anwesend. Sie müssen bemerkt haben, wie unermüdlich Bach für ihre Unterhaltung besorgt war; hatte er ihnen doch erst zwei Tage vorher einen Kranz herrlicher Musik zu Füßen gelegt. Aber es sind keinerlei Nachrichten vorhanden, daß sie ihm ihre Gunst bezeugt hätten, und sein Wunsch nach einem Hoftitel blieb vorläufig unerfüllt. Ob diese Gleichgültigkeit Bach entmutigte oder nicht – jedenfalls war das Collegium Musicum in Zukunft etwas sparsamer mit seinen Darbietungen. Immerhin scheint Bach für Augusts Namenstag 1735 auf die Kantate ›Was mir behagt‹ und für seinen Geburtstag 1736 auf ›Schleicht, spielende Wellen‹ zurückgegriffen zu haben.

1734 siedelte Gesner nach Göttingen über, um dort den Lehrstuhl an der Universität zu übernehmen, der ihm in Leipzig versagt geblieben war. Zu seinem Nachfolger wurde Johann August Ernesti bestimmt, der seit Petzolds Tode im Jahre 1731 das Amt des Konrektors bekleidet hatte. Er war Thüringer von Geburt und zweiundzwanzig Jahre jünger als Bach; als ihm der verantwortungsvolle Posten des Rektors übertragen wurde, zählte er erst siebenundzwanzig Jahre. Er war ein bedeutender Theologe und klassischer Philologe, gehörte aber einer jüngeren Generation als sein Vorgänger an und brachte eine neue Auffassung von humanistischer Jugenderziehung mit. Sein Bestreben ging dahin, die Schulen und Universitäten von den klassischen Fesseln der Renaissance und den theologischen Banden der Reformation zu befreien. Eine fortschreitende Verweltlichung und Anpassung an die neuen Zeitverhältnisse schwebten ihm als erzieherische Grundsätze vor. Er lehnte sich gegen die Tradition auf, daß die wichtigste Aufgabe der Stadtschulen, wie die von St. Thomas eine war, darin bestände, die Musik zu den Gottesdiensten zu liefern; ja, diese Verpflichtung erschien ihm geradezu als ein Hindernis auf dem Wege freier geistiger Entwicklung. Schon 1729 war Bach auf diese Auffassung der Dinge gestoßen, als eine Anzahl neuer Alumnen aufgenommen werden sollte, und in Ernestis Person trat sie ihm so unumwunden und herausfordernd entgegen, daß die bis dahin bestehenden freundschaftlichen Beziehungen zwischen Rektor und Kantor gänzlich zerstört wurden. Ernesti war der Ansicht, daß die Musik im Lehrplan der Schule eine ganz unberechtigte Bevorzugung genieße, und versäumte nicht, dies immer wieder hervorzuheben. »Wollt ihr auch ein Bierfiedler werden?« pflegte er die Schüler zu fragen, wenn er sie in ihren Mußestunden beim Musizieren antraf. Bach dagegen, zum äußersten Widerstand gereizt, ließ die Alumnen seinen Zorn spüren, sobald sie ihre Musik vernachlässigten. Der Zündstoff häufte sich mehr und mehr an, und ein Funke konnte ihn zur Explosion bringen.

Die ersten Monate von Ernestis Rektorat verflossen, ohne daß es zu einem offenen Bruch gekommen wäre. Bach vollendete die h-Moll-Messe, veröffentlichte den II. Teil der ›Clavierübung‹ und betätigte sich als musikalischer Herausgeber von Schemellis ›Musicalischem Gesangbuch‹ (1736), das er mit unvergleichlichen Harmonien und einigen seiner herrlichsten Melodien ausstattete. Zu Ostern 1735 fand er in Frau Marianne von Ziegler eine neue und brauchbare Textdichterin; sie war die Witwe eines Offiziers und regte mit ihren gewandten und tiefempfundenen Versen seine Schaffenslust an. Um dieselbe Zeit wird er auch in Köthen gewesen sein, um die erweiterte Orgel der St. Agnuskirche zu prüfen. Sein zweiter Sohn, Carl Philipp Emanuel, hatte bereits das väterliche Haus verlassen und war studienhalber nach Frankfurt a. d. O. gegangen (1734); im Juni 1735 wurde Bach die Freude zuteil, seinem dritten Sohn, Johann Gottfried Bernhard, eine Anstellung in derselben Stadt zu verschaffen, in der er einst seinen jungen Hausstand begründet hatte. Der Organistenposten an der Marienkirche in Mühlhausen war am 6. April 1735 durch den Tod von Johann Gottfried Hetzehen, dem Mitglied einer alten Mühlhäuser Musikerfamilie, frei geworden. Bach scheint mit der Stadt in Verbindung geblieben zu sein, so daß es ihm leicht wurde, seinem Sohn die Stellung auszuwirken. Als Gottfried Bernhard Bach sich verhältnismäßig spät für den Posten meldete, traf er mit anderen Bewerbern zusammen. Unter ihnen war der aus Mühlhausen gebürtige Johann Nikolaus Götze, der Hetzehen während seiner Krankheit vertreten hatte und dessen Ernennung von dem maßgebenden Komitee befürwortet wurde. Am 21. Mai fand eine Sitzung statt, und zwei Tage darauf wurde Bernhards Name der Kandidatenliste hinzugefügt. Götzes Gönner erklärten jedes Probespiel für überflüssig und forderten, daß man ihren Schützling sogleich ernennen solle. Aber Bürgermeister Petri erhob Einspruch, als sie die Absicht bekundeten, die nicht ortsansässigen Musiker von vornherein auszuschließen; er behauptete, es sei ihr gutes Recht, ›auf ihre Kosten‹ gehört zu werden. Vor allem verlangte er, daß der junge Bach seine Probe mit den anderen ›Auswärtigen‹ ablegte. Anfang Juni kam Bernhard in Begleitung seines Vaters nach Mühlhausen, bestand die Probe und erhielt den Posten, den er allerdings nur kurze Zeit innehaben sollte.

Der Weggang der drei begabten Söhne hinterließ in Bachs Hause eine empfindliche Lücke. Sie hatten sich nicht nur an den Hausmusiken beteiligt, die für Bach eine stete Quelle der Freude bildeten, sondern ihm auch die Bürde seiner Amtspflichten erleichtert, indem sie die Stimmen für seine Sänger und Instrumentalisten ausschrieben. Um dieselbe Zeit sah er sich auch seiner zuverlässigsten Sänger beraubt: Christian Friedrich Schemelli, der nachmalige Kantor in Zeitz, mit dessen Vater, wie schon erwähnt, Bach im Jahre 1736 zusammenarbeitete, verließ die Schule 1734; Johann Ludwig Dietel, der spätere Kantor in Falkenhain, folgte ihm 1735; Bachs Lieblingsschüler Johann Ludwig Krebs trat im selben Jahr aus der Schar der Alumnen aus. Unter den anderen Senioren, deren Schulzeit ihrem Ende zuneigte, befand sich der zweiundzwanzigjährige Gottfried Theodor Krause, ein Kantorssohn aus Herzberg. Krause wollte die Universität besuchen und wurde am 20. April 1736 von Ernesti als einer von sex bonae spei adolescentes de commodis ex historia philosophica capiendis dicere jussi bezeichnet. Bach schätzte ihn sehr und ernannte ihn auf Grund der Befugnis, die ihm nach der ›Schulordnung‹ vom Jahre 1723 zustand, zum ersten Präfekten. Diese Maßnahme hatte unvorhergesehene Folgen: zwischen Bach und Ernesti brach ein erbitterter Kampf aus, der die Disziplin der Schule lockerte und erst nach zwei Jahren beigelegt wurde.

In einem am 26. Juli 1736 an den Rat der Stadt gerichteten Schreiben setzt Krause die Vorgeschichte des verhängnisvollen Zwistes auseinander. Als erster Präfekt hatte er Bachs ›ernstlichen Befehl‹ erhalten, die ›unter ihm stehenden Kleinen‹ streng zu überwachen und sie für den Fall, daß sie sich in der Kirche ungehörig benahmen, in der Abwesenheit des Kantors durch eine ihm ›anständige Straffe ihres Amtes und Pflichten zu erinnern‹. Als seine Ermahnungen nichts fruchteten und ›die üble und ungebührliche Aufführung dieser kleinen Schüler in denen Kirchen und bey anderen heiligen Verrichtungen immer mehr und mehr zunahm‹, drohte Krause, handgreiflich zu werden, wie es ihm der ›von dem H. Cantore gegebene Befehl‹ gestattete, zumal man sich in der Gemeinde über das schlechte Betragen des Chores aufzuhalten begann. Schließlich artete das Benehmen der jungen Sänger auf einer Hochzeit in solcher Weise aus, daß er beschloß, ›ein Exempel der allergeringsten und beynahe kindischen Straffe zu geben‹. Die Jungen, die unter einer milderen Leitung keck geworden waren, leisteten Widerstand, und so kam es, daß Krause mit dem Stock heftiger zuschlug, als er beabsichtigt hatte, und ›die dadurch auffgebrachte Hitze meiner Jugend ihnen eine etwas härter Straffe verursachet‹. Eins seiner Opfer behauptete, so hart getroffen worden zu sein, daß sein Rücken aufgerissen wäre und blutete, obgleich der Schulbarbier und dessen Gehilfe ›nicht die geringste Spur‹ einer Verletzung entdecken konnten. Aber der betreffende Schüler beschwerte sich bei Ernesti. Dieser geriet außer sich und befahl, daß Krause vor der ganzen Schule eine Tracht Prügel erhalten solle. Das war ein allzu harter Spruch für einen jungen Mann von zweiundzwanzig Jahren und, wie Krause sich in seinem Brief ausdrückte, ›mehr vor eine öffentliche Prostitution, als vor eine Verweisung meines Fehlers anzusehen‹. Krause beschwor Ernesti, ihm eine so entwürdigende Strafe zu ersparen, aber umsonst. Der Rektor blieb unerbittlich, selbst als Bach sich ins Mittel legte und alle Schuld auf sich nahm. Daraufhin bat Krause, die Schule verlassen zu dürfen, und ersuchte um das übliche Abgangszeugnis (›Dimission‹). Als Ernesti sich weigerte, ihm dieses auszustellen, zog Krause vor, heimlich aus der Schule zu entweichen, um einer ›so schimpfflichen und den Fehler soweit übersteigenden Straffe‹ zu entgehen. Er berief sich auf einen seiner Lehrer, der erklärte, daß seine Aufführung bis jetzt vorbildlich gewesen sei und daß er ›außer diesen einzigen Fehler, nichts begangen habe, worüber [er] zu einiger Straffe hätte müssen gezogen werden‹. Aber Ernesti gab nicht nach; er verweigerte Krause die Erlaubnis, seinen ›wenigen Hausrath‹ mitzunehmen, und hielt die Summe von dreißig Talern, ›die bißhero gesammlete Caution‹, zurück, die im Hauptbuch der Schule auf seinem Konto stand.

Krauses Appell an den Rat hatte zur Folge, daß die Herausgabe seiner ›Caution‹ angeordnet wurde (31. Juli 1736). Er selbst berief sich auf die Autorität des Kantors, um seine Handlungsweise zu rechtfertigen, und verschärfte auf diese Art den Gegensatz zwischen Rektor und Kantor: Bach hatte sich disziplinarische Rechte angemaßt, die nur dem Rektor zustanden, und damit eine größere Ausdehnung des Zwistes veranlaßt. Ernesti war entschlossen, gegen Bach mit derselben Härte vorzugehen, wie er sie Krause gegenüber gezeigt hatte. Ein Zufall wollte, daß um die Zeit, als Krause die Schule Hals über Kopf verließ, der zweite Präfekt denselben Namen trug. Johann Gottl. Krause war der Sohn des Müllers von Großdeuben und neun Monate älter als sein Namensvetter. Seine üblen Charaktereigenschaften waren schon Gegenstand eines Gesprächs zwischen Bach und Ernesti gewesen, als diese im November 1735 von der Hochzeit ihres Kollegen, des Tertius Abraham Krügel, nach Hause fuhren und beratschlagten, wer am bevorstehenden Weihnachtsfest zum Präfekten ernannt werden sollte. Unter den Alumnen, die ihrer Altersstufe nach an der Reihe waren, befand sich auch der ältere Krause. Bach machte Einwände und bezeichnete ihn kurzweg als einen ›liederlichen Hund‹. Ernesti gab zu, daß Krause Schulden gemacht habe und sein Charakter auch sonst zu wünschen übriglasse; dennoch war er nicht gewillt, ihn zu übergehen, vorausgesetzt, daß Bach mit seinen musikalischen Leistungen zufrieden wäre. Da Bach ihn nicht für ganz ungenügend erklären mochte, wurde Krause Weihnachten 1735 zum dritten Präfekten ernannt und war zu der Zeit, als sein Namensvetter der Schule entlief, bereits zur zweiten Stelle aufgerückt.

Die rasche Beförderung Krauses zum zweiten Präfekten hatte ihren Grund in dem vorzeitigen Weggang des ersten Präfekten Maximilian Nagel zu Neujahr 1736. Krause erfüllte seine Pflichten auf dem verantwortungsvollen Posten so mangelhaft, daß Bach sich widersetzte, als Ernesti ihn zum ersten Präfekten ernennen wollte: er hielt dies für einen Eingriff in seine Kantorrechte; außerdem hatten sich Krauses musikalische Fähigkeiten als unzureichend erwiesen. In der Überzeugung, daß sein Standpunkt nicht angefochten werden konnte, rüstete Bach sich zum Kampf. Am 10. Juli 1736 schickte er den zweiten Präfekten, Samuel Kittler, zu Ernesti mit der Meldung, daß er Kittler an Krauses Stelle zum ersten Präfekten ernannt und Krause auf den zweiten Platz zurückverwiesen habe, ›indem er [Bach] ihn nicht tüchtig zur ersten Praefectur befände‹. Krause verlangte zu wissen, weshalb man ihn seines Postens enthoben habe, und erfuhr, daß er sich darüber mit Bach auseinandersetzen müsse. Bach war bereits so aufgebracht, daß er sein Temperament nicht mehr zu zügeln vermochte. Krause freute sich, den Brand zu schüren; er eilte zu Ernesti zurück und berichtete, Bach habe ihn nur in der Absicht zum zweiten Präfekten herabgedrückt, um zu beweisen, daß die Besetzung des Postens allein dem Kantor zukäme. So war es auch in der Tat; nur mußte die Einwilligung des Vorstehers eingeholt werden, und dies hatte Bach anscheinend unterlassen.

Neben dem beruflichen Ärger erwuchsen Bach noch Sorgen anderer Art. Es ist seltsam, daß dieser Mann, der die Lauterkeit und Rechtschaffenheit seiner Vorfahren in sich verkörperte, zwei aus der Art geschlagene Söhne hatte. Das tragische Geschick seines ältesten Sohnes Wilhelm Friedemann erleben zu müssen, blieb ihm durch eine gnädige Fügung erspart, aber die Seitensprünge, die sich

Gottfried Bernhard leistete, bildeten für ihn eine ständige Quelle der Sorge, bis 1739 ein vorzeitiger Tod den jungen Mann dahinraffte. Bernhard war noch keine anderthalb Jahre in Mühlhausen gewesen, als er seinen Vater bat, ihm zu dem Organistenposten an der Jakobi- oder Marktkirche in Sangerhausen, der im Oktober 1736 freigeworden war, zu verhelfen. Bach hatte keine Ahnung davon, daß Bernhard seiner Schulden wegen aus Mühlhausen wegstrebte, und schrieb an Johann Friedrich Klemm, ein Mitglied des Rates von Sangershausen, dessen Vater er in Leipzig kennengelernt hatte. Klemm erklärte sich bereit, ihm gefällig zu sein. Drei weitere Bewerber hatten sich gemeldet, als Gottfried Bernhard am 13. Januar 1737 zur Probe spielte. Er zeigte sich ihnen überlegen und erhielt am nächsten Tage den Posten, nachdem er versprochen hatte, Zeugnisse über seine gute Führung aus Mühlhausen beizubringen, wo er am 23. Februar 1737 wegen seiner Dienstentlassung vorstellig wurde. Die Zeugnisse trafen im März ein, und am 4. April 1737 wurde die Ernennung vom Leipziger Konsistorium bestätigt. Bernhard bekleidete sein Amt nur kurze Zeit und verließ es unter Begleitumständen, die dem Vater einen Stich ins Herz gaben. Von ihnen wird später noch zu sprechen sein.

Im Herbst 1736 trat endlich ein Ereignis ein, das dazu angetan war, Bach für die kürzlich erlittene Unbill zu entschädigen. Am 19. Novembver 1736 wurde seine Ernennung zum ›Hof-Compositeur‹ in Dresden mit Unterschrift und Siegel des Kurfürsten versehen. Vor mehr als drei Jahren hatte Bach sich zum ersten Mal darum bemüht und seitdem seine Kräfte oft zur Verherrlichung seines hohen Gebieters eingesetzt. Man nimmt gewöhnlich an, daß Kurfürst August über den polnischen Wirren vergessen habe, Bach die gewünschte Auszeichnung früher zuteil werden zu lassen; aber der wahre Grund für die Verzögerung dürfte darin zu suchen sein, daß Bach im Jahre 1733 (und bis zum Sommer 1736) Kapellmeister ›von Haus aus‹ des Herzogs von Weißenfels war: der Kurfürst wird natürlicherweise nicht geneigt gewesen sein, einen Musiker, der bereits an einen kleineren Fürstenhof gebunden war, zu seinem Hofkomponisten zu machen. Wenn diese Annahme zutrifft, so stehen der Tod Herzog Christians von Sachen-Weißenfels am 28. Juni 1736 und Bachs fünf Monate später erfolgte Ernennung in Dresden in klarem Zusammenhang, denn nach Herzog Christians Tode wurde die Weißenfelser Kapelle aufgelöst. Freiherr Carl von Keyserlingk, der russische Gesandte am Dresdener Hofe, wurde beauftragt, Bach das Dekret zu übermitteln, dessen Ausfertigung wohl auf sein Betreiben zurückzuführen ist. Keyserlingk erhielt Bachs Dekret am 28. November 1736 und benutzte die Anwesenheit des Meisters in Dresden, um es ihm einzuhändigen. Am 1. Dezember 1736, so meldeten die ›Dresdner Nachrichten‹, zwischen zwei und vier Uhr gab Bach ein Konzert auf der neuen Silbermann-Orgel in der Frauenkirche. Keyserlingk und andere ›Proceres‹ waren zugegen und lauschten ›mit besonderer Admiration‹ einem Künstler, dessen ›große Geschicklichkeit im Componiren‹ soeben vom Kurfürsten mit Auszeichnung anerkannt worden war.

Der langersehnte Hoftitel verfehlte jedoch zunächst die Wirkung, die Bach sich von ihm versprochen hatte. Seine Briefe an den Rat der Stadt Leipzig blieben ohne Antwort, und kurz vor der Reise nach Dresden setzte er einen Bericht über seinen Streit mit Ernesti an das Konsistorium auf. Er hielt das Schriftstück zunächst noch zurück, da er eine Vermittlung von höherer Seite erhoffte. Seine Erwartungen sollten sich nicht erfüllen. In Dresden hatte er zweifellos Gelegenheit, seine Sache vorzubringen; aber er kehrte unverrichteter Dinge nach Leipzig heim, in der Überzeugung, daß er seinen Kampf allein ausfechten müsse. So zog er denn die im November entworfene Eingabe aus ihrem Fach hervor, datierte sie um (12. Februar 1737) und schickte sie an das Konsistorium:

Magnifici, *Hoch Edelgebohrne Hoch*-Ehrwürdige, Hoch-Edle, Vest und Hochgelahrte, Hochgeehrteste Herren und Hohe Patroni!
Es hat der Rector der Schule zu St. Thomae allhier Herr M. Johann August Ernesti jüngsthin sich unterstanden, mir bey dem ersten Chor, welches von denen Alumnis der bemeldten Schule formiret wird, ein untüchtiges Subjectum zum Praefecto wieder meinen Willen aufzudringen; und als ich dieses weder annehmen können, noch wollen; hat vermelter Herr M. Ernesti allen Alumnis, daß keiner, ohne diesem seinen eigenmächtig gesetzten Praefecto in der Kirche die Motette absingen, oder dirigiren solte, bey Straffe der Relegation verbothen, auch dadurch so viel effectuiret, daß den Sonntag darauf in der Nach-Mittags Predigt kein eintziger Schüler aus Furcht der angedroheten Strafe das Absingen über sich nehmen, und die Motette dirigiren wollen, ja es würden gar die Sacra gestöhret worden seyn, wenn ich nicht noch einen Studiosum, so solches verrichtet, dahin vermocht hätte.

Wenn ich dann durch dieses, des Herrn Rectoris Unternehmen nicht allein in meinem Officio gar sehr gekräncket und turbiret, sondern mir auch der von denen Schülern schuldige Respect entzogen, und ich dadurch um meine Reputation bey ihm gebracht worden; da doch 1.) nach E. E. Raths allhier, bey der Schule zu St. Thomae gemachten Schul-Ordnung Cap. 14. § 4. mir die Praefectos Chororum aus denen Schul Knaben ohne Concurrenz des Herrn Rectoris zu erwehlen zustehet, solches auch bishero sowohl von mir, als meinen antecessoribus beständig also gehalten worden; gestalt dieses daher seinen vernünfftigen Grund hat, da die Praefecti nach obangezogener Schul-Ordnung meine, des Cantoris Stelle, weil ich zugleich in allen Kirchen nicht seyn kan, vertreten und dirigiren sollen, ich auch über das erste Chor die Inspection und Aufsicht insbesondere habe und also, mit wem ich mir auszukommen getraue, am besten wissen muß: hiernechst 2.) des Rectoris an die Schüler gethanes Verboth, unter einem andern Praefectô nicht zu singen, höchst unbillig ist, in Betrachtung wenn die Schüler mit ratione des Singens die Parition nicht leisten sollen, unmöglich etwas fruchtbarliches ausgerichtet werden kan; ich dahero damit dieses Beginnen nicht zur Conseqvence gereichen möge, mich deßhalb zu moviren hohe Ursache habe;

Als werde Ew. Magnif. *HochEdelg.* und *HochEhrwd. Herrl.* bey diesem Bedrängnüs anzugehen gemüßiget, und gelanget dahero an *Dieselben* mein gehorsamstes Bitten:

Bey meinem Officio mich zu schützen, und dahero dem H. Rectori M. Ernesti, daß er mich in solchem fernerhin nicht beeinträchtigen, der Erwehlung derer Praefectorum ohne mein Wißen und Willen, wie auch eines Verboths gegen die SchulKnaben, mir bey dem Singen keine parition zu leisten, sich hinkünfftig enthalten solle, ernstlich zu bedeuten, dem H. Superintendenten, oder einem der Herren Geistlichen bey der Thomas Kirche aber, sonder ungeziemende Maßgebung, daß sie die SchulKinder zu dem mir schuldigen Respect und Gehorsam wieder anweisen, und mich hierdurch mein Amt ferner zu verrichten in dem Stand setzen sollen, gemäße Verordnung hochgeneigt zu ertheilen.

Wie ich mich nun in meinem billigen Suchen Dero Schutz und Hülffe getröste; Also werde davor, wie allezeit mit allen Respect verharren,

Ew. Magnif. *HochEdelg. HochEhrw. und HochEdl. Herrl.*
gehorsamster
Johann Sebastian Bach,
Compositeur von Königl. Maj. in Pohlen Hoff-Capelle, und Dir. Chori Musici allhier.

Leipzig den, 12. Februar.
1737.

Bach erhielt vom Konsistorium keine Antwort auf seine Eingabe, und nachdem er einige Monate hatte verstreichen lassen und auch ein weiteres Schreiben an den Rat ohne Erfolg geblieben war, wandte er sich an die letzte Instanz und richtete (18. Oktober 1737) folgendes Gesuch an seinen König und Kurfürsten:

Aller-Durchleuchtigster, Großmächtigster König und Churfürst Allergnädigster Herr,

*Daß Ew. Königl. Maiest: aus aller*höchsten Gnaden mir das Praedicat Dero Hoff-Componisten angedeyhen laßen solches venerire Zeit Lebens mit allerunterthänigstem Dancke. Gleichwie nun dahero Ew. Königl. Maiest. allergnädigste Protection ich mir in allertiefster Zuversicht zueigne, so unterwinde mich auch, um selbige bey meinen iezigen Bedrückungen allergehorsamst anzusuchen.

Es haben meine Vorfahren, die Cantores bey der Schule zu S. Thomae alhier iederzeit nach der hergebrachten Schul-Ordnung das Recht beseßen, die Praefectos bey denen Choris Musicis zu ernennen, und dieses aus der gegründeten Ursache, weil sie am sichersten wißen können, welches Subjectum am allertüchtigsten zu gebrauchen, und dieses Praecipuum habe ich auch geraume Zeit und ohne Jemandes Contradiction genoßen;

Nichts destoweniger aber hat sich der ietzige Rector, M. Johann August Ernesti nicht entblödet, mir iüngsthin ohne meine Concurrenz die Praefectur und zwar mit einem Subjecto, welches in musicis sehr schlecht erfahren, zu besezen; und als ich bey Gewahrwerdung deßen Schwachheit, und der daher in der Music entstandenen Unordnung mich genöthiget sahe, eine Änderung vorzunehmen und an deßen statt ein geschickteres Subjectum zuerwehlen, so hat gedachter Rector, Ernesti, meinem Vorhaben sich nicht allein stracklich opponiret, sondern auch zu meiner größten Bekränckung und Prostitution denen sämtlichen Schul-Knaben in coetu publico sub poena baculationis untersaget, meine Veranstaltungen Parition zu leisten.

Ob ich nun wohl meine wohl fundirte Praerogative bey dem alhiesigen Magistrat in der Beyfuge sub A. zu mainteniren gesuchet, auch das Königl. Consistorium allhier um Satisfaction der mir angethanen Injurien sub B. imploriret, so ist dennoch vom letztern gar nichts, vom erstern aber die abschrifftlich beigefügte Weisung sub C. erfolget. Dieweilen aber, allergnädigster König und Herr, von dem Rathe alhier nach der inducirten Beyfuge meine sonst gehabte Gerechtsame gänzlich abgeschnitten und sich auf eine neuerlich Anno 1723 errichtete Schul-Ordnung bezogen wird, die mich aber hauptsächlich um deswillen nicht binden kan, weilen selbige von dem hiesigen Consistorio, wenn sie anders gültig seyn wollen, niemahlen confirmiret worden;

Als ersuche Ew. Königl. Majest. ich in allertieffster Unterthänigkeit

1) dem allhiesigen Rathe, daß er mich in meinem jure quaesito ratione der zuernennenden Praefectorum Chori

Musici ungekränckt erhalten, und darbey schützen solle, und

2) dem Consistorio alhier allergnädigst anzubefehlen, den Rector Ernesti zu einer Abbitte der mir angethanen Beschimpffung anzuhalten, auch sodann sonder Maßgebung dem Superintendenten, D. Deylingen aufzutragen, den ganzen coetum dahin anzumahnen, daß die sämtlichen SchulKnaben mir den sonst gehörigen Respect und Obedienz erzeigen sollen. Diese allerhöchste Königl. Gnade erkenne mit unsterblicher Danck Begierde und beharre in allertiefster Submission

Ew. Königl. Majestät
allerunterthänigster
allergehorsamster
Johann Sebastian Bach.

Leipzig
den 18ten Octobris
1737.

In Dresden verhallte der Notschrei des Hofkomponisten nicht ungehört. Am 17. Dezember 1737 erging an das Konsistorium die Aufforderung, die gegen den Rektor vorgebrachten Beschwerden zu prüfen und Bach die ihm gebührende Genugtuung zu geben. Das Bestreben beider Behörden war zweifellos darauf gerichtet, eine Verständigung zu erzielen, und der Besuch der königlichen Familie bei Gelegenheit der Vermählung der Prinzessin Amalie mit Karl IV. von Sizilien am Sonntag Jubilate, dem 27. April 1738, trug dazu bei, eine verträgliche Atmosphäre zu schaffen. Wie im Jahre 1734, sorgte die Universität auch dieses Mal für eine ›Abendmusic‹, die um neun Uhr abends auf dem Marktplatz stattfand, und wieder wurden vier junge Edelleute zum Handkuß zugelassen. Gottsched hatte ein Libretto, ›Willkommen, ihr herrschenden Götter der Erde‹, gedichtet, das sich in kriechenden Schmeicheleien für die vier Fürstlichkeiten nicht genug tun konnte. Aber die Vorbereitungen waren nicht vonstatten gegangen, ohne den alten Streit zwischen Bach und Görner von neuem aufzurühren. Wie 1727 unterstützten Görners Gönner wiederum dessen Forderung, bei der Aufführung beschäftigt zu werden. Die Entscheidung lag jedoch bei den Studenten, die für die Kosten der Feier aufkamen, und ihre Vorliebe für Bach bestimmte dessen Wahl; es ist sehr möglich, daß auch Gottsched ein Wort mitgesprochen hat. Die Musik ist nicht erhalten; sie wurde aber mutmaßlich von Bach anderweitig benützt. Birnbaum führte sie in seiner Schrift gegen Scheibe als Beweis für den Genius des Komponisten an (›rührend, ausdrückend, natürlich, ordentlich, und nicht nach dem verderbten, sondern besten Geschmacke‹) und fügte hinzu, daß sie mit ›durchgängigem Beyfall‹ aufgenommen worden sei.

August III. nahm anscheinand die Gelegenheit wahr, einen Streit zu schlichten, den sein Hofkomponist mit der ihm eigenen Hartnäckigkeit mehr als zwei Jahre lang ausgefochten hatte, indem er ihn vom Rat zum Konsistorium und vom Konsistorium vor den Landesherrn brachte. Ob Bach volle Genugtuung zuteil wurde, ist unbekannt. Aber als ihm die Sonne der königlichen Gunst nun in Leipzig selbst strahlte, versank Ernestis Angriff daneben im Dunkel. Es war fortan klar, daß Bach und seine Wirksamkeit nicht ungestraft herausgefordert werden durften. Er hatte den Kampf weniger um seiner selbst als um seiner Kunst und Stellung willen geführt, und für den Rest seines Lebens blieb er unbehelligt.

NEUNTES KAPITEL
DIE LETZTEN JAHRE

Wir würden über das Leben im Hause Bach nur wenig unterrichtet sein, wenn nicht glücklicherweise eine Reihe von Briefen vorläge, deren Schreiber, Johann Elias Bach, von 1738 bis 1742 bei seinen Verwandten lebte und die uns einen Einblick in die Häuslichkeit des Thomaskantors gestatten. Johann Elias, ein Enkel Georg Christophs, des älteren Bruders von Sebastians Vater, stand 1738 im Alter von dreiunddreißig Jahren. Er studierte an der Leipziger Universität Theologie, wohnte bei seinem Vetter in der Thomasschule und hatte im Bachschen Haushalt eine Anzahl verantwortungsvoller Pflichten übernommen. Außer ihm weilten zu dieser Zeit Bachs älteste Tochter aus erster Ehe, Catharina Dorothea (* 1708), und fünf Kinder von Anna Magdalena unter dem väterlichen Dache: zwei Töchter, Elisabeth Juliane Friederica (* 1726), Johanne Carolina (* 1737) und drei Söhne, der vierzehnjährige Gottfried Heinrich, der sechsjährige Johann Christoph Friedrich (der ›Bückeburger Bach‹) und Johann Christian (der ›Englische Bach‹), der damals drei Jahre zählte.

Johann Elias hatte sich seinem Vetter durch einen förmlichen Kontrakt als Erzieher der drei Jungen verpflichtet. In seinen Briefen ist von dieser Abmachung häufig die Rede. Als ihm 1741 anderswo eine Stellung angeboten wurde, schlug er sie aus (21. Oktober) mit der Begründung: »Aus meiner gegenwärtigen condition kann nach dem mit meinem Herrn Vetter gemachten contract nicht eher gehen, als bis ich selbige ein Viertel Jahr vorher aufgekündiget.« Kurze Zeit zuvor (3. Oktober) erwähnt er seiner Schwester gegenüber denselben Hinderungsgrund. Am 21. April 1739 bereitete er seine ›beyden ältesten Untergebenen‹ auf das heilige Abendmahl vor, und 1741 bemerkt er, daß seine Pflegebefohlenen einer gründlichen und sorgfältigen Erziehung bedürften, ›zumalen der älteste von denselben‹, Gottfried Heinrich, der schwachbegabt war. Er hegte eine große Verehrung für Bach, und dieser schätzte ihn seinerseits hoch. »Mein Herr Vetter«, schreibt er am 21. April 1739, »meine Gegenwart noch einige Zeit vor nöthig erachtet«, und am 9. Juni 1741 erklärt er: »Denn einestheils habe ich außer anderen Hindernissen keinen guten Freund ausfindig machen können, der in meiner Abwesenheit meine vices über sich nehmen wolle.« Mit liebevoller Zartheit spricht er von ›unserer Frau Muhme‹, wie er Anna Magdalena nennt. Ihre angegriffene Gesundheit machte ihm Sorge, und nachdem er Leipzig 1742 verlassen hatte, stellte er folgende Betrachtung an: »Ich habe bis dato auch über nichts zu klagen, außer das ich von einem gymnasio patientiae in das andere versetzt worden.« Im April 1738 bittet er seine Mutter um ›etwa 3 gelbe Nelcken vor unsere Frau Muhme, welche eine große Liebhaberin von der Gärtnerey ist‹. Am 23. August 1740 äußert er einen ähnlichen Wunsch, und eine Woche darauf, am 2. September, berichtet er: »Meine Frau Muhme freute sich schon im Voraus auf die gelben Nelken, wie ein kleines Kind auf den heiligen Christ.« Die Blumen trafen ein; am 10. Oktober 1740 schildert er die Freude der Frau Muhme über die sechs schönen Pflanzen und setzt hinzu, daß »sie dieses unverdiente Geschenk höher schäzet als die Kinder ihren Christ Beschehr, und also abwarted, wie man kleine Kinder zu warten pfleget, damit ja keines davon eingehen möge.« Dem anmutigen Bild fügt er noch einen weiteren hübschen Zug hinzu. Im Juni 1740 schreibt er an Kantor Hiller in oder bei Halle, daß Bach, als er um die Fastenzeit desselben Jahres aus Halle zurückgekehrt sei, von einem Hänfling erzählt habe, den Hiller abgerichtet hatte und der wie ein vollendeter Künstler sang; weiter heißt es: »Frau Muhme eine große Freundin von dergleichen Vogeln sind; als habe mich hierdurch erkundigen sollen, ob Ew. Wohl-Edl. diesen Sänger gegen billige Bezahlung an sie zu überlassen und durch sichere Gelegenheit zu übersenden etwa möchten gesonnen seyn.« Dann wieder dachte er darüber nach, wie er Bach eine Freude bereiten könne, und am 5. Oktober 1739 bittet er seine Schwester, ihm zehn oder zwölf Maß süßen Muskatellerweins durch den Fuhrmann zu schicken, »indem unserem Herrn Vetter doch gar zu gerne einmal eine Freude machen mögte, da ich nun schon in die zwei Jahre in seinem Hause recht viel Gutthaten genossen habe.«

Aus einem Brief (1. September 1741) Anna Magdalenas spricht ihre Liebe zu ihrer alten Heimat (Consulent Schneider hatte sie gebeten, nach Weißenfels zu kommen): »Denn das Vergnügen, so ich mir in dem geliebten Weißenfels mit Ew. HochEdl. und meinen Angehörigen allemal zum Voraus versprechen darff, kömmt ohne dem bey mir mit anderen erlaubten Ergözlichkeiten niemals in einige Vergleichung. Jedoch mein bißheriger und fortwährender kräncklicher Zustand beraubet mich leider solcher vergnügten Stunden, und das Einrathen der Meinigen will nicht gestatten, mir solche Reise vorzunehmen, wovon nach ihrer Meinung entweder eine merkliche Besserung oder gänzlicher ruin meiner Gesundheit abhängen könnte. Es bleibt mir also nichts mehr übrig, als Ew. HochEdl. hierdurch nochmals gehorsamst zu bitten, daß man mir meinen Ungehorsam nicht ungütig nehmen und im üblen vermerken wolle. Es geschihet ia solches nicht aus Mangel der Hochachtung, welche dem ohngeachtet jederzeit gegen Ew. HochEdl. unverändert bleibet, sondern vielmehr aus Begierde meine Gesundheit zu menagieren, wozu uns die Geseze der Natur von selbsten verbinden. Wollten indeßen Ew. HochEdl. die wiederholte Bitte meines Liebsten, wozu denn auch die meinige seze, mir gütigste Statt finden lassen, und unser Haus mit Dero höchstgeehrter und gewünschter Gegenwart auf innanstehendem Michaelis Markt hochgeneigt beehren?«

Johann Elias' Briefe schweigen über ein Ereignis, das zu der Zeit seiner Ankunft in Leipzig einen düsteren Schatten auf Bachs Leben warf. Im Frühjahr 1738 verließ Gottfried Bernhard Sangerhausen, wo er, wie in Mühlhausen, einen unordentlichen Lebenswandel geführt und sich in Schulden gestürzt hatte. Der Kummer über seinen ungeratenen Sohn und die Beschämung, daß durch dessen liederliche Lebensweise ein Flecken auf seinen reinen Namen gefallen war, lasteten schwer auf Bachs Gemüt; seine Niedergeschlagenheit tut sich in einem Briefe kund, den er an Herrn Klemm in Sangerhausen, in dessen Hause Bernhard gewohnt hatte, richtete:

HochEdler p.

Hochgeehrtester Herr Klemm,

Ew. HochEdl. werden nicht ungütig nehmen, daß Dero geehrteste Zuschrift wegen Abwesenheit nicht eher voder itzo beantworten können, weiln erstl. vor zwey Tagen von Dreßden retourniret. Mit was Schmerzen und Wehmuth aber diese Antwort abfasse, können Ew. HochEdl. von selbsten als ein Liebreich- und Wohlmeynender Vater Dero liebsten Ehepfänder beurtheilen. Meinen (leider mißrathenen) Sohn habe seit vorm Jahre, da die Ehre hatte von Ew. HochEdl. viele Höflichkeiten zu genießen, nicht mit einem Auge wieder gesehen. Ew. HochEdl. ist auch nicht unwißend, daß damahln vor selbig nicht alleine den Tißch, sondern auch den Mühlhäuser Wechsel (so seinen Auszug vermutlich damahlen causirete) richtig bezahlet, sondern auch noch einige Ducaten zu Tilgung einiger Schulden zurück ließ, in Meynung nunmehro ein ander genus vitae zu ergreifen. Ich muß aber mit äußerste Bestürtzung abermahligst vernehmen, daß er wieder hie und da aufgeborget, seine Lebensarth nicht im geringsten geändert, sondern sich gar absentiret und mir nicht den geringsten part seines Aufenthalts biß dato wissend gemacht. Waß soll ich mehr sagen oder thun? Da Keine Vermahnung, ja gar Keine liebreiche Vorsorge und assistence mehr zureichen will, so muß mein Creutz in Gedult tragen, meinen ungerathenen Sohn aber ledigl. Göttl. Barmhertzigkeit überlassen, nicht zweifelnd, dieselbe werde mein wehmüthiges Flehen erhören, und endlich nach seinem heiligen Willen an selbig arbeiten, daß er lerne erkennen, wie die Belahrung einzig und allein Göttl. Güte zu zuschreiben. Da nun Ew. HochEdl. mich expectoriret, als habe das zuversichtliche Vertrauen, dieselben werden die üble Aufführung meines Kindes nicht mir imputiren, sondern überzeugt seyn, daß ein getreüer Vater, dem seine Kinder ans Hertze gehen, alles suche zu bewerkstelligen, um Deroselben Wohl befördern zu helffen: Welches mich auch veranlasset, bei damahligen Dero vacance Ihnen selbig bestens zu empfehlen, in Hoffnung, die Sangerhäuser civilisirtere Lebensarth u. die vornehmen Gönner würden ihn gleichmäßig zu anderer aufführung bewegen, Deroweg auch nachmahlen gegen Ew. HochEdl. als dem Urheber seiner Beförderung hier mit meinen schuldigsten Danck abstatte, auch nicht zweifle, Ew. HochEdl. werden nur in so lange Ew. HochEdl. Rath suchen zu disponiren mit der gedroheten mutation zu verzögern, bis ausfündig zu machen ist, wo er sich aufhalte: (Gott ist mein allwißender Zeüge, daß ihn seit vorm Jahre nicht wieder zu sehen bekommen:) Um zu vernehmen, was er gesonnen fernerhin zu thun? Zu bleiben u. seine Lebensarth zu ändern! oder sein fortun anderswerts zu suchen? Ich will nicht gerne, daß Ew. HochEdl. Rath mit selbigen soll belastiget seyn, sondern nur noch so viel patience mir ausbitten, biß er wieder zum Vorscheine Komme, oder man sonsten erfahren Könne, wohin er sich gewendet. Da auch verschiedene creditores sich bey mir gemeldet, ich aber ohne meines Sohnes mündl. oder schriftliche Geständniß zu derenselben Zahlung nicht wohl verstehen kann (wie in allen Rechten gegründet) als ersuche Ew. HochEdl. gantz dienstlich, daß dieselben die gütigkeit haben u. genaue Erkundigung seines Aufenthalts einziehe, da nur so dann sichere Nachricht zu ertheilen belieben mögen, um so dann die letzte Hand anzulegen u. zu versuchen, ob unter Göttl. Beystand das verstockte Hertz gewonnen u. zur Erkändniß gebracht werden könne. Da er auch bishero das Glück gehabt bei Ew. HochEdl. zu logieren als will mir zugleich ausbitten, mich zu benachrichtigen, ob er seine wenige meublen mit genommen, oder was noch von denselben vorhanden. In Erwartung baldigster Antwort, auch anwünschung vergnügterer Ferie wie der ich habe werde, beharre nebst gehorsamster Empfehlung an Dero Frau Gemahlin

Ew. HochEdl.
gantz ergebenster Diener
Joh. Seb. Bach

Leipzig d. 24. Maj 1738.

Gottfried Bernhard war offenbar bei Klemm die Miete schuldig geblieben, und Frau Klemm hatte sich wegen der Bezahlung an Bach gewendet.

Zwei Tage darauf schrieb ihr Bach den folgenden Brief:

WohlEdle.,

Vielgeehrteste Frau Klemmin.

Dieselbe wird nich ungütig deuten, daß auf Dero geneigte Zuschrift zu der mir übersendeten Schuldforderung mich nicht so verstehen kan als dieselbe wohl wünschen möchte; Weiln vors erste nöthig, daß mir meines (leider ungerathenen Sohnes) eigenhändige schriftliche Geständniß vorgezeiget werden muß, bevor zu einer resolution schreite, und so dann auch wißen muß, ob er noch nicht wieder nach Hause kommen, um meine messures darnach nehmen zu können. Bey mir ist er seit meiner vorn Jahre geschehenen Sangerhäuser Reise nicht wieder gewesen, so mit Gott u. allen denen meinigen bezeige. Sollten dieselbe nun in Erfahrung bringen, wo er sich aufhalte, und mir so dann sichere Nachricht davon ertheilen, würde solches nicht nur mit allem Danck erkennen, sondern auch bemühet seyn, dieselbe schadloß zu halten. In erwartung baldigster Beantwortung beharre

Ew. Wohl Edl.
Meiner vielgeehrtesten
Frau Klemmin

ergebenster Diener

Leipzig d. 26. Maji 1738. Joh. Seb. Bach

Da keine Nachricht von dem Ausreißer kam, meldeten die Sangerhäuser Behörden dem Leipziger Konsistorium sein Verschwinden und fügten hinzu, daß er sein Amt vernachlässigt und Schulden gemacht habe, ohne Urlaub aus Sangerhausen weggegangen sei und seit zwei Monaten nichts von sich habe hören lassen. Der junge Organist war in der Tat gar nicht weit entfernt: Am 28. Januar 1739 hatte er sich an der Universität der Stadt Jena als Rechtsstudent eingetragen; aber schon am 27. Mai desselben Jahres raffte ihn dort ein Fieber dahin.

Unter diesen Gemütsbewegungen vollendete Bach ein Werk, dessen Anlage auf sein ›Orgelbüchlein‹ zurückweist. Am 10. Januar 1739 schreibt Johann Elias seinem Stiefbruder, dem Kantor Joh. Wilhelm Koch in Ronneburg: »Mein Herr Vetter einige Klavier Sachen, die hauptsächlich vor die Herrn Organisten gehören und überaus gut componiert sind, heraus wird geben, welche wohl für kommende Oster Messe mögten fertig werden und bey die 80 Blatten ausmachen; kann der Herr Bruder etliche Praenumeranten dazu veschaffen, so will er sie gegen Bezahlung–? annehmen, da alsdann die anderen ein mehreres werden zahlen müssen«, und am 28. September 1739 teilt er Koch mit: »... daß nunmehro die in Kupffer gestochene Arbeit meines Herrn Vetters fertig und das exemplar à ... bei demselben zu bekommen.« Das neue Werk war der dritte Teil der ›Clavierübung‹ und enthielt, wie der Titel besagt, ›verschiedene Vorspiele über die Catechismus- und andere Gesaenge, vor die Orgel‹. Bach hat sich darin die Aufgabe gestellt, dem lutherischen Katechismus eine musikalische Ausdeutung zu geben. Den Orgelvorspielen sind Luthers bekannte Choräle zu den Zehn Geboten zum Glauben, Gebet, zur Taufe, Buße und zum heiligen Abendmahl zugrunde gelegt. Bach leitet sein von glaubensvoller Überzeugung getragenes Bekenntnis des lutherischen Dogmas mit einer dreifachen Anrufung der Dreieinigkeit ein.

Bald nach der Veröffentlichung dieses Werkes kam Friedemann Bach im Juli 1739 aus Dresden, um einen einmonatigen Urlaub im Vaterhause zu verleben. Er brachte die beiden berühmten Lautenisten Leopold Silvius Weiß und Johann Kropfgans mit. Solange sie da waren, herrschte reges Leben in der Kantorwohnung. Johann

Elias berichtete (11. August 1739) seinem Stiefbruder, daß ›zu der Zeit etwas extra feines von Music passierte‹. Oft mögen die Klänge aus Bachs Studierzimmer durchs offene Fenster nach der Pleiße hinausgezogen sein. Es ist nicht unwahrscheinlich, daß Bachs Lautenkompositionen um diese Zeit entstanden sind. Er hatte ein Instrument (Lautenclavicembalo) erfunden, das die Eigenschaften der Laute und des Cembalo in sich vereinigen sollte, und ein paar Monate später (1740) beauftragte er den Instrumentenmacher Zacharias Hildebrand, ein solches nach seinen Angaben zu bauen.

Aus Johann Elias' Briefen können wir entnehmen, daß Bach während seiner letzten Lebensjahre die Bestimmungen, die seine Freiheit beschränkten, auf die leichte Schulter nahm. Er entfernte sich oft aus Leipzig, glänzte hier und dort als virtuoser Meister der Orgel, erteilte Ratschläge über den Bau und Umbau von Orgeln, besuchte seine ältesten Söhne und kam als Hofkomponist in Dresden den Pflichten seiner Stellung nach. Natürlich litt seine Tätigkeit an der Thomasschule darunter; der Gang der Stunden wurde häufig unterbrochen, aber wenn der Rat auch die Stirn runzelte, so hatte er doch gelernt, sich mit dem eigenwilligen Kantor abzufinden. Anfang 1740 wurde an der Thomasschule ein besonderer Lehrer für Theorie angestellt, vermutlich auf Bachs Anregung hin, der die Bewerber prüfte und über sie an den Rat berichtete. Nur selten machte er sich noch die Mühe, neue Kompositionen für seinen chorum primum zu schaffen: eine einzige Kantate scheint nach 1740 entstanden zu sein, und in den größeren Formen hatte er schon vor diesem Zeitpunkt sein letztes Wort gesprochen. Sein Interesse richtete sich auf die Instrumentalmusik, vor allem auf Orgel und Klavier, und während der letzten zehn Jahre seines Lebens war er fast ununterbrochen damit beschäftigt, die Manuskripte seiner Orgelkompositionen für den Stich vorzubereiten. Er hatte keine Aussicht, seine großen Vokalwerke veröffentlicht zu sehen, obgleich Nachfrage nach ihnen bestand. Am 28. Januar 1741 antwortete Johann Elias auf die Bitte seines Stiefbruders, ihm eine Solokantate für Baß zu leihen, daß ›der Herr Vetter die ausgeschriebenen Stimmen einem Bassisten, Nahmens Büchner, geliehen, der sie ihm noch nicht zurückgeschickt; die Partitur aber will er nicht aus den Händen geben, weil er auf solche Art schon um viele Sachen gekommen ist‹. Wenn er einmal eine Ausnahme machte, so verlangte er doch die Erstattung der Portokosten, und selbst wenn ein so naher Verwandter wie Johann Elias ihn um ein gedrucktes Exemplar bat, machte er auf den dafür festgesetzten Preis aufmerksam.

Bachs Geschäftssinn war so gut entwickelt wie sein Kontrapunkt!

Im Sommer 1741 finden wir Bach in Berlin, wo sein Sohn Carl Philipp Emanuel seit kurzer Zeit ›Accompagnist‹ bei dem neuen Herrscher Preußens, Friedrich dem Großen, war. Nur väterliche Besorgnis und der Wunsch, sich mit eigenen Augen von dem Wohlergehen seines Sohnes zu überzeugen, können Bach zu dieser Reise veranlaßt haben. Die Zeit war ungünstig, da der Krieg, in den Friedrich mit der Kaiserin und Königin Maria Theresia verwickelt war, auch Sachsen in peinliche Mitleidenschaft zog. Der Besuch war für den Juni 1741 geplant gewesen; er wurde bis zum Juli verschoben, und wir wissen nichts Näheres darüber, außer daß Bach im Hause des königlichen Leibarztes Dr. Georg Ernst Stahl gewohnt hat. Der Aufenthalt in Berlin wurde durch eine Erkrankung von Frau Anna Magdalena getrübt und vermutlich abgekürzt; Johann Elias (5. August) berichtet Bach voller Besorgnis von dem Zustand der Frau Muhme:

»Über die gute Nachricht, welche Ew. Hoch-Edelgeb. von Dero dermahligen Aufbefinden Ihrem geliebten Hause vor einigen Tagen haben ertheilen wollen, freuen wir uns insgesamt von Herzen, und wünschen, daß wir dieselben eben so vergnügt und gesund wieder küssen mögen, als Sie sich dermahlen abwesend befinden. Das letztere wünschen wir deswegen balde erfüllet zu sehen, weil sich unsere liebenswertheste Frau Mamma schon seither acht Tagen sehr unbaß befindet, und man nicht weiß, ob etwa aus den hefftigen Wallungen des Geblüts gar ein schleichendes Fieber oder sonsten üble Folgerung entstehen möchte ... Es schmerzet uns zwar allerdings, daß wir dieselben durch sothane Nachricht in der jezigen Ruhe und Zufriedenheit einiger maßen stöhren müssen, weil aber dieses die unumgängliche Nothdurfft erfordert hat, haben wir das gute Vertrauen zu unserem respective hochwerthesten Herrn Papa und Herrn Vetter, daß Sie solches nicht in üblem vermerken werden.« Bach hatte den Tag seiner Abreise bereits festgesetzt, als Johann Elias noch einmal dringender schrieb (9. August 1741): »So viel Schmerz empfinden wir gleichwohl über die zunehmende Schwachheit unserer hochverehrtesten Frau Mamma, in dem dieselbe schon seither 14 Tag nicht eine einzige Nacht nur eine Stunde Ruhe gehabt, und weder sizen noch liegen kann, so gar, daß man mich in vergangener Nacht geruffen und wir nicht anders meynten, wir würden sie zu unserem größten Leidwesen gar verliehren. Es dränget uns daher die äußerste Noth, solches in schuldigster Nachricht zu melden, damit dieselben Dero Reise eventualiter (ohne Maasgebung) beschleunigen und uns insgesamt durch Dero erwünschte Gegenwart erfreuen möchten.« Anna Magdalena erholte sich wieder, und im Februar des folgenden Jahres (1742) schenkte sie ihrem Gatten das letzte Kind, die Tochter Regine Susanna, die in ihren alten Tagen auf die Mildtätigkeit ihrer Mitmenschen angewiesen war.

1742 gab Bach den vierten und letzten Teil der ›Clavierübung‹ heraus, welcher die für Goldberg, den Klavierspieler des Grafen Keyserlingk, geschriebenen Variationen enthielt. Im Zusammenhang damit hatte er im November 1741, bald nach seiner Rückkehr aus Berlin, dem Grafen Keyserlingk in Dresden einen Besuch abgestattet. Um dieselbe Zeit entstand ein Werk anderer Art. Mit dem Friedensschluß von Berlin (Juli 1742) trat Preußen aus der antiösterreichischen Koalition aus und mit ihm sein Trabant wider Willen, nämlich Sachsen. Da die Waffen ruhten, konnte nunmehr Carl Heinrich von Dieskau, Cospuden und Altschönfels, der Kreishauptmann von Leipzig, die Rittergüter Kleinzschocher und Knauthain bei Leipzig übernehmen, die ihm nach dem Tode seiner Mutter zugefallen waren. Picander, der ihm in Leipzig unterstellt war, schrieb den Text zu der sogenannten Bauernkantate (Wer hahn en neue Oberkeet), die am 30. August 1742 bei der Feier aufgeführt wurde. Um dem Ganzen ein lokales Gepräge zu geben, bediente sich der Dichter des obersächsischen Dialekts, und Bach streute volkstümliche Melodien, unter ihnen die beliebte Sarabande Folies d'Espagne ein.

Im August 1745 zogen die Preußen wieder ins Feld, überschritten, nunmehr als Feinde, die sächsische Grenze und zogen im November in Leipzig ein, wo sie Lebensmittel und Geld von den Bewohnern requirierten. Dresden fiel am 18. Dezember. Eine Woche darauf wurde dort der Friede geschlossen, und Sachsen sah sich von dem preußischen Druck befreit. Während dieser stürmischen Zeit tritt Bach nur wenig hervor. 1744 wurde er aufgefordert, die neue Orgel in der Johanniskirche zu prüfen. Im selben Jahre vollendete er den zweiten Teil des ›Wohltemperierten Claviers‹. Der lange Zeitraum, der zwischen den beiden Abschnitten dieses Werkes liegt, könnte zu der Vermutung führen, daß Bach beim zweiten Teil die Unterweisung der Kinder seiner Anna Magdalena im Auge hatte, wie der erste für die Belehrung seiner Kinder erster Ehe gedacht war. 1746 wurde er nach Zschortau gerufen, wo Scheibe eine weitere Orgel vollendet hatte, und einen Monat darauf prüfte er in der Wenzelskirche in Naumburg ein von dem Leipziger Zacharias Hildebrand gebautes Instrument. An dieser Prüfung nahm auch Gottfried Silbermann teil. Es sei noch bemerkt, daß zwei Jahre später (1748) auf Bachs Empfehlung hin sein Schwiegersohn Altnikol den Organistenposten an dieser Kirche erhielt.

Vermutlich im selben Jahre (1746) gab Bach seine ›Sechs Choräle von verschiedener Art auf einer Orgel mit 2 Clavieren und Pedal vorzuspielen‹ heraus. Sie erschienen bei Johann Georg Schübler in dem thüringischen Städtchen Zella. Wie die Titelseite verkündete, lag der Vertrieb dieses Werkes in den Händen des Komponisten und seiner Söhne Philipp Emanuel in Berlin und Wilhelm Friedemann in Halle, wohin dieser kürzlich aus Dresden gezogen war. Alle sechs Präludien gründen sich auf bekannte Choralmelodien und unterscheiden sich von Bachs sonstigen Orgelkompositionen dadurch, daß fünf von ihnen mit Sicherheit und das sechste wahrscheinlich Bearbeitungen von Vokalnummern aus seinen Kantaten darstellen. Die von ihm getroffene Auswahl zeigt uns, für welche Choräle er eine besondere Vorliebe hegte und welche geringe Verbreitung er sich für sie in ihrer vokalen Form versprach.

Als der friedliche Verkehr zwischen Preußen und Sachsen wiederhergestellt war, wiederholte Bach im Frühling 1747 seinen Besuch in Berlin, um seine Schwiegertochter

Johanne Maria Dannemann kennenzulernen. Sie war die Tochter eines Berliner Weinhändlers. Carl Philipp Emanuel hatte sich als erster von Bachs Söhnen entschlossen, einen eigenen Hausstand zu gründen. Die Heirat war 1744 erfolgt, und am 30. November 1745 war die Ehe mit einem Sohn, Johann August, Bachs erstem Enkel, gesegnet worden. In Halle gesellte sich Wilhelm Friedemann zu seinem Vater, um an der Familienzusammenkunft in Berlin teilzunehmen. Aber die Reise sollte Bach in einen erhabeneren Kreis führen. Die näheren Umstände berichtet Forkel, der die allerdings nicht ganz zuverlässigen Mitteilungen Friedemanns wiedergibt. Friedemann erzählte, sein Vater sei von Friedrich dem Großen eingeladen und, noch im staubigen Reiseanzug und müde von der Fahrt, sogleich nach seiner Ankunft in Potsdam empfangen worden. Es ist wohl eher anzunehmen, daß Bach von Berlin aus nach Potsdam kam, nachdem Philipp Emanuel, der bei dem König in Diensten stand, diesen von der Anwesenheit seines Vaters unterrichtet hatte. Mit Ausnahme der Abende, an denen das Opernhaus geöffnet war, fand vor dem königlichen Abendessen ein Konzert statt. Der König pflegte selbst das Programm festzusetzen und sogar die Orchesterstimmen eigenhändig auf die Pulte zu stellen. Am Sonntag, dem 7. Mai 1747, traf Bach in Potsdam ein und wurde dem König gemeldet, der sich schon im Kreise seiner Musiker befand. »Meine Herren«, rief Friedrich, »der alte Bach ist gekommen!« Das Konzert wurde abgebrochen und Bach vom König aufgefordert, seine Kunst auf den neuen Silbermannschen Hammerklavieren, die kürzlich im Schloß aufgestellt worden waren, zu zeigen. Von einem Raum in den anderen geleitet, versuchte Bach diese Instrumente vor dem König und seinen Musikern und ließ sich von Friedrich ein Thema geben, das er zu dessen höchstem Erstaunen in fugierter

Form entwickelte. Am folgenden Tage (Montag, dem 8. Mai) veranstaltete Bach ein Orgelkonzert in der Garnisonkirche (Heiligen-Geist-Kirche) in Postdam, und am Abend wurde er wieder ins Schloß befohlen, wo er auf Wunsch des Königs eine sechsstimmige Fuge improvisierte. Dann begab er sich nach Berlin zurück, besichtigte dort das neue Opernhaus und bewies dabei seine akustischen Kenntnisse. Forkel berichtet darüber: »Alles, was in der Anlage desselben in Hinsicht auf die Ausnahme der Musik gut oder fehlerhaft war, und was Andere erst durch Erfahrung bemerkt hatten, entdeckte er beym ersten Anblick. Man führte ihn in den darin befindlichen großen Speisesaal; er ging auf die oben herum laufende Gallerie, besah die Decke, und sagte, ohne fürs erste weiter nachzuforschen, der Baumeister habe hier ein Kunststück angebracht, ohne es vielleicht zu wollen, und ohne daß es Jemand wisse. Wenn nehmlich Jemand an der einen Ecke des länglicht viereckichten Saals oben ganz leise gegen die Wand einige Worte sprach, so konnte es ein anderer, welcher übers Kreuz an der anderen Ecke mit dem Gesichte gegen die Wand gerichtet stand, ganz deutlich hören, sonst aber Niemand im ganzen Saal, weder in der Mitte, noch an irgend einer anderen Stelle. Diese Wirkung kam von der Richtung der an der Decke angebrachten Bogen, deren besondere Beschaffenheit er beym ersten Anblick entdeckte.«

Was Bach auch in musikalischer Beziehung von Friedrich dem Großen gehalten haben mag – eine Frage, über die Philipp Emanuel seine ganz bestimmte Ansicht hatte –, so konnte er doch nicht umhin, sich über die Aufnahme zu freuen, die der bedeutendste Mann in Europa ihm zuteil werden ließ. Im großen und ganzen war er durchaus abgeneigt, seine Partituren mit den üblichen schmeichelhaften Widmungen an hochgeborene Persönlichkeiten zu überladen, und die Behandlung, die seine h-Moll-Messe und die Brandenburgischen Konzerte erfahren hatten, ermutigten ihn auch nicht gerade, von seiner Gewohnheit abzuweichen. Aber Friedrichs überragende Persönlichkeit, das ausgezeichnete Fugenthema, das dieser ihm zur Improvisation gegeben hatte, und der Wunsch des Vaters, einem Fürsten zu huldigen, der die Laufbahn seines Sohnes fördern konnte, dies alles veranlaßte Bach, sich durch eine Probe seiner Kunst bei seinem königlichen Gastgeber ins Gedächtnis zurückzurufen. Als er nach Leipzig heimgekehrt war, ohne daß der sparsame Schatzmeister des Königs ihm ein Honorar ausgezahlt hatte, arbeitete Bach das vom König gestellte Thema mit seiner ganzen Kunst aus, fügte taktvollerweise ein Trio für Flöte, Violine und Klavier hinzu und sandte sein Manuskript am 7. Juli 1747 als ein ›Musicalisches Opfer‹ mit dem nachstehenden Begleitbrief nach Berlin:

Allergnädigster König,
Ew. Majestät weyhe hiermit in tiefster Unterthänigkeit ein Musicalisches Opfer, dessen edelster Theil von *Deroselben* hoher Hand selbst herrühret. Mit einem ehrfurchtsvollen Vergnügen erinnere ich mich annoch der ganz besondern Königlichen Gnade, da vor einiger Zeit, bey meiner Anwesenheit in Potsdam, *Ew. Majestät* selbst, ein *Thema* zu einer *Fuge* auf dem Clavier mir vorzuspielen geruheten, und zugleich allergnädigst auferlegten, solches alsobald in *Deroselben* höchsten Gegenwart auszuführen. *Ew. Majestät* Befehl zu gehorsamen, war meine unterthänigste Schuldigkeit. Ich bemerkte aber gar bald, daß wegen Mangels nöthiger Vorbereitung, die Ausführung nicht also gerathen wollte, als es ein so treffliches *Thema* erforderte. Ich fassete demnach den Entschluß, und machte mich sogleich anheischig, dieses recht königliche *Thema*

vollkommener auszuarbeiten, und sodann der Welt bekannt zu machen. Dieser Vorsatz ist nunmehro nach Vermögen bewerkstelliget worden, und er hat keine andere als nur diese untadelhafte Absicht, den Ruhm eines Monarchen, ob gleich nur in einem kleinen Puncte, zu verherrlichen, dessen Größe und Sterke, gleich wie in allen Kriegs- und Friedens-Wissenschaften, also auch besonders in der Musik, jedermann bewundern und verehren muß. Ich erkühne mich dieses unterthänigste Bitten hinzuzufügen: *Ew. Majestät* geruhen gegenwärtige wenige Arbeit mit einer gnedigen Aufnahme zu würdigen, und *Deroselben* allerhöchste Königliche Gnade noch fernerweit zu gönnen

Ew. Majestät

alleruntertnänigst gehorsamsten Knechte

Leipzig den 7. Juli dem Verfasser.

1747

Zwanzig Jahre lang hatte Bach in unermüdlicher Arbeit die stattliche Bibliothek der Thomasschule um unschätzbare Werte der Kirchenmusik bereichert. Als er aufhörte, dafür zu schaffen, wandte er sich mit wachsendem Eifer den theoretischen Problemen seiner Kunst zu. Nunmehr gelang es auch einer Vereinigung, der er bisher keine Beachtung geschenkt hatte, ihn an sich zu ziehen. Ihr Gründer hieß Lorenz Christoph Mizler. Er war Bachs Theorie- und Klavierschüler gewesen und hatte Bach auch im Jahre 1734 u. a. seine Doktorarbeit gewidmet. Zwei Jahre später (1736) unternahm er in Leipzig die Herausgabe einer kritischen Zeitschrift, ›Neu eröffnete musicalische Bibliothek‹, und 1738 begründete er die ›Societät der musicalischen Wissenschaften‹. Nur Musiker in amtlicher Stellung, heißt es in den Statuten, durften gewählt werden; ›blose practische Musicverständige‹ waren ausgeschlossen. Feste Zusammenkünfte der Societät fanden nicht statt, aber die Mitglieder hatten ihre Arbeiten einander ›postfrey‹ zuzusenden und sie spätestens in einem Monat zurückzugeben. Ferner waren sie gehalten, theoretische Schriften zu der offiziellen ›Musicalischen Bibliothek‹ beizusteuern; dasselbe erwartete man auch von anderen ›bekannten Componisten‹. Bei ›Trauer und Freuden Fällen‹ sollte zu Ehren des betreffenden Mitglieds eine Ode oder Kantate veröffentlicht werden. Zur Deckung der laufenden Unkosten wurde ein jährlicher Beitrag von zwei Talern erhoben, wovon der eine zu Ostern und der andere zu Michaelis zu entrichten war. Die Bibliothek stand den Angehörigen der Societät zur Verfügung; ihre Wände wurden mit den Porträts der Neueintretenden geschmückt; jedes Mitglied hatte bei der Aufnahme sein Bild zu stiften. Zu Mizlers Kummer hielt Bach sich anfangs von dieser Gesellschaft fern, die er nicht für voll ansehen mochte. Aber Telemann trat als einer der ersten ein; Händel war 1745 und Carl Heinrich Graun, der Kapellmeister Friedrichs des Großen, das Jahr darauf gewählt worden. Diese berühmten Namen mögen Bach nach seiner Rückkehr aus Berlin bestimmt haben, sich der Societät anzuschließen; im Juni 1747 wurde er zum Mitglied ernannt. Sein Bildnis von der Hand des Dresdner Hofmalers Elias Gottlieb Haußmann kam in die Bibliothek; es stellt ihn, in der rechten Hand einen sechsstimmigen Tripelkanon haltend, dar. Dieser wurde 1754 in der ›Musicalischen Bibliothek‹ veröffentlicht.

Als Probestück reichte Bach der Gesellschaft ›Einige canonische Veränderungen über das Weihnachtslied: Vom Himmel hoch, da komm ich her, vor die Orgel mit 2 Clavieren und dem Pedal‹ ein. Dieses erhabene Beispiel seiner unerhörten Kunstbeherrschung wurde von Balthasar Schmidt in Nürnberg gestochen und veröffentlicht. In den ›canonischen Veränderungen‹ zeigt sich Bachs Vorliebe für die kraftvollen Reformations-Choräle; in höchster Meisterschaft verwebt er hier die Weihnachtsmelodie mit der schwierigen Form des Kanons. Die Variationen bedeuteten ein unermeßlich reiches Geschenk für die Gesellschaft, die damals schon ihrer Auflösung entgegenging. Aus dem ›Musicalischen Almanach‹ für 1782 ersehen wir, daß in fast fünfzig Jahren nur neunzehn Mitglieder eingetreten waren. Nachdem Bach gewählt worden war, kamen nur noch fünf weitere hinzu. Wenige Jahre darauf ging die Societät ein. Sie hatte mehr versprochen, als sie gehalten und neben vielen mittelmäßigen nur eine kleine Anzahl von bedeutenden Mitgliedern zu gewinnen gewußt.

Der Besuch in Berlin war Bachs letzte Reise, die er zugleich als den Glanz- und Höhepunkt seiner Laufbahn betrachtete. Die letzten drei Jahre seines Lebens liefern uns nur wenige Bausteine zu seiner Biographie. Zwei vertrauliche Briefe an den treuen Johann Elias, der jetzt in Schweinfurt lebte, die Hochzeit seiner Tochter und der Ausbruch eines alten Streites, das ist das dürftige Material, das uns vorliegt. Gegen Ende 1748 schreibt Bach an Johann Elias:

Leipzig d. 6. Octobr. 1748.

Hoch-Wohl-Edler
Hochgeehrter Herr Vetter

Ich werde wegen Kürtze der Zeit mit wenigem viel sagen, wenn so wohl zur gesegneten Wein-Lese als bald zu erwartendem Ehe Seegen Gottes Gnade und Beystand herzlich apprecire. Mit dem verlangten exemplar der Preußischen Fuge kan voritzo nicht dienen, indem justement der Verlag heüte consumiret worden: (sindemahlen nur 100 habe abdrucken lassen, wovon die meisten an gute Freünde gratis verthan worden. Werde aber zwischen hier und neüen Jahres Messe einige wieder abdrucken lassen; wenn denn der Herr Vetter noch gesonnen ein exemplar zu haben, dürffen Sie mir nur mit Gelegenheit nebst Einsendung eines Thalers davon post geben, so soll das verlangte erfolgen. Schließlich nochmahlen bestens von uns allen salutiret beharre

Ew. HochWohlEdlen ergebener
J. S. Bach

P. S. Mein Sohn in Berlin hat nun schon 2 männliche Erben, der erste ist ohngefehr üm die Zeit gebohren, da wir leider! die Preußische Invasion hatten; der andere ist etwa 14 Tage alt.

Johann Elias war seinem Vetter nach wie vor treu ergeben. Ein Fäßchen fränkischen Weines begleitete seine Antwort, und Bach dankte umgehend dafür:

Leipzig. d. 2. November 1748.

Hochgeehrter Herr Vetter.
Hoch Edler
Daß Sie nebst Frauen Liebsten sich noch wohl befinden, versichert mich Dero gestriges Tages erhaltene angenehme Zuschrift nebst mit geschicktem kostbarem Fäßlein Mostes, wofür hiermit meinen schuldigen Danck abstatte. Es ist aber höchlich zu bedauern, daß das Fäßlein entweder durch die Erschütterung im FuhrWerck, oder sonst Noth gelitten; weiln nach dessen Eröffnung und hiesigen Ohrtes gewöhnlicher visirung, es fast auf den 3ten Theil leer und nach des visitatoris Angebung nicht mehr als 6 Kannen in sich gehalten hat; und also schade, daß von dieser edlen Gabe Gottes das geringste Tröpfflein hat sollen verschüttet werden. Wie nun zu erhaltenem reichen Seegen dem Herrn Vetter herzlichen gratulire; als

muß hingegen pro nunc mein Unvermögen bekennen, üm nicht im Stande zu seyn, mich reellement revengiren zu können. Jedoch quod differtur non auffertur, und hoffe occasion zu bekommen in etwas meine Schuld abtragen zu können. Es ist freylich zu bedauern daß die Entfernung unserer beyden Städte nicht erlaubet persöhnlichen Besuch einander abzustatten; Ich würde mir sonst die Freyheit nehmen, den Herrn Vetter zu meiner Tochter Liessgen Ehren Tage, so künfftig Monat Januar. 1749. mit dem neuen Organisten in Naumburg, Herrn Altnickol, vor sich gehen wird, dienstlich zu invitiren. Da aber schon gemeldete Entlegenheit, auch unbequeme Jahres Zeit es wohl nicht erlauben dörffte den Herrn Vetter persönlich bey uns zu sehen; So will mir doch ausbitten, in Abwesenheit mit einem christlichen Wunsche ihnen zu assistiren, wormit mich denn dem Herrn Vetter bestens empfehle, und nebst schönster Begrüßung an Ihnen von uns allen beharre

Ew. HochEdlen
gantz ergebener treuer Vetter
und willigster Diener
Joh. Seb: Bach

P. S. M. Birnbaum ist bereits vor 6 Wochen beerdigt worden.

P. M. Ohnerachtet der Herr Vetter sich geneigt offeriren, fernerhin mit dergleichen liqueur zu assistiren; So muß doch wegen übermäßiger hiesiger Abgaben es depreciren; denn da die Fracht 16 gr. der Überbringer 2 gr. der Visitator 2 gr. die Landaccise 5 gr. 3 Pf. und generalaccise 3 gr. gekostet hat, als können der Herr Vetter selbsten ermessen, daß mir jedes Maaß fast 5 gr. zu stehen kömt, welches denn vor ein Geschencke alzu kostbar ist.

Bis zu dieser Zeit war von Bachs sämtlichen Kindern nur Carl Philipp Emanuel verheiratet. Aber am 20. Januar 1749 wurde Bach die Freude zuteil, seine Tochter Elisabeth Juliane Friederica mit Johann Christoph Altnikol zu vermählen. Sie zählte damals dreiundzwanzig Jahre und war die älteste von seinen drei überlebenden Töchtern zweiter Ehe; ihre Hochzeit war die einzige, die Bach in seinem Hause auszurichten hatte. Sie beschenkte Bach, kurz ehe er starb, mit seinem dritten Enkel, der den Namen des Großvaters Johann Sebastian empfing. Die muntere Jungfer in der ›Kaffeekantate‹ wurde nach ihr benannt: ihre heitere Gemütsart offenbart sich in ›Liesgens‹ Verhältnis zu dem cholerischen Schlendrian. Der Bräutigam stammte aus Berna in der Oberlausitz und war zunächst als ›Choralis‹ und Hilfsorganist in der Kirche St. Maria Magdalena in Breslau angestellt. 1744 kam er nach Leipzig, wo er Bachs Schüler wurde und als Baß im Choro Musico in der Thomaskirche ›assistirte‹. Wenige Monate vor seiner Vermählung erhielt er den Organistenposten an der Wenzelskirche in Naumburg. Bach schätzte ihn sehr, und Altnikol bewährte dem Schwiegervater seine treue und kindliche Anhänglichkeit während der letzten Krankheit. Sicher wurde die Hochzeit (eine ›Halbe Brautmesse‹) durch eine Komposition aus Bachs Feder verherrlicht, und wenn auch die Aufführung einer Kantate, wie die Wohlhabenden sie beim Kantor zu bestellen pflegten, unterblieb, so darf man doch vermuten, daß die in ihrer ursprünglichen Schlichtheit erhaltenen ›Drei Choräle zu Trauungen‹ dazu gesungen wurden. Wenn dem so ist, so geleiteten die in ihren Melodien wie in Bachs Harmonisierung unvergleichlichen Choräle ›Was Gott thut‹ von Samuel Rodigast, ›Sei Lob und Ehr‹ von Johann Jakob Schütz und ›Nun danket alle Gott‹ von Martin Rinkart das junge Paar in die Ehe.

Inzwischen war Bach tief versenkt in seine ›Kunst der Fuge‹, eine Reihe von Fugen und Kanons über ein einziges Thema, das er mit genialer Meisterschaft entwickelte. Carl Philipp Emanuel gab das Werk, das durch die Berliner Reise angeregt worden ist, 1750 nach dem Tode des Vaters heraus. Das Aufsehen, welches das ›Musicalische Opfer‹ gemacht hatte, das Interesse, das Friedrichs ›königliches Thema‹ erweckte, und die Beliebtheit, der sich dessen Behandlung durch Bach erfreute – wie aus seinem Brief an Johann Elias hervorgeht –, dies alles veranlaßte ihn, die Grundsätze einer Kunst darzulegen, die er wie kein anderer vor und nach ihm beherrschte. Bachs Besuch in Berlin und seine ›Kunst der Fuge‹ gehörten so eng zusammen, daß man in dem Thema dieser Fuge das verkürzte Echo desjenigen erkennen kann, das Friedrich der Große ihm gegeben und das Bach als besonders vortrefflich bezeichnet hatte. Es war Bach nicht mehr vergönnt, dieses monumentale Werk für den Stich fertigzumachen. Am Anfang des Sommers 1749 stand es so schlecht um seine Gesundheit, daß sogar schon Schritte unternommen wurden, seinen Nachfolger zu ernennen. In einem Schreiben an den Bürgermeister Jakob Born vom 2. Juni 1749 empfahl der allmächtige Minister Graf Heinrich von Brühl seinen Kapelldirektor Gottlob Harrer und forderte, daß man ihn zur Probe zulassen solle. Harrer brachte das Schreiben nach Leipzig, wo man dem Verlangen des hohen Herrn sofort nachkam. Am 8. Juni leitete Harrer ›mit größtem Applaus‹ die Aufführung eine Komposition im Saal der ›Drey Schwanen‹ auf dem Brühl; dort fanden seit 1743 die Aufführungen des neuen ›Leipziger Concerts‹ statt, mit dem Bach nichts zu tun hatte. Der Minister wünschte, daß sein Schützling die Probe ablegen und Bachs Amt erhalten sollte. Es ist daher dem Rat hoch anzurechnen, daß er in der Angelegenheit der Neubesetzung bis nach Bachs Ableben keine weiteren Schritte tun mochte. Während Brühl und sein Günstling auf Bachs Dahinscheiden warteten, erholte sich der Meister noch einmal und sah sich in einen alten Steit hineingezogen, der unglücklicherweise wieder auflebte. Seit 1747 war Johann Gottlieb Biedermann Rektor am Freiberger Gymnasium. Vom Jahre 1744 ab wirkte Bachs hervorragender Schüler Johann Friedrich Doles (der 1756 das Leipziger Kantorat übernommen hat) dort als Kantor. Es dauerte nicht lange, so sah er sich in ein ähnliches Netz verstrickt wie einst sein Lehrer: Doles beging die erste Jahrhundertfeier des westfälischen Friedens (1748) mit der Aufführung eines Singspiels im Freiberger Gewandhaus und hatte damit einen solchen Erfolg, daß Biedermann, wie seinerzeit Ernesti, sich veranlaßt fühlte, heftig gegen die Musik als gegen einen Eindringling in den akademischen Lehrplan zu wettern. Biedermann benutzte das Schulprogramm für den 12. Mai 1749, um seinem Groll Luft zu machen: Er betonte, daß die Musik einen schlechten Einfluß auf den Charakter habe, und führte Cato, Caligula und Nero an, um seine Behauptung zu stützen. Dieser häßliche Angriff auf die Musik machte böses Blut. Bach erfuhr, vermutlich durch Doles, von der Sache und wurde lebhaft an seinen Zwist mit Ernesti erinnert. Er hatte nicht die Absicht, plötzlich auf den Kampfplatz zu treten; vielleicht war er auch gar nicht dazu imstande; aber er forderte Christoph Gottlieb Schröter in Nordhausen auf, die geschmähte Kunst zu verteidigen. Als Mitglied der Mizlerschen Societät entwarf Schröter eine würdevolle Erwiderung an Biedermann und gab sie zur Veröffentlichung an Bach, der sie ganz nach seinem Geschmack fand und in einem Brief an Georg Fr. Einicke in Frankenhausen (10. Dezember 1749) seine Zustimmung aussprach. Es heißt darin: »Die schröterische Recension ist wohl abgefaßt, und nach meinem gout, wird auch nächstens gedruckt zum Vorschein kommen ... Sollten noch einige Refutationes, wie ich vermuthe, nachfolgen, so zweifle nicht, es werde des Auctoris [Biedermanns] Dreckohr gereiniget, und zur Anhörung der Music geschickter gemacht werden.« Kurz darauf (1750) erschien Schröters Artikel. Aber zu seinem nicht geringen Verdruß mußte Schröter entdecken, daß seine Originalfassung nach Wortlaut und Inhalt stark abgeändert worden war. In seiner schriftstellerischen Eitelkeit verletzt, sprach er Einicke gegenüber seine Mißbilligung aus (9. April 1750); er hielt Bach für verantwortlich und bat, diesem mitzuteilen, daß er Einspruch erhöbe gegen den Titel, unter dem man seine Rezension herausgegeben, und die Freiheiten, die man sich mit seinem Manuskript erlaubt hatte. Bachs kurze Antwort (26. Mai 1750) an Einicke lautete: »An Hrn. Schrötern bitte mein Compliment zu machen, bis daß ich selber im Stande bin zu schreiben, da ich mich, alsdenn, der Veränderung seiner Recension wegen, entschuldigen will, weil ich gar keine Schuld daran habe; sondern solche einzig demjenigen, der den Druck besorget hat, zu imputiren ist.« Schröter gab sich jedoch immer noch nicht zufrieden, und am 5. Juni 1750 verlangte er abermals eine Erklärung, indem er auf seiner vorgefaßten Meinung beharrte: ›Der Herr Capellmeister Bach bleibet in culpa.‹ Der Tod trat dazwischen, und der in Aussicht gestellte Brief blieb ungeschrieben. Der Brief an Einicke (26. Mai 1750) scheint der letzte gewesen zu sein, den Bach geschrieben oder diktiert hat. Seine Augen machten ihm schon lange zu schaffen; von seiner frühesten Jugend an hatte er sie über das normale Maß hinaus angestrengt; die Folgen davon kann man aus Haußmanns Porträt deutlich erkennen. Gegen Ende 1749 ließ sein Sehvermögen derartig nach, daß er auf Anregung seiner Freunde einen Spezialisten zu Rate zog. Seit zwei oder drei Jahren wurde Deutschland von einem englischen Ophthalmiater – wie er sich selber nannte –, dem Chevalier John Taylor, bereist, der später auch Händel behandelte. Nach seiner Ankunft in Köln im Februar 1747 wurde er an den Höfen der regierenden Fürsten, unter ihnen auch am preußischen und sächsischen Hofe, willkommen geheißen. Im Dezember 1749 begab er sich nach Wien. Es scheint, als habe er vor seiner Abreise dorthin Bachs Augen untersucht; in seiner seltsamen History berichtet er von dem Ereignis: »Ich habe eine große Menge merkwürdiger Tiere, wie Dromedare, Kamele u. a. gesehen, insbesondere in Leipzig, wo ich einem gefeierten Musiker, der schon sein 88. Jahr (!) erreicht hatte, das Augenlicht wiedergab. Es war derselbe Mann, mit dem der berühmte Händel anfangs zusammen erzogen worden ist. Ich hoffte, bei dem letzteren den gleichen Erfolg zu erzielen, da alle Umstände, Beweglichkeit der Pupille, Einwirkung des Lichtes usw. günstig zu sein schienen, aber bei näherer Untersuchung stellte sich heraus, daß ein Schlagfluß das Auge zerstört hatte.«

Wenn Taylors Darstellung zuverlässig ist, wurde Bachs Zustand durch einen Schlaganfall verschlimmert, der ihn im Mai 1749 betroffen haben mag, woraus sich auch das Eintreten des Grafen von Brühl zu Harrers Gunsten um diese Zeit erklärt. Die Operation wurde vermutlich im Januar 1750 vorgenommen, als Taylor, der von Wien nach Mecklenburg gerufen worden war, Leipzig auf der Durchreise wieder berührte. Zuerst schien sie glücklich verlaufen zu wollen. Aber Bach konnte den langen Aufenthalt im verdunkelten Zimmer nicht ertragen; die ›schädlichen Medicamente und Nebendinge‹ machten ihn nur kränker und untergruben seine bis dahin unerschütterlich feste Gesundheit.

Von Bachs drei Söhnen zweiter Ehe trat der achtzehnjährige Johann Christoph Friedrich Anfang 1750 in den Dienst des Grafen Wilhelm von Schaumburg-Lippe in Bückeburg; er wurde im Kantorhaushalt durch Bachs letzten Schüler, Johann Gottfried Müthel, den nachmaligen Organisten in Riga, ersetzt. Dieser mag den leidenden Meister wohl mitunter die Stufen zur Chorempore hinaufgeleitet und ihn gelegentlich in seinem Amt vertreten haben. Wenn seine Augen es gestatteten, revidierte Bach seine Orgelkompositionen. Vor allen Dingen stellte er die ›Achtzehn Choräle von verschiedener Art auf einer Orgel mit 2 Clavieren und Pedal vorzuspielen‹ zusammen und machte sie für den Stich fertig; bis zuletzt war seine Seele von den kraftvollen Reformationsgesängen erfüllt. Um das Werk zu vollenden, diktierte Bach in den ersten Tagen des Juli die Anfangstakte des letzten von den achtzehn Stücken, das von frommer Inbrunst erfüllte Vorspiel zu ›Wenn wir in höchsten Nöthen sein‹, das schon in den längst verflossenen Weimarer Tagen im ›Orgelbüchlein‹ aufgetaucht war. Aber seine Gedanken hingen nicht mehr an Paul Ebers Versen. Der Tod war ihm nie schrecklich erschienen, und als er sich nun für die Ewigkeit rüstete, wünschte er, daß Altnikol diesem Vorspiel den Namen eines anderen Chorals voransetzte, der auf dieselbe Melodie gesungen wird, ›Vor deinen Thron tret ich hiemit‹, und dessen erste und letzte Strophe er vor sich hinsprach:

Vor deinen Thron tret ich hiemit,
O Gott, und dich demütig bitt:
Wend dein genädig Angesicht
Von mir blutarmen Sünder nicht.

Ein selig Ende mir bescher,
Am Jüngsten Tag erweck mich, Herr,

Daß ich dich schaue ewiglich.
Amen, Amen, erhöre mich.

In der Mitte des sechsundzwanzigsten Taktes bricht das Manuskript ab; es war Bachs letzte Musik gewesen. Am 18. Juli schien plötzlich eine Besserung seines Befindens einzutreten; die Fenstervorhänge wurden zurückgezogen, und mit den Augen, die so lange leer und blind gewesen waren, grüßte er die vertrauten Wände seines Zimmers und die Gesichter seiner Lieben. Es sollte das letzte Mal sein: wenige Stunden darauf machte ihn ein Schlaganfall bewußtlos, und zehn Tage lang lag er in hohem Fieber. Zwei der geschicktesten Ärzte pflegten ihn. Von draußen drangen schwache Laute in sein Zimmer, als er seine Todesstunde erwartete. Er hörte von fern die Stimmen seiner Schüler, die um den steinernen Brunnen auf dem Thomaskirchhof spielten, das Geräusch des Straßenverkehrs, das Wasserrad der alten Mühle, die Orgel, die aus der nahen Kirche herübertönte. Die Dämmerung sank hernieder, und die Stadt lag in abendlichem Schweigen, als sein Ende kam. Am Dienstag, dem 28. Juli 1750, abends um ein Viertel vor neun Uhr tat er seinen letzten Amtenzug.

Seit mehr als zwei Jahrhunderten begrub Leipzig seine Toten auf dem Johannisfriedhof jenseits der östlichen Stadtmauer. Hier wurde auch Bach am Freitag, dem 31. Juli, zur letzten Ruhe gebettet. Es war dies der zweite der drei Bußtage, die seit 1710 für das Kirchenjahr eingeführt worden waren. Von morgens sechs Uhr an läuteten die Glocken der Thomaskirche zum Beginn der Bußgottesdienste, die den ganzen Tag über bis nach der Vesper abgehalten wurden. So kam es, daß sich die Schule zu sehr früher Stunde vor der Kantorwohnung versammelte und, mit dem Kreuzträger an der Spitze, den Leichenwagen begleitete, der ihren toten Kantor nach seinem Grabe an der Südmauer der Kirche brachte. Wie es Brauch war, wurde das Ereignis von der Kanzel der Thomaskirche herab verkündet: »Es ist in Gott sanfft und seelig entschlafen der WohlEdle und Hochachtbare Herr Johann Sebastian Bach, Sr. Königl. Maj. in Pohl. und Churfürstl. Durchl. zu Sächs. Hoff Componist, wie auch Hochfürstl. Anhalt-Cöthenscher Capellmeister und Cantor an der Schule zu St. Thomae allhier am Thomas Kirchhofe; Dessen entseelter Leichnamb ist heutiges Tages Christlichem Gebrauche nach zur Erden bestattet worden.«

Kein Grabstein wurde zu seinem Gedächtnis errichtet, und mehr als ein Jahrhundert verging, ehe eine Gedenktafel an der äußeren Mauer der Johanniskirche annähernd die Stätte bezeichnete, wo das Grab sich befand; die genaue Stelle war längst in Vergessenheit geraten.

Mit beinahe unziemlicher Hast wurde Bachs Amt wieder besetzt. Am 7. August kamen die Bürgermeister Born und Stieglitz nebst anderen Ratsmitgliedern zu einer Besprechung zusammen. Kein Wort des Bedauerns oder der Anerkennung wurde laut. Fast geringschätzig klingt es, wenn es im Protokoll heißt: »Der Cantor an der Thomas-Schule, oder vielmehr der Capell-Director, Bach, sey ebenfalls verstorben«, und deutlich geht aus Stieglitz' Worten hervor, wie man über Bachs künstlerisches Wirken urteilte: »Die Schule brauche einen Cantoren und keinen Capellmeister, ohnerachtet er auch die Musik verstehen müsse.« Carl Philipp Emanuel bewarb sich um den Posten des Vaters; auch Görner, August Friedrich Graun aus Merseburg und Bachs Lieblingsschüler Johann Ludwig Krebs hatten sich gemeldet. Die Versammlung ließ sich aber gar nicht darauf ein, die Tüchtigkeit dieser Kandidaten abzuwägen, sondern wählte einstimmig Gottlob Harrer zum Nachfolger.

Bachs Genius zu würdigen, ihn mit anderen großen Geistern zu vergleichen, ihm in der Geschichte der Musik den Platz anzuweisen, der ihm für alle Ewigkeit gebührt, ist nicht der Zweck dieser Blätter. Es kommt uns, den Kindern einer späteren Zeit, denen sich die ganze Majestät der Bachschen Kunst offenbart hat, nicht zu, eine Generation zu schelten, der dieser Riesengeist verhüllt blieb, die ihn noch gar nicht verstehen konnte. Es scheint, daß er im letzten Jahrzehnt seines Lebens der Gemeinde, für die er wirkte, mehr und mehr entfremdet wurde. Etwa um 1740 legte er die Leitung des Collegium Musicum nieder; sein Nachfolger war Gotthelf Gerlach. Mit dem 1743 gegründeten Leipziger Concert hatte er überhaupt nichts zu tun; dieses Unternehmen vertrat eine Richtung, die ihm wesensfremd war. In seinen letzten Lebensjahren widmete er sich selbst seinen Kantorpflichten nur in oberflächlicher Weise, und Rektor Ernesti hielt es in seiner Jahresrede vom 4. Mai 1751 nicht einmal für nötig, den großen Dahingeschiedenen zu erwähnen. In den Zeitschriften erschienen, als er gestorben war, nur kurze und spärliche Notizen über ihn. Eine etwas verständnisvollere, wenn auch unvollkommene Würdigung fand Bach bei seinen Fachgenossen. Telemann, sein erfolgreicher Mitbewerber von 1732, ehrte ihn mit einem wohlgemeinten Sonett, in das er am Schluß ein freundliches Kompliment für sein Patenkind (nämlich Carl Philipp Emanuel) in Berlin einflocht:

Laßt Welschland immer viel von Virtuosen sagen,
Die durch die Klingekunst sich dort berühmt gemacht:
Auf deutschen Boden sind sie gleichfals zu erfragen,
Wo man des Beyfalls sich nicht minder fähig ach't.
Erblichner Bach! Dir hat allein dein Orgelschlagen
Das edle Vorzugswort des Großen längst gebracht;

Und was für Kunst Dein Kiel aufs Notenblatt getragen,
Das ward mit höchster Lust, auch oft mit Neid betrach't.
So schlaf! Dein Name bleibt vom Untergange frey:
Die Schüler Deiner Zucht, und ihrer Schüler Reih,
Bereiten für Dein Haupt des Nachruhms Ehrenkrone;
Auch Deiner Kinder Hand setzt ihren Schmuck daran,
Doch was insonderheit Dich schätzbar machen kann,
Das zeiget uns Berlin in einem würdgen Sohne.

Mattheson und Marpurg, die bedeutendsten Kritiker ihrer Zeit, rühmten die technische Meisterschaft der ›Kunst der Fuge‹. Jener führte sie an, um damit seine stolze Behauptung zu stützen, daß Deutschland die wahre Heimat der Fuge und der Orgelmusik wäre; dieser pries Bachs ›erstaunende Fertigkeit im Erfinden und Extemporisiren‹ und fand in seiner Musik eine ›tiefsinnige Durcharbeitung sonderbarer . . . und doch dabey natürlicher Gedanken‹. Mizler wünschte, daß diesem hervorragenden Mitglied seiner Gesellschaft eine eingehende Würdigung zuteil werden möchte, und beauftragte Carl Philipp Emanuel Bach und Johann Friedrich Agricola, Bachs ehemaligen Schüler, mit der Abfassung eines Nekrologs. Dieser kam erst vier Jahre nach dem Tode des Meisters (1754) in der ›Musicalischen Bibliothek‹ der Societät, Band IV, I. Teil, heraus, und obgleich er knapp gefaßt und lückenhaft ist, so behielt er doch während hundert Jahren seine Geltung. Er brachte die erste Aufstellung der Bachschen Kompositionen, lobte Bachs Reichtum an Erfindung, Originalität und Gabe der Melodie, seine bemerkenswerte Geschicklichkeit im Partiturlesen, sein ungemein feines Ohr, das ihm ermöglichte, in einer Flut von Tönen den kleinsten Fehler herauszuhören, und betonte seine Zuverlässigkeit als Dirigent (›Im Dirigiren war er sehr accurat‹), sowie seine Vorliebe für schnelle Tempi. Ferner wird Bach als ausübender Künstler überschwenglich gerühmt: er sei ›der stärkste Orgel- und Clavierspieler, den man jemals gehabt hat‹, geschickter mit den Füßen als andere Orgelspieler mit den Händen. Endlich folgt ein Hinweis auf seine umfassende Kenntnis des Orgelbaues, seine besondere Art, das Klavier zu stimmen, seine Gabe, neue Musikinstrumente zu erfinden – lauter Fähigkeiten, die ihn zu dem Mann machten, ›der der Musik, seinem Vaterlande, und seinem Geschlechte, zu gantz ausnehmender Ehre gereichet‹.

Bach starb ohne Testament. Daher entfiel sein Nachlaß zu einem Drittel auf seine fast fünfzigjährige Witwe und zu zwei Dritteln auf seine neun überlebenden Kinder: Wilhelm Friedemann, Carl Philipp Emanuel und die unvermählt gebliebene Catharina Dorothea stammten aus seiner ersten Ehe; die letztgenannte war bei ihres Vaters Tod zweiundvierzig Jahre alt. Aus der zweiten Ehe waren Gottfried Heinrich, Elisabeth Juliane Friederica Altnikol, Johann Christoph Friedrich, Johann Christian, Johanne Carolina und Regine Susanna hervorgegangen; die letzten vier waren noch unmündig, obschon Johann Christoph Friedrich bereits einen Posten in Bückeburg bekleidete. Für diese vier mußte ein Vormund bestellt werden, und Anna Magdalena ersuchte (17. Oktober 1750) die Universität, einen solchen zu ernennen. Ihre Geldmittel waren jammervoll gering, und aus Barmherzigkeit zahlte man ihr die 21 Tlr. 21 Gr., die man Bach zur Zeit seines Todes von seiner Besoldung schuldete. Sie empfing nochmals die gleiche Summe, damit sie von ihrem Anspruch auf Weiterbenutzung der Kantorwohnung, die ihr noch sechs Monate nach dem Todesfall zustand, zurücktreten möchte. Ihre eigenen Kinder waren nicht in der Lage, sie zu unterstützen, und ihre Stiefsöhne fühlten sich anscheinend nicht dazu verpflichtet. Man wußte, daß sie in großer Armut lebte. Am 19. Mai 1752 zahlte ihr der Rat ›wegen ihrer Dürftigkeit auch einiger überreichten Musicalien‹ die Summe von 40 Talern, woraus wir entnehmen können, daß sie sich in ihrer Not gezwungen sah, die Manuskripte ihres Gatten zu veräußern. Einige Zeit darauf fand sie als ›Almosenfrau‹ in der Hainstraße Unterkunft und Verpflegung und starb dort am 27. Februar 1760. Der für ›solenne‹ Begräbnisse bestimmte Leichenwagen führte ihre sterblichen Reste zum Johannisfriedhof, wo zehn Jahre vorher ihr ›Liebster‹ begraben worden war. Die Erinnerung an seine Ruhestätte war bereits aus dem Gedächtnis der Gemeinde geschwunden, der er jahrzehntelang gedient hatte. Nichts zeigt deutlicher die Geringschätzung, der sein Andenken verfallen war, als die Art und Weise, wie man seine Witwe zugrunde gehen ließ.

Anna Magdalena folgte ihrem Gatten als erste seiner Hinterbliebenen ins Grab nach. Gottfried Heinrich, den seine einzige verheiratete Schwester in Naumburg bei sich aufgenommen hatte, starb dort drei Jahre darauf (1763). Die anderen Söhne lebten und wirkten weit voneinander getrennt und trugen bis fast zum Ende des Jahrhunderts zum Ruhme des Namens Bach bei. Johann Christian, der ›Londoner Bach‹, starb 1782; der glänzend begabte, aber charakterlose Wilhelm Friedemann 1784; Carl Philipp Emanuel, in fester und einträglicher Stellung, 1788; Johann Christoph Friedrich 1795. Von Bachs Töchtern ging Catharina Dorothea, die älteste, 1774, die zweitjüngste 1781 dahin. Als einzige seiner Familie erlebte die jüngste Tochter, Regine Susanna, den Beginn des 19. Jahrhunderts. Kein Mensch dachte mehr an sie, bis Rochlitz im Mai 1800 in der ›Allgemeinen Leipziger Musikzeitung‹ mit einer ›Bitte‹ hervortrat: ›Die Familie Bach ist nun ausgestorben, bis auf eine einzige Tochter des großen Sebastian Bach. Und diese Tochter, jetzt in hohem Alter – diese Tochter darbt.‹ Der Ruf verhallte nicht ungehört. Im Dezember 1800 dankte Regine Susanna öffentlich in rührenden Worten für die Summe von 96 Tlr. 5 Gr., die ihr durch Rochlitz und Breitkopf Härtel als Ergebnis einer Sammlung zugegangen war. Inzwischen hatten sich weitere Kreise der Angelegenheit angenommen: am 19. Mai 1801 meldete Rochlitz eine großmütige Spende aus Wien, zugleich mit dem Versprechen von keinem Geringeren als Beethoven, ein Manuskript hinzugeben, damit es zur Vermehrung dieser Spende veröffentlicht werden möge. ›Mit Tränen der Freude‹ wiederholte Regine Susanna (20. Mai 1801) ihren Dank für die Güte, die ihr die Last ihrer letzten Lebensjahre erleichtert hatte. Sie starb 1809 in Leipzig, vier Jahre bevor Richard Wagner dort das Licht der Welt erblickte. Bachs männliche Nachkommenschaft erlosch mit der zweiten Generation. Die beiden Söhne Wilhelm Friedemanns starben im Kindesalter; Carl Philipp Emanuels jüngerer Sohn starb 1778 unvermählt, der ältere 1789 ohne Leibeserben. Von Bachs Söhnen zweiter Ehe hatte nur Johann Christoph Friedrich, der ›Bückeburger Bach‹, einen Sohn, Wilhelm Friedrich Ernst, geboren 1759, der Cembalist der allgemein verehrten Königin Luise von Preußen wurde. Nach deren Tode zog er sich zurück und wurde von allen, einige wenige Freunde ausgenommen, vergessen. Doch tauchte er noch einmal auf, als am 23. April 1843 in Leipzig das Denkmal seines Großvaters enthüllt wurde, das Mendelssohn diesem in hoher Begeisterung hatte setzen lassen. Schumanns ›Neue Zeitschrift für Musik‹ beschreibt das Ereignis und fügt hinzu: »Der Gefeierte des Tages war, außer Bach, der *einzige seiner noch lebenden Enkel,* ein noch rüstiger Greis von 84 Jahren mit schneeweißem Haar und ausdrucksvollen Zügen, der mit Frau und zwei Töchtern zur Feier von Berlin herübergekommen war. Niemand hatte von ihm gewußt, selbst Mendelssohn nicht, der so lange in Berlin gelebt, der sich gewiß nach Allem, was Bach betrifft, emsig umgethan – und der Mann lebte doch seit über 40 Jahren in Berlin. Über seine Lebensumstände konnten wir nichts Näheres erfahren, als daß er Capellmeister der Gemahlin Königs Friedrich [Wilhelms] des IIIten war und später eine Pension erhielt, die ihm eine sorgenfreie Existenz sicherte.« Er starb am 25. Dezember 1845, und mit ihm erlosch die direkte männliche Linie von Bachs Nachkommenschaft. Ob Bachs Geschlecht in weiblicher Linie fortlebte, kann nicht mit Sicherheit festgestellt werden.

Bachs zweihundertster Geburtstag im Jahre 1885 wurde von einer Generation begangen, die dem Meister nicht länger verständnislos und gleichgültig gegenüberstand. 1850 war die Bachgesellschaft ins Leben gerufen worden; ihre Mitglieder wohnten über die ganze zivilisierte Welt verbreitet. Vor allen Dingen erhob sich die gebieterische Notwendigkeit, die sträfliche Versäumnis einer früheren Generation in bezug auf Bachs Grab wiedergutzumachen. Die genaue Örtlichkeit der Ruhestätte war unbekannt, aber nach der Überlieferung lag sie ungefähr sechs Schritte von der südlichen Kirchentüre entfernt. Das Gelände war längst weltlicher Benutzung freigegeben worden, und da nähere Anhaltspunkte fehlten, ließ der Rat an der südlichen Mauer zwischen der Türe und dem nächsten Altarfenster eine Gedächtnistafel anbringen. Neun Jahre darauf wurden bei einem Umbau die Mauern der Kirche niedergelegt, so daß der außerhalb befindliche Grund und Boden nach der Erweiterung innerhalb zu liegen kam. Bei der Abtragung der alten Mauern und den Ausgrabungen, welche die neue Fundamentierung nötig machte, hatte man Gelegenheit, nach Bachs Grab zu suchen, und man begann die Arbeit sofort an der von der Überlieferung bezeichneten Stelle. Ein weiterer Anhaltspunkt war in dem Umstand gegeben, daß Bach in einem eichenen Sarg bestattet worden war, was um so mehr ins Gewicht fiel, als von den 1400 im Jahre 1750 beerdigten Personen nur zwölf einen Sarg von dieser Holzart bekommen hatten. Nachdem man drei Tage lang ohne Erfolg gegraben hatte, wurden am 22. Oktober 1894 drei eichene Särge ans Licht gefördert, von denen der eine die Überreste eines älteren wohlproportionierten Mannes von mittlerer Gestalt enthielt. Das Skelett war so gut wie vollständig und zeigte einen massiven Schädel mit zurückweichender Stirn, niedrigen Augenhöhlen und starken Kinnbacken. Der Schädel wurde mit Haußmanns Bachporträt und anderen Bildern verglichen, wobei sich auffallende physiognomische Ähnlichkeiten ergaben. Daraufhin wurde der Bildhauer Karl Seffner beauftragt, über einem Gipsabguß des Schädels einen Kopf zu modellieren, und nach einer erschöpfenden wissenschaftlichen Untersuchung durfte man annehmen, daß man tatsächlich auf Bachs Sarg gestoßen war. Ein schmuckloser Kalkstein-Sarkophag, der ohne sonstige Inschrift nur mit

JOHANN SEBASTIAN BACH
1685–1750

bezeichnet ist, nahm die Überreste auf und wurde unter dem Altar der Kirche aufgestellt.

Ruhe sanfte, sanfte ruh!

NACHBEMERKUNG

Terrys englische Bach-Biographie erschien erstmals im Jahre 1928. Schon ein Jahr später wurde sie, versehen mit einem Vorwort des Thomaskantors Karl Straube, ins Deutsche übersetzt, zweifellos wegen ihrer lebendigen Darstellung und guten Lesbarkeit. Diese Vorzüge haben sie immer wieder für neue Ausgaben prädestiniert. Zwar haben sich mittlerweile einige Details durch die neuere Bachforschung verändert, aber das Grundgerüst von Bachs Biographie bleibt davon unberührt. Seine anschauliche Wiedergabe durch Terry läßt die Lebensatmosphäre der kleinen Städtchen und Residenzen, von Leipzig, Dresden oder Berlin, lebendig und detailgenau erstehen. Das ist nicht zuletzt eine Frucht von Terrys kundigem Umgang mit Quellen und Dokumenten, den authentischen Zeugnissen aus Bachs Lebenswelt. Terry hat dazu Staatsarchive in Weimar, Sondershausen, Zerbst, Leipzig und Dresden sowie viele kleinere, lokale Archive durchforscht und mit den Männern der damaligen Bachforschung persönlichen Kontakt aufgenommen. Damit steht er in der soliden Tradition angelsächsischer Biographik, die ein unpathetisches, realistisches Bild mit spannender Darstellung verbindet. Auf musikalischem Gebiet sind etwa Charles Burneys Tagebücher seiner musikalischen Reisen durch Italien und Frankreich (1771) und durch Deutschland und die Niederlande (1773) oder A. W. Thayers Beethoven-Biographie (die ersten 3 Bände 1866 bis 1879) eindrucksvolle Zeugnisse dafür. In der Reihe der Bach-Biographien, die 1802 mit J. N. Forkel einsetzt, dann bei Ph. Spittas Darstellung 1873 und 1880 einen unübertroffenen Höhepunkt erreicht und schließlich mit A. Schweitzer (deutsch 1908), A. Pirro (1906), Ch. H. H. Parry (1909) oder Ph. Wolfrum (1910) in die Breite strebt, ist Terry eher ein Nachzügler. Aber seine knappe, unideologische Darstellung muß besonders gewürdigt werden gegenüber der »heroischen«, vaterländischen Bach-Biographik, die im Gefolge der Bach-Renaissance den Tonfall im wilhelminischen Deutschland bestimmt und auch gegenüber den vielen, mit ästhetischen Wertungen beladenen Darstellungen, die nicht das Leben, sondern das Werk und seine Deutung in den Mittelpunkt stellen. Terry (1864–1936) war gelernter Historiker und verband dessen Schulung mit der Neigung zur Musik und einer intimen Vertrautheit mit deutscher Kultur und Sprache. Als Historiker erlangt er nach Dozentenjahren in Cambridge, Durham und Newcastle upon Tyne schließlich 1903 eine Professur für europäische Geschichte an der Universität Aberdeen. Als Musiker gründet der aktive Chorsänger von St. Paul's Cathedral und King's College die Choral Society am Durham College und, 1898, an der Universität Aberdeen. Sie umfaßte immerhin einen Chor von 150 Mitgliedern und ein 70 Mann starkes Orchester.

Terrys quellenmäßig fundierte Forschungen im Bereich der Musikgeschichte führen zu einer ganzen Reihe wichtiger Werke über Bach. Genannt seien: Bach's Chorals, 3 Bände, Oxford 1915–21; J. S. Bach's Original Hymn-Tunes, London 1922; J. S. Bach's Cantata-Texts, London 1926; The Four-Part Chorals of J. S. Bach, 5 Bände, London 1928; The Origin of the Family of Bach Musicians, London 1929; Bach's Orchestra, London 1933. Aber er schreibt auch eine Biographie über den »Londoner« Bach, Johann Christian Bach (London 1929), übersetzt Forkels Biographie über J. S. Bach (London

1920), ediert und bearbeitet Musik von Bach (darunter die »Kaffeekantate«, BWV 212, als »Coffee and Cupid« für die Bühne) und erhält schließlich 1935, ein Jahr vor seinem Tod, die Ehrendoktorwürde der Universität Leipzig.

Besonders Terrys Untersuchung »Bach's Orchestra« war lange ein hochkarätiges Standardwerk mit detaillierten Übersichten und Analysen über Typen, Funktion und Umfang der Instrumente in Bachs Kantaten- und Instrumentalwerk. Noch 1972 wurde ein Nachdruck davon ediert (St. Clair Shores), obwohl es inzwischen durch die neuere Bach-Forschung, vor allem durch die neue Chronologie der Kantaten und die Erkenntnisse von Alfred Dürr, Werner Neumann und Ulrich Prinz überholt ist.

Als keineswegs überholt erweist sich indessen Terrys Lebensbeschreibung von J. S. Bach, zu der auch die neuere Forschung nur wenig hinzuzufügen hat. Die folgenden Korrekturen und Ergänzungen zu Angaben in Terrys Text sollen helfen, ihn auf den letzten Stand der Forschung zu bringen.

61: Bachs Verbindung zum Hof von Celle kam wahrscheinlich über das dortige Orchestermitglied Thomas de la Selle zustande, der zugleich Tanzlehrer an der Lüneburger Ritterakademie, im gleichen Gebäude wie die Michaelisschule, war.

76: Die Kantate Nr. 15 »Denn du wirst meine Seele nicht in der Hölle lassen« wurde aus Bachs Werk ausgeschieden. Sie stammt von Johann Ludwig Bach (1677–1741), Hofkantor und Kapellmeister in Meiningen, von dem J. S. Bach noch in Leipzig, 1726, eine Reihe von Kantaten aufführte.

89: Das Libretto zur »Ratswechselkantate«, BWV 71,

stammt nicht nachgewiesenermaßen von Pastor G. Ch. Eilmar.

108: Auch daß die Kantate Nr. 21 für Halle bestimmt war, ist nicht sicher nachgewiesen.

111: Bachs Reise nach Kassel 1714 ist nicht belegbar. Er war erst 1732 in Kassel, und die entsprechende Schilderung von Constantin Bellermann bezieht sich auf diesen Zeitpunkt.

113–114: Bach war schon 1713 in Weißenfels, und in diesem Jahr entstand auch die »Jagdkantate«, BWV 208. 1716 erfolgte eine Wiederaufführung dieser Kantate.

120: Die Anfänge des »Orgelbüchleins«, BWV 599–644, liegen viel früher; einzelne Sätze sind wahrscheinlich schon um 1714 entstanden.

131: Die Aufführung der Kantate Nr. 61 im Jahre 1716 ist fraglich; eine Wiederaufführung erfolgte erst 1723 in Leipzig.

138–140: Bach hatte den Markgrafen Christian Ludwig von Brandenburg wahrscheinlich 1718 oder 19 in Berlin kennengelernt, als er das große Cembalo für den Hof von Köthen dort bestellte. Das Autograph der ihm gewidmeten »Brandenburgischen Konzerte« wurde nach dem Tod des Markgrafen nicht verauktioniert, sondern gelangte bei der Erbteilung des Nachlasses im Berliner Schloß, 1734, an einen der 5 Erben aus der königlichen Familie.

149: Zur Leipziger Kantoratsprobe am 7. 2. 1723 führte Bach wahrscheinlich zwei Kantaten auf, nämlich »Jesus nahm zu sich die Zwölfe«, BWV 22, und »Du wahrer Gott und Davids Sohn«, BWV 23.

150 und 189: Die Erstaufführung der »Johannes-Passion« (1. Fassung) wird für den 7. April 1724 (Karfreitag) in der Nicolaikirche angesetzt.

162: Die Leipziger Oper Auf dem Brühl wurde bereits 1720 geschlossen. Telemann, der nach Hamburg ging, stellte seine Mitarbeit in diesem Jahre ein, und das baufällige Gebäude wurde 1729 niedergerissen.

187–188: Nach der neuen Chronologie der Kantaten hat Bach die drei uns erhaltenen Jahrgänge von Mai 1723 bis Februar 1727 geschrieben. Ein mutmaßlicher 4. und 5. Jahrgang (von dem im Nekrolog die Rede ist) entstand danach, so daß der Höhepunkt gegen 1729 erreicht ist. Danach entstanden nur noch ganz wenige Kantaten.

189: Die Kantate Nr. 63 ist vor 1716 entstanden, so daß es sich 1723 um eine Wiederaufführung handelt; die Kantate Nr. 16 ist wahrscheinlich erst 1726 entstanden.

191: Die Passionsaufführung am 30. 3. 1725 ist eine Wiederaufführung der »Johannes-Passion« in der 2. Fassung.

196: In den Zeitraum von 1725–27 fallen nach der neuen Chronologie A. Dürrs etwa 37 Kantaten Bachs.

198: Die Kantate Nr. 36a wurde vielleicht schon am 30. 11. 1725 zum Geburtstag der zweiten Gattin des Fürsten Leopold von Anhalt-Köthen, Charlotte Friederike Amalie, aufgeführt.

206–207: Die »Matthäus-Passion« wurde vielleicht schon am Karfreitag 1727 erstmals aufgeführt. Die Frühfassung, BWV 244 b, verwendet nur eine Orgel. Ob die »Trauermusik« zum Tode des Fürsten Leopold von Anhalt-Köthen, 1729, (BWV 244a) oder die dazu in Parodiebeziehung stehenden Teile aus der »Matthäus-Passion« zuerst entstanden, ist von der Forschung nach wie vor nicht geklärt.

218: 1723 wurde keine Passion von Bach aufgeführt. Die Passionskomposition für 1732 ist unbekannt; die

»Lukas-Passion« stammt nicht von Bach. Seine Autorenschaft wurde früher angenommen, weil 23 Seiten der Abschrift dieses Werks von Bach sind.

220: Ein erster Besuch Bachs in Kassel, 1714, hatte nicht stattgefunden (vgl. zu S. 111).

223: Der Entstehungsprozeß der h-Moll-Messe erstreckt sich nach den neuen Forschungen von F. Smend und A. Dürr von etwa 1724 bis 1748. 1724 entstand das »Sanctus«, 1733 »Kyrie« und »Gloria« (die er dem Kurfürsten nach Dresden einreichte), um 1748 die übrigen Sätze.

228–229: Die Kantate Nr. 206: »Schleicht, spielende Wellen, murmelt gelinde« wurde wahrscheinlich erst am 7. 10. 1736 zum Geburtstag des Kurfürsten Friedrich August II. von Sachsen aufgeführt.

230: Dichtungen der Marianne von Ziegler hat Bach bereits seit 1725 für Kantatentexte herangezogen.

271: Bachs Begräbnis erfolgte am 30. oder 31. Juli 1750.

273: Das studentische »Collegium musicum« wurde von Bach 1729 bis 1737 und 1739 bis 1741, möglicherweise sogar bis 1744 geleitet. Dazwischen und danach lag die Leitung bei seinem Schüler G. Gerlach.

279: Die Johanniskirche wurde 1943 völlig zerstört, der Sarkophag mit Bachs mutmaßlichen Gebeinen blieb aber unbeschädigt. Er wurde am 28. Juli 1950 endgültig in die Thomaskirche, Leipzig, überführt.

REGISTER

I. Johann Sebastian Bach

Sein Leben

Seine Werke

Kirchenkantaten:

II. Personennamen

III. Ortsnamen

INHALT

ZU DIESER AUSGABE

insel taschenbuch 2588: Charles Sanford Terrys Biographie von Johann Sebastian Bach erschien erstmals 1929 im Insel-Verlag, Leipzig. Die Biographie wurde 1935 und 1950 in einer neuen gekürzten Ausgabe aufgelegt. Diese gekürzte Ausgabe wurde um ein Nachwort von Klaus Peter Richter und um einen Anmerkungsteil erweitert und erschien in dieser Fassung 1985 als insel taschenbuch 802. Der Text des vorliegenden Bandes folgt der Ausgabe: Johann Sebastian Bach. Eine Lebensgeschichte von Charles Sanford Terry. Aus dem Englischen von Alice Klengel. Mit einer Nachbemerkung von Klaus Peter Richter. Insel Verlag Frankfurt am Main 1985.
Umschlagabbildung: *Bach als Köthener Hofkapellmeister.* Ölbild um 1720 von Johann Jakob Ihle. Original: Bachhaus, Eisenach. Foto: Jürgens Ost u. Europa-Photo, Köln